땅 끝에서 만난 하나님

> **양무리서원**은 복음의 본질을 새롭게 규명함으로써
> 오늘을 사는 그리스도인들에게 하나님 나라의 가치관이 정립된
> 건전하고 참신한 믿음 생활의 원리를 제시하고 있습니다.

땅 끝에서 만난 하나님

초판 1쇄 인쇄 · 2001년 8월 17일
초판 1쇄 발행 · 2001년 8월 24일

지은이 · 임세일
펴낸곳 · 양무리서원
편 집 · écrits
출판등록 · 제2-1182호(1991년 6월 1일)
주소 · 서울시 노원구 상계1동 1054-25 풍전빌딩 B동 3층
       T. 02-939-0623
       E-mail. yangmoory@yahoo.co.kr
       보급처 · 비전북 T. 031-907-3927 F. 080-403-1004

ISBN 89-85312-54-5 03230
값 9,000원

☐ 잘못된 책은 바꾸어 드립니다.

땅 끝에서 만난 하나님

임세일 지음

양무리서원

머리말

요나를 떠올리면 우리는 쉽게 물고기 뱃속에 들어간 사나이, 하나님을 피해 도망가다가 바다에 던져진 선지자의 모습을 생각합니다. 주일학교 때부터 재미있는 그림 이야기로 배워 왔기 때문에 '요나서' 하면 우리는 커다란 물고기 뱃속에서 기도하는 요나의 모습만을 떠올리고 더 이상 생각하지 않게 됩니다. 그러나 요나서는 그 자체로 요나 선지자의 삶을 담은 하나님의 메시지이지만 동시에 약점 많은 한 인간이 하나님을 만나고 그분을 이해하며 성숙해 가는 과정을 담고 있습니다. 그러므로 너무도 인간적인 요나의 모습과 약점 많고 하나님의 뜻을 거부하는 그를 통해 자신의 뜻을 이루어 가시는 하나님은 현대를 살아가는 성도들에게 편안하고 따뜻하게 다가옵니다.

요나서를 정확하게 이해하려면 당시의 역사적이고 문화적인 배경과 요나의 위치를 먼저 고려해야 합니다. 사실 요나 선지자가 활동하던 시기에 그의 인기는 높았습니다. 요나의 예언은 그대로 적중했고 이로 인해 그에 대한 사람들의 신망은 두터웠습니다. 하지만 오늘날 그는 하나님에 대한 불순종과 끊임없는 불평의 대명사로 성경에 나오는 선지자 중에 가장 낮게 평가됩니다. 이렇게 시대적 변화에 따라서 평가가 달라지는 이유는 평가 기준이 시대 상황에 따라 달라지기 때문입니다.

그러나 필자는 요나 선지자와 요나서를 좋아합니다. 외형적으로 요나를 평가한다면 그는 하나님의 말씀을 듣지 않은 불순종의 사람일지 모르지만, 있어야 할 자리를 이탈한 자신의 그릇된 모습을 여과 없이 드러낸 투명한 사람입니다. 그러면서도 그런 자신을 끊임없는 인내로 바로 잡으시는 하나님의 무한한 사랑을 구체적으로 드러내며 부각시키고 있습니다.

결국 하나님의 뜻을 거부하기 위해 도망치는 모습으로 시작해서 끊임없는 불평과 분노로 이어지던 인간 요나의 삶은 자신이 대풍보다, 이방인인 사공들보다, 큰 물고기보다, 박 넝쿨보다, 벌레보다, 니느웨 사람들보다 못하다는 사실을 깨달으면서 그런 자신을 회복시켜 주시는 하나님을 요나서의 마지막에서 침묵으로 칭송합니다.

그런 요나가 바로 나의 자화상이기에, 또한 그런 나를 저버리지 않고 껴안으시는 하나님이시기에 요나 선지자와 요나서는 오늘날 인기 순위와 관계없이 필자에게는 소중한 책입니다. 더불어 하나님의 백성답게 살아가려는 이 땅의 모든 성도들에게도 이 책이 도움이 되었으면 합니다.

무더운 여름날,
사랑의교회 수양관에서 임세일

차례

머리말 • 4

1부
1장 하나님의 관심을 내 것으로 • 11
2장 불순종의 길에서 벗어나려면 • 29
3장 세상에 무감각한 까닭은? • 47
4장 하나님의 음성에 귀기울이라 • 59
5장 잘못이 드러날 때 • 71
6장 한없는 하나님의 사랑 • 87

2부
7장 기도, 그리스도인의 호흡 • 107
8장 고난, 그리스도인의 증거 • 123
9장 회개의 터널을 지나 소망으로 • 139
10장 구원받은 백성답게 • 157

3부

11장 인생의 광야 생활을 하고 있다면 · 175
12장 종이 한 장 차이, 순종과 불순종 · 191
13장 참된 회개의 열매는? · 211
14장 심판의 하나님, 자비의 하나님 · 233

4부

15장 분노의 감정에서 벗어나려면 · 249
16장 동전의 양면, 사랑과 미움 · 267
17장 삶의 푯대를 바로 세우라 · 283
18장 하나님의 마음 · 297

1부

1장 하나님의 관심을 내 것으로(요나서 1장 1-2절)
2장 불순종의 길에서 벗어나려면(요나서 1장 3절)
3장 세상에 무감각한 까닭은?(요나서 1장 4-5절)
4장 하나님의 음성에 귀기울이라(요나서 1장 6-8절)
5장 잘못이 드러날 때(요나서 1장 9-13절)
6장 한없는 하나님의 사랑(요나서 1장 14-17절)

1장
하나님의 관심을 내 것으로

여호와의 말씀이 아밋대의 아들 요나에게 임하니라 이르시되 너는 일어나 저 큰 성읍 니느웨로 가서 그것을 쳐서 외치라 그 악독이 내 앞에 상달하였음이니라 하시니라(욘 1:1-2).

하나님의 자리, 인간의 자리

성경에서 인간의 내면이 가장 적나라하게 드러나는 동시에 하나님의 의도가 정확하게 드러나는 책은 바로 요나서입니다. 시시각각으로 변하는 인간의 마음과 인간사에서 일어나는 여러 가지 사건들에 적극적으로 개입하시고 인도하시는 하나님의 뜻이 솔직하게 드러나 있기 때문입니다. 그리고 이런 특징을 부각시키는 것은 요나서에 나타나는 연극적인 요소와 우화적인 성격입니다.

먼저 요나서는 하나님의 말씀이 선지자 요나에게 임하는 모습으로 시작합니다.

"여호와의 말씀이 아밋대의 아들 요나에게 임하니라"(욘 1:1).

모든 성경이 그렇듯이 하나님은 말씀하시고, 인간 요나는 듣습니다. 이 말은 하나님이 말씀만 하시고 듣지 않는다거나 요나가 듣기만 하고 말은 못한다는 식으로 대화의 기본 상식을 부정하는 것이 아닙니다. 오히려 하나님은 완전하시고 인간은 불완전하기 때문에 불완전한 인간은 완전하신 하나님의 말씀을 들어야 한다는 사실을 우리에게 보여 줍니다.

요나서의 대전제는 하나님은 말씀하시는 분이고 인간은 들어야 하는 자라는 것입니다. 그렇기 때문에 이런 하나님과 인간의 관계가 깨어지면 큰 비극이 일어난다는 사실을 요나서는 강조합니다.

한번 생각해 보십시오. 인간은 불완전하기 때문에 하나님에게서 항상 말씀을 들어야 하는데 도리어 뭔가를 요구합니다. '하나님, 내 생각은 이렇습니다. 이 문제를 언제까지 반드시 해결해 주십시오.' 그러면 하나님은 아무 권한도 없이 '그래, 네 생각이 정말 그러냐? 그렇다면 들어줄 수밖에 없지' 하고 오직 우리의 요구를 들어주셔야만 한다면 도대체 그분의 존재는 뭡니까? 이런 하나님은 '도깨비 방망이'나 '허수아비'일 뿐입니다. 즉 우리가 하나님을 그런 분으로 생각하거나 그렇게 대할 때 우리에게 하나님은 인격적인 분이 아니라 로봇이나 슈퍼컴퓨터와 같은 인간의 필요에 의해 좌우되는 존재로 전락해 버리는 것입니다.

그러나 하나님은 완전하시고 인간은 불완전하기 때문에 우리는 그분의 말씀에 귀를 기울여야 합니다. 이것이 하나님과 인간의 관계입니다. 완전하신 하나님은 인간의 뜻이나 간구나 필요에 따라서 자동으로 움직이는 기계가 아닙니다.

오늘날 그리스도인들이 오해하고 있는 것이 있습니다. 바로 열정적인 기도는 하나님도 감동하고 반드시 들어주신다는 것입니다. 물론 우리는 끊임없이 하나님께 매달리고 기도해야 합니다. 이런 기도는 반드시 필요합니다. 그렇지만 하나님의 마음을 헤아리지 못하고 기도를 수학 공식처럼 생각하고 부르짖으며 하나님께서 자신의 기도를 들으신다고 생각한다면 그분의 속성을 잘못 이해한 것입니다. 인간의 열심에 의해서 좌우되는 하나님이시라면, 그분은 나약한 존재일 뿐입니다.

창조의 질서를 생각해 보십시오. 하나님은 인간을 창조하시고 인간으로 하여금 만물을 다스리게 하셨습니다. 그렇다면 여기에도 순서가 있습니다. 가장 높은 곳에 하나님이 계시고, 그 다음이 인간이며, 그리고 나서 만물이 자리합니다. 이 순서는 반드시 지켜져야 합니다. 그런데 이 관계가 흐트러져서 하나님의 위치에 인간이 올라가 있고, 인간의 위치에 하나님이 내려와 있다고 생각해 보십시오. 아마도 매우 비극적인 일이 발생할 수밖에 없을 것입니다.

그중에 하나가 인본주의 사고입니다. 인본주의는 인간이 하나님의 위치에 올라가 세상을 바라보고 행동하는 가치 체계입니다. 이것은 하나님과 인간의 위치를 바꿔 놓았을 때 나타나는 비극적인 현상입니다. 또 만물과 하나님의 위치를 바꿔 놓을 때도 많습니다. 가장 높은 곳에 하나님이 계셔야 하는데 만물을 그 위치에 올려놓고 하나님을 만물의 위치에 내려놓는다면 그것 또한 비극입니다.

공산주의에서 말하는 유물사관이라든지 오늘날 부와 권력을 최고의 가치로 추구하는 물질만능주의가 바로 하나님과 만물의 위치를 바꿔 놓았을 때 나타나는 현상입니다. 하나님과 만물의 위치가 바뀔 때처럼 인간과 만물의 위치가 바뀔 때도 모든 것은 뒤죽박죽이 되어 버립니다. 인간이 중심이 되는 이런 식의 편의적인 위치 이동은 하나님의 창조 질서를 파괴합니다.

그런데 이런 비극적인 현상들이 개인의 삶이나 교회에서 일어날 때도 많습니다. 우리도 '저는 부족하기 때문에 하나님 말씀을 듣겠습니다. 그리고 순종하겠습니다' 라고 하기보다는 우리 마음대로 하나님을 움직이려고 합니다. 예를 들어 '하나님 언제까지 이것을 만들어 주세요. 꼭 이렇게 하셔야 합니다' 와 같은 식으로 하나님께 일방적으로 요구하는 것입니다. 때로는 교회에서도 '우리 교회가 연말까지 이런 목표를 세웠으니 하나님은 우리의 생각에 따라 주십시오. 우리가 이렇게 힘을 내고 있지 않습니까' 와 같은 식의 기도를 하곤 합니다.

이렇게 하나님을, 듣기만 하고 무조건 들어주는 하나님으로 만들어 버린다면 우리는 하나님과 우리의 관계를 크게 오해하고 있음은 물론이고, 우리의 삶에 구체적으로 개입하시길 원하시는 하나님의 은혜를 체험하며 살아갈 수도 없습니다.

요나서의 대명제

요나서 1장 1절에 기록된 "여호와의 말씀이 아밋대의 아들 요나에게 임하니라"는 구절은 단순히 서두를 장식하는 말씀에 그치지 않습니다. 다시 말해서 하나님은 말씀하시고 인간은 들어야 한다는 말씀은,

요나서 전체의 핵심을 제시하는 대명제입니다.

보통 요나서의 주제는 여러 가지 차원에서 언급됩니다. 어떤 사람은 이방인에 대하여 배타적인 이스라엘 사람들에게 하나님이 이방인도 사랑하신다는 사실을 보여 주기 위해서 쓰여진 책이라고 말합니다. 또 다른 사람은 선교적인 사명의 중요성을 알리는 책이라고 말합니다. 물론 모두 맞는 이야기입니다. 그러나 요나서에는 우리가 놓치지 말아야 할 중요한 요소가 있습니다. 그것은 인간에 대한 하나님의 깊은 관심, 다시 말해서 하나님의 성품과 그분의 속성입니다. 그래서 하나님은 요나서를 통해서 '내가 너에게 하는 말을 들으라'고 우리에게 말씀하십니다.

요나서 전체를 통해서 하나님은 '나는 너에게 관심을 갖고 있다. 그렇기 때문에 나는 너에게 말한다'라고 말씀하시며, 이것이 바로 요나서의 첫 문장인 대명제에 녹아 있는 것입니다. 그런데 이런 하나님의 메시지는 이스라엘 민족에게만 국한되지 않습니다. 예수님이 태어나기 전이었고 성경의 대부분의 역사가 이스라엘 백성을 중심으로 전개되고 있지만 요나서의 메시지는 모든 인간을 향한 하나님의 사랑으로 넘쳐흐르고 있습니다.

요나서에서 요나가 이스라엘 백성을 대표한다면 니느웨 백성은 이스라엘을 제외한 이방인을 대표합니다. 다시 말해서 하나님은 자신을 믿는 요나는 물론이고 니느웨 백성에게도 동일한 관심을 가지고 계십니다. 그런데 하나님의 관심이 전개되는 과정을 보면서 우리는 놀라운 점을 발견하게 됩니다.

요나서 1장 3절 상반부에는 "그러나 요나가 여호와의 낯을 피하려고 일어나 다시스로 도망하려 하여 욥바로 내려갔더니"라고 기록되어 있습니다. 여기 보면 요나가 하나님의 명령을 의도적으로 거부하려는 장면이 나옵니다. 요나가 불순종했다는 이야기는 자기의 위치를 상실했다는 것을 의미합니다. 말씀을 들어야 하는 자인데 말씀을 듣지 않고 자기 위치를 이탈한 것입니다. 그것은 요나가 자기 의지로 행한 일임에도 스스로에게 매우 불행한 선택이었습니다. 여기서 하나님은 이와 같은 선택을 하는 요나를 보고 가만히 계시지 않습니다. 요나의 잘못된 선택이 시작되는 순간, 그분은 이 불행의 근본 원인을 치료하시는 작업을 시작하십니다.

다시 말해서 불순종하는 요나를 훈련시켜서 그를 원래의 자리인 말씀을 듣는 자의 위치로 되돌려 놓으십니다. 그 자리로 인도하는 과정이 요나서 1장부터 4장까지 이어집니다. 그런데 하나님은 말씀하시고 요나는 말씀을 듣는 자임이 분명한데, 요나는 1장 3절부터 하나님의 말씀을 듣지 않습니다. 그리하여 하나님은 '너는 왜 너의 위치를 이탈했느냐' 고 하시며 그 위치를 회복시키기 위해서 요나서를 4장까지 이끌어가십니다.

4장 마지막 부분을 살펴보면 요나는 말씀을 듣는 자의 자리에 앉아 있습니다. 그는 더 이상 자신의 목소리를 내지 않고 침묵합니다. 요나는 하나님 앞에서 잠잠할 수밖에 없습니다. 바로 그는 말씀을 들어야 하는 자이기 때문입니다. 그렇다면 요나서는 말씀을 하시는 분과 말씀을 듣는 자의 위치가 잘못됐을 때 그것을 원래의 자리로 옮겨놓기 위해 인간의 삶에 적극적으로 개입하시는 하나님에 관한 기록이라고 할 수 있습니다. 이런 관점에서 요나서 1장 1절은 요나서 전체의 대명제입니다.

다양한 방법으로 말씀하시는 하나님

본문에서 하나님은 요나를 제자리에 앉히기 위해서 어떤 방법으로 말씀하십니까? 1장 1절에서 우리는 하나님이 요나에게 직접 말씀하시는 모습을 볼 수 있습니다. 오늘날은 계시가 완성된 시대이기 때문에 하나님은 성경을 통해서 말씀하십니다. 하지만 우리가 성경을 펼쳤을 때만 하나님이 말씀하시고 성경을 덮으면 말씀하시지 않는다고 보는 것은 잘못된 생각입니다.

성경은 우리의 구원에 관한 직접적이고 근본적인 말씀의 원리를 제공합니다. 모든 말씀의 기초가 성경에 있습니다. 하지만 이것은 성경을 덮으면 하나님의 말씀이 숨겨진다는 의미는 아닙니다. 그러므로 언제 어디서나 성경에 기초한 말씀이 우리 삶 속에 구체적으로 적용되어야 한다는 사실을 기억해야 합니다.

또한 하나님은 상황이나 주변 환경을 통해서 간접적으로 말씀하시기도 합니다. 요나서 1장 4절에는 "대풍을 바다 위에 내리시매"라고 기록되어 있습니다. 하나님은 요나를 원래의 자리로 인도하시기 위해 대풍을 준비하셨습니다. 그는 대풍 속에 숨겨진 하나님의 음성이 무엇인지, 하나님의 말씀의 의미가 무엇인지를 살펴봐야 했습니다. 그리고 그가 듣는 자의 위치에 있었다면 대풍을 통해서 말씀하시는 하나님의 뜻을 깨닫고 자기 자리로 돌아갔을 것입니다. 그렇지만 그는 하나님의 음성에 반응하지 않았습니다.

또한 1장 6절에서 사공들은 잠자는 요나에게 "자는 자여 어찜이뇨 일어나서 네 하나님께 구하라"고 합니다. 하나님은 이방인을 통해서 말씀하셨고 요나는 이것을 들어야 했습니다. 비록 그들이 요나에게 '일어나라. 네 하나님께 기도하라'고 한 것은 자기들이 살기 위해서였지만 그가 듣는 자의 위치에 있었다면 그들의 말속에 숨겨진 하나님의 음성을 들을 수 있었을 것입니다. 이처럼 하나님은 이방인을 통해서도 자신의 뜻을 나타내셨지만, 요나는 여기서도 하나님의 음성에 귀기울이지 않습니다.

그리스도인이 영적인 지각을 가지고 듣는 자의 위치에서 하나님을 바라보면 오늘의 현실에 함축되어 있는 하나님의 말씀을 듣고 그분의 뜻을 발견할 수 있습니다. 그러나 그리스도인이 무감각해져 버리면 역사 속에 임재하시는 하나님을 인식할 수 없습니다. 그러므로 이 세상 속에서, 직장과 학교와 가정에서 하나님의 동행을 느끼지도 못하고 그 은혜를 체험하지도 못하고 살아가는 것입니다.

우리는 하루 스물네 시간의 삶에서 경건의 시간을 가질 때나 하나님을 조금 생각할 정도이고, 성경을 덮는 순간부터 하나님을 잊고 살 때가 많습니다. 그러다가 주일날 교회에 와서 설교를 들을 때에야 말씀이 조금 살아납니다. 그러나 집으로 돌아가기가 무섭게, 아니 교회 문을 나서는 순간 '하나님이여, 안녕히 가십시오'라고 하기가 쉽습니다.

하나님은 이런 우리를 절대로 그냥 두고 보시지 않습니다. 그분은 우리의 삶 전체를 통해서 말씀하십니다. 아내를 통해서, 남편을 통해서, 자녀를 통해서, 믿지 않는 사람들을 통해서, 텔레비전 뉴스를 통해서, 신문을 통해서 말씀하십니다. 그런데 왜 우리는 주변의 환경과 상황을 통해서 말씀하시는 하나님의 음성을 듣지 못하는 것입니까? 그것은 우리가 영적으로 무감각해져서 그 속에 숨겨진 하나님의 음성을 듣지 못하기 때문입니다.

일어나, 가서, 외치라

하나님이 말씀하시는 분이라면 그 말씀 속에는 분명 구체적인 내용이 있을 것입니다.

먼저 요나서 1장 1절을 살펴보면 "여호와의 말씀이 아밋대의 아들 요나에게 임하니라"고 한 다음에 '이르시되'라는 단어가 나오는 것을 볼 수 있습니다. 우리는 이 단어를 별로 중요하지 않은 것으로 생각하기 쉽지만 사실 이것은 말씀의 내용이 무엇인지 유도하는 말입니다.

'이르시되'가 나오면 다음에 하나님께서 말씀하시는 구체적인 내용이 나옵니다. 이어서 1장 2절에는 "너는 일어나 저 큰 성읍 니느웨로 가서 그것을 쳐서 외치라 그 악독이 내 앞에 상달하였음이니라 하시니라"는 말씀이 나옵니다. 바로 이것이 하나님이 말씀하시고자 하는 내용입니다. 여기에는 우리가 집중해야 할 중요한 동사 세 개가 나옵니다.

첫째는 '일어나', 둘째는 '가서', 셋째는 '외치라'입니다. 여기에 시선을 집중해 보십시오. 먼저 '일어나'라는 것은 요나에게 하는 말씀입니다. 그리고 요나에게 '너는 저 큰 성읍 니느웨로 가서 그들을 향해 외치라'고 말씀하십니다.

그렇다면 '일어나', '가서', '외치라'는 세 개의 단어 가운데 가장 중요한 동사는 무엇입니까? 사실 신앙 생활에서 많이 강조되는 것은 '일어나'보다는 '가서 외치라'입니다. 교회에 가면 '여러분, 봉사하세요. 전도 좀 하세요. 니느웨로 가세요. 안 믿는 사람에게 가서 외치세요'와 같은 말을 많이 듣곤 합니다. 분명 하나님도 우리에게 그렇게 말씀하십니다. 요나에게 '가서 외치라'고 말씀하시는 것처럼 우리에게도 '너는 가서 외치라'고 말씀하십니다. 그러나 가서 외치는 것도 중요하지만 하나님께서 그 말씀을 하시기 전에 먼저 '일어나'라고 말씀하신 사실을 기억하십시오.

일어나

먼저 '일어나'라는 단어는 어떤 뜻을 함축하고 있을까요? 성경에는 '일어나'라는 단어가 오백 번 이상 나옵니다. 그런데 이 단어는 다양한 용도로 사용되었지만 가장 많이 쓰인 용도는 하나님께서 누군가를 부르실 때나 명령하실 때였습니다. 창세기를 보면 아브라함에게 '아브라함아, 너는 일어나'라고 말씀하셨고, 야곱과 여호수아에게도 '너는 일어나'라고 하셨으며, 이스라엘 백성에게도 '너희들은 일어나'라고 하셨습니다.

　이 단어는 잠자는 자에게 그곳에서 일어나라고 하는 뜻으로 쓰일 때도 있지만, 대부분 하나님이 사람을 부르실 때 우리의 신앙적인 모습을 점검하기 위해서 사용되었습니다. 먼저 영적인 각성과 영적인 점검을 하는 것입니다. 따라서 이 말씀은 먼저 네 자신을 영적으로 살피라는 내용입니다. 하나님께서 요나에게 '일어나' 라고 말씀하신 것도 스스로를 살피라는 뜻입니다.

　요나에게 하신 말씀은 현대를 살아가는 우리에게도 동일하게 적용됩니다. 우리에게 어떤 일을 맡기시기 전에 하나님은 먼저 우리의 믿음과 영적인 상태가 어떤지를 물으십니다. '너는 일어나' 라고 말씀하시고 난 다음에야 '너는 저 큰 성읍 니느웨로 가서 외치라' 고 말씀하시는 것입니다. 다시 말해서 하나님은 니느웨로 '가서 외치기' 전에 먼저 '일어날' 것을 우리에게 요구하십니다.

　왜 그렇습니까? '일어남' 이 없는 '외침' 과 '일어남' 이 없이 '가는 것' 은 아무런 의미가 없기 때문입니다. 그러므로 우리는 무엇을 하기 전에 먼저 나 자신이 '일어나' 있는가를 점검해야 합니다. 그 일이 하나님이 좋아하시는 일이라고 생각된다 하더라도 먼저 나 자신이 일어나지 않는다면 그것은 단지 하나의 형식에 지나지 않습니다.

　많은 사람들이 착각하는 것이 있습니다. 그것은 하나님은 우리가 '가서, 외치고, 활동하고, 봉사하고, 헌신하는 것' 을 가장 가치 있게 생각하신다는 것입니다. 그러나 우리가 아무리 뜨겁게 기도하고, 예배하고, 전도하고, 무엇인가 한다 하더라도 그것이 '일어남' 의 기초 위에서 하는 행동이 아니라면 하나의 형식에 불과합니다. 그것은 신앙이 아닙니다. 내가 하나님 앞에 바로 서 있지 않고 외형적으로만 그분께 열심을 내는 것이 무슨 의미가 있습니까. 그런 행위는 하나님을 믿지 않는 사람이라도 얼마든지 할 수 있습니다.

이방인들이나 이교도들을 보십시오. 그들은 놀랄 만큼 열정적으로 자신들의 신을 믿고 있습니다. 보통 사람들로서는 감히 상상조차 할 수 없을 정도로 열심히 기도하고 있습니다. 그리고 우리 주변에서는 윤리적인 면에서 철저하게 자신을 관리하는 사람들도 있고 어려운 사람들을 구제하는 데 최선을 다하는 사람들도 있습니다. 그러므로 열정적인 그리스도인이라 할지라도 하나님 앞에서 그의 영적인 상태가 점검되지 않고 하나님과의 관계가 올바르게 정립되지 않은 채로 외형적인 활동과 뜨거움만 있다면, 그것은 믿음이 아니라 믿음의 모양만을 보여 주는 행위에 불과합니다.

그러므로 하나님은 우리에게 먼저 일어날 것을 요구하십니다. '일어남'에 기초하지 않는 행위는 믿음이 아닐 수 있습니다. 따라서 우리는 무엇을 하기 전에 먼저 우리 자신이 하나님 앞에서 '일어나' 있는지를 점검해야 합니다.

가서, 외치라

그러면 일어날 것을 요구하시는 하나님은 일어난 뒤에는 어디로 가라고 하십니까? '저 큰 성읍 니느웨'로 가라고 하십니다.

여기서 니느웨는 큰 성읍으로 등장합니다. 니느웨는 지금의 이라크 지역에 위치하고 있었는데, 당시 앗수르 제국의 수도였습니다. 요나서 4장 11절 상반부를 보면 "이 큰 성읍, 니느웨에는 좌우를 분변치 못하는 자가 십이만여 명이요"라고 되어 있습니다. 따라서 당시의 상황으로 미루어 볼 때 십이만여 명이 모여 살았다고 하면 굉장히 큰 도시였다고 할 수 있습니다.

그런데 요나가 이 글을 기록할 당시의 배경을 살펴보면 그가 머물던 이스라엘은 한창 전성기를 맞이하던 때였고, 앗수르 제국도 빠르게 성장하던 국가였습니다. 그렇기에 이스라엘은 앗수르 제국에 대해서 불안감을 떨쳐 버릴 수 없었습니다. 왜냐하면 앗수르가 강해지면 이스라엘의 입장에서 좋을 것이 없었기 때문입니다. 실제로 얼마 후 앗수르가 이스라엘을 침략해 이스라엘이 망하게 됩니다.

이렇게 볼 때 이스라엘이 앗수르를 두려워한 것은 당연합니다. 당시 강대국이라 하면 앗수르, 바벨론, 이집트가 있었는데 이중 앗수르가 가장 악한 나라였다고 합니다. 하박국서에 나오는 바벨론보다 더 악했다고 하니 짐작할 만하지 않습니까.

앗수르 사람들은 괜히 심사가 뒤틀리면 사람을 잡아다가 목을 치고, 생선 코를 꿰듯이 사람의 코를 꿰어 끌고 다닐 정도로 악했다고 합니다. 이스라엘 사람들은 이방인이라면 무조건 개로 여기는데 앗수르는 더군다나 강대국이고, 악하기까지 하니 좋아할 리 없었던 것입니다.

그런데 하나님이 요나에게 그곳으로 가라고 하십니다. 그는 분명 가기 싫었을 것입니다. 그러나 하나님은 요나에게 그곳으로 가서 외치라고 말씀하셨습니다. 하나님은 말씀하시고 요나는 들어야 하는 자이기 때문에 그는 당연히 순종해야 하는 상황이었습니다.

우리는 여기서 한 가지 힌트를 얻을 수 있습니다. 하나님은 말씀하시는 분이시지만 그렇다고 항상 우리가 좋아하는 말씀만 하시는 것은 아닙니다. 지금 요나는 니느웨에 가고 싶지 않지만 하나님은 그렇게 하라고 말씀하십니다.

이 구도는 우리에게도 동일하게 적용됩니다. 우리는 들어야 하는 위치에 있기 때문에 반드시 하나님으로부터 말씀을 들어야 합니다. 그런데 만일 하나님이 항상 우리가 좋아하는 말씀만 하시면 얼마나 따르기가 쉽겠습니까. 이런 상황이라면 우리는 '언제든지 들을 자세를 취하고 있겠습니다. 언제든지 말씀하십시오'라고 말할 것입니다. 그렇다면 예수 믿기 참 쉬울 것입니다.

그러나 하나님은 때때로 우리가 원치 않는 말씀도 하십니다. 우리는 동쪽으로 가고 싶지만 하나님은 서쪽으로 가라고 하실 때도 있고, 우리는 백을 생각하고 있는데 하나님은 흑을 생각하고 계실 때도 있습니다. 우리는 이런 상황을 만날 때마다 부담스러워하곤 합니다. 그것은 모든 일을 내가 미리 정해 놓고 하나님은 단지 내가 원하는 것만을 말씀하시길 바라는 습성이 우리들에게 있기 때문입니다.

우리는 원하지 않는 상황에 부딪힐 때 '하나님이 왜 이렇게 말씀하실까?' 하고 스스로에게 묻곤 합니다. 그러나 이 순간 우리가 생각해야 할 것은 하나님은 완전하시고 우리는 불완전하다는 사실입니다. 그러므로 우리는 원치 않는 말씀이라 할지라도 절대 순종해야 합니다. 지금은 마음에 들지 않더라도 말씀하시는 대로 따라야 합니다. 그것은 우리의 시각이 하나님보다 넓지 않기 때문입니다. 불완전하기 때문입니다. 그렇기 때문에 우리는 하나님의 말씀에 순종하는 훈련이 필요합니다.

그렇다면 하나님이 우리에게 그런 말씀을 하시는 이유가 무엇일까요? 하나님은 우리에게 관심을 가지고 계시며 우리를 사랑하시기 때문입니다. 그런데 여기서 우리가 착각하지 말아야 할 것이 있습니다. 하나님은 나 자신에게만 관심을 가지는 것이 아니라 내 이웃에게도 관심을 가지고 계신다는 것입니다. 이것을 요나서 본문에 적용하면 하나님께서는 요나와 요나가 속한 이스라엘 백성뿐만 아니라 이방의 니느웨 백성에게까지 관심을 가지고 계십니다.

하나님을 믿는 우리는 요나와 동일한 정체성을 지닌 사람입니다. 그러나 하나님은 우리들에게만 관심을 가지고 계시는 것이 아니라 오늘날 믿지 않는 니느웨 사람들과 동일한 정체성을 지닌 사람들에게까지 지대한 관심을 갖고 계십니다. 이 부분을 놓쳐 버리면 우리는 독선이나 이기심에 쉽게 빠지게 됩니다. 영적인 이기심에 빠져 버리는 것만큼 무서운 일은 없습니다.

흔히 하나님을 믿지 않는 사람들을 보고 쉽게 '마귀의 자식들이다' 라고 하는 것도 조심해야 합니다. 믿지 않는 사람들을 무시해서는 안 됩니다. 왜냐하면 그들 또한 모두 하나님의 자녀의 '후보감'이기 때문입니다. 자칫 우리가 믿기 때문에 '우리만 선택된 사람이야'라고 하며 다른 사람을 무시하는 것은 이스라엘 백성이 가졌던 선민의식과 별반 다를 게 없습니다.

하나님의 마음을 품으면

그러면 하나님이 관심을 갖고 계신 요나와 니느웨 사람들에 대해 살펴봅시다. 먼저 요나는 BC 780~755년 여로보암 2세가 집권하던 초창기에 활동하던 선지자입니다. 그리고 여로보암 2세는 초대 왕인 여로보암 이후 약 150년 뒤에 북이스라엘을 다스린 사람입니다.

이 여로보암 2세는 당시 오랜 기간 권력을 잡고 있었는데, 매우 악한 왕이었습니다. 요나는 그가 다스리던 시기에 엘리야와 엘리사에 이어서 선지자로 섬기던 사람이었습니다.

열왕기하 14장 25절을 보면 요나는 이스라엘의 영토가 솔로몬 시대처럼 넓어지게 될 것이라는 큰 예언을 합니다. 그런데 그것이 이루어졌고 당시 상황으로 볼 때 요나는 대중들에게 상당히 부각되어 인기를 얻게 되었습니다. 현재 요나는 성경의 여러 선지자 중에서 하위급에 속하는 것으로 평가받고 있으며 그다지 인기가 없지만 당시 요나는 최고의 인기를 누리고 있었습니다. 그럼에도 불구하고 요나에 관한 기록은 극히 미비합니다. 기록이 있다면 그가 아밋대의 아들이요, 고향이 가드헤벨(왕하 14:25)이라는 정도입니다. 사실 요나는 위대한 선지자로 여겨지기보다 겨우 구원의 은혜를 입은 사람으로 생각됩니다.

성경에는 요나의 성격이 아주 괴팍하고 하나님에 대한 반항에 있어서도 물불을 가리지 않는 것으로 나옵니다. 그는 인간임에도 오히려 하나님께 화를 냅니다. 하나님이 "네가 성냄이 합당하냐?"고 물을 때도 요나는 '죄송합니다'라고 말하기는커녕 "내가 죽기까지 합당하나이다"라고 말합니다. 그리고 아주 열정적으로 기도하다가도 그 기도가 끝나자 다시 "내가 니느웨가 망하는 꼴을 보겠다"고 외칩니다. 또한 니느웨가 망하지 않자 성읍이 보이는 곳으로 나와 천막을 치고 "내가 니느웨가 망하는 것을 보리라"고 하며 기다립니다. 우리말에 '도시락을 싸 들고 다니면서 패 준다'라는 이야기와 똑같이 행동합니다.

또 요나는 뭔가 자기 마음에 들지 않으면 '죽겠다'는 소리를 잘합니다. 4장을 보면 화가 나서 죽여 달라고 아우성을 칩니다. 기분이 좋으면 '구원의 하나님이로소이다'라고 하지만 기분이 좋지 않으면 '나를 죽여 주소서'라고 부르짖습니다.

그렇지만 하나님은 이렇게 자기 중심적인 사고를 가졌던 선지자에게 다가오셨습니다. 이사야 선지자에게 다가가셨던 하나님은 요나에게도 동일하게 다가가셨습니다. 이런 점이 우리에게 위로가 됩니다. 당시에는 인기 있었고 오늘날에는 인기 없는 요나입니다. 그러나 하나님은 그런 인간적인 기준으로 그를 판단하지 않으시고 예레미야나 이사야에게 다가가신 것처럼 요나에게도 다가가셨습니다. 또한 그가 불순종한다고 해서 '너는 이제 끝났어'라고 하며 버리지도 않으셨습니다. 하나님은 오래 참으시고 여러 가지 방법으로 계속해서 그를 훈련시키셨습니다.

요나서의 시작은 하나님의 말씀으로 시작하고 마지막은 요나의 침묵으로 끝납니다. 하박국서의 마지막 부분이 "온 땅이여 하나님께 잠잠할지어다"라고 언급된 것과 같이 크신 하나님이 요나에게 자비를 베푸셔서 그는 그분 앞에서 침묵하는 것입니다. 그렇습니다. 하나님은 자비를 베푸시는 하나님이십니다. 인내하시고 기다리시며 많은 시청각 자료를 사용하셔서 우리를 키우십니다.

하나님은 요나와 같은 우리에게도 이와 같이 관심을 가져 주시고 찾아오십니다. 그 하나님은 작은 개인이라 할지라도, 불량하기 짝이 없는 사람이라 할지라도 찾아오시는 분입니다. 그러나 하나님이 그렇게 다가오시는 것은 단순히 우리가 불쌍해서 동냥하시기 위함이 아닙니다. 그분은 우리를 부르실 때 '그래, 네 모양이 정말 형편없구나'라고 하시며 다가오시지 않습니다.

하나님이 우리를 부르시고 다가오실 때는 매우 크고 놀라운 사명을 부여하십니다. 그것은 바로 니느웨로 가라는 것입니다. 요나 한 사람을 부르시지만, 그 한 사람의 마음속에는 하나님의 놀라운 미래가 그려져 있는 것입니다. 보잘것없고 반항만 하는 요나, 그 한 사람을 통해서 니느웨를 향해 세우셨던 계획을 완성하십니다. 비록 하나님이 작은 개인을 부르시고 동냥하시는 것 같지만 그 부르심을 통해 요나는 하나님의 '저 큰 성읍 니느웨'를 마음속에 품게 됩니다.

하나님이 우리를 부르실 때 한 사람, 한 사람은 매우 작습니다. 그러나 우리의 삶 속에 자리하고 계시는 하나님은 우리를 향해 큰 그림을 그리고 계십니다. 하나님이 이런 분이시기에 우리는 감격할 수밖에 없는 것입니다. 그분은 작은 우리를 크게 사용하십니다. 아무리 작은 사람이라 할지라도 하나님은 우리 안에 큰 니느웨를 향한 밑그림을 그리고 계십니다. 그리고 이제 요나를 통해서 니느웨를 구원하시려는 일을 시작하십니다.

그렇습니다. 하나님은 요나에게도 관심을 가지고 계시지만, 니느웨 백성에게도 관심을 가지고 계십니다. 그분은 니느웨를 구원하시려고 요나에게 말씀하십니다. 그리고 요나를 통해서 니느웨 백성에게 너희가 그 자리에 있으면 죽으니까 회개하고 돌아오라고 말씀하십니다. 오늘날의 요나는 그리스도인이고, 니느웨는 하나님을 믿지 않는 사람들이라고 이야기할 수 있습니다. 그런데 하나님이 믿는 사람에게만 관심을 기울이신다고 생각한다면 그것은 착각이며 독선에 지나지 않습니다.

니느웨 언덕에서

그렇다면 우리는 무엇에 관심을 가져야 합니까? 아마 우리는 요나 같은 사람이거나 아니면 니느웨 백성에 속한 사람일 것입니다. 만일 여러분이 요나 같은 사람이라면, 하나님은 인간에게 말씀하시며 인간은 그분의 말씀을 들어야 한다는 사실을 깊이 인식하십시오. 그리고 말씀하시는 하나님이 자신의 뜻에 따라 순종하길 인간에게 끊임없이 요구한다는 사실에 관심을 가져야 합니다.

그러므로 이제 일어나 외치십시오. 니느웨의 악독이 상달된 것을 견디지 못하는 하나님의 마음을 이해하고 따라가야 합니다. 하나님의 관심이 우리의 관심이 되어야 합니다.

만일 우리가 니느웨 백성에 속한다고 생각한다면 순순히 그분 앞에 무릎을 꿇고 돌아오십시오. 나의 모든 죄를 그분 앞에 내어놓고 하나님을 아버지라 고백하십시오. 하나님은 니느웨를 결코 외면하시지 않습니다. 우리가 나아올 때 하나님은 요나를 통해서 우리를 도우실 것입니다.

니느웨 백성은 교회 밖에만 존재하는 것이 아닙니다. 교회 안에도 존재할 수 있습니다. 예배 시간에 열심히 출석하지만 진정 하나님을 믿지 않는다면 그가 바로 니느웨 백성에 속한 사람입니다. 그러나 실망하지 마십시오. 하나님은 지대한 관심을 가지고 다가오십니다. 그런 하나님 앞에 무릎을 꿇고 자신의 모든 것을 부정하십시오. '하나님, 나를 믿는 자로 만들어 주십시오' 라고 고백하십시오.

그렇다면 우리의 관심은 어디를 향해야 합니까? 우리는 스스로의 위치를 상실하지 않는 데 관심을 두어야 할 것입니다. 하나님은 말씀하시고 우리는 그분의 말씀을 들어야 하는 사람입니다. 따라서 그분이 말씀하시는 내용이 무엇인지 들으려고 하는 데 관심을 가져야 합니다.

그리고 하나님이 우리가 원치 않는 말씀을 하신다고 해도 하나님을 향한 관심의 끈을 놓지 말아야 합니다. 그분이 관심을 가지고 계시는 것을 우리의 기준에서 판단하지 말고 니느웨 백성을 구원하시기 위해서 일하시는 하나님과 그분의 계획에 관심을 가지며 살아가야 합니다. 이것이야말로 본문을 통해서 하나님이 우리에게 끊임없이 요구하시는 일입니다. 이제 우리는 그 일에 관심을 가지고 하나님이 말씀하시는 바를 듣고 순종하며 우리의 삶 속에서 하나님의 뜻을 구체적으로 이루어가며 살아가야 하겠습니다.

2장

불순종의 길에서 벗어나려면

그러나 요나가 여호와의 낯을 피하려고 일어나 다시스로 도망하려 하여 욥바로 내려갔더니 마침 다시스로 가는 배를 만난지라 여호와의 낯을 피하여 함께 다시스로 가려고 선가를 주고 배에 올랐더라(욘 1:3).

'그러나'의 선지자

본문은 요나가 하나님의 뜻을 의도적으로 거부하는 것으로 시작합니다. 여기서 우리는 하나님의 선지자 요나가 하나님의 말씀에 순종하지 않고 자신의 인간적인 판단에 따라 결정하고 행동에 옮기는 모습을 볼 수 있습니다.

하나님의 관심이 자신의 관심이 되어야 했음에도 하나님의 뜻을 저버리고 다른 방향으로 가는 요나의 모습은 본문에서 구체적으로 드러납니다. 요나서 1장 3절에는 말씀을 들어야 하는 요나가 듣는 자의 위치를 이탈해 버리는 모습이 하나의 단어로 표현되어 있습니다. 바로 '그러나'라는 단어입니다.

"그러나 요나가 여호와의 낯을 피하려고 일어나 다시스로 도망하려 하여"(욘 1:3). 여기서 '그러나'는 간단한 단어일지 모르지만 문맥 속에서 하나님에 대한 요나의 불순종을 노골적으로 드러내고 있습니다.

어떻게 보면 요나는 '그러나'의 선지자입니다. 그래서 어떤 사람은 요나의 별명을 '미스터 그러나'라고 합니다. 그런데 여기 나타난 요나의 '그러나'의 행동은 한 번으로 끝나지 않고 5절에 다시 나타납니다.

"사공이 두려워하여 각각 자기의 신을 부르고 또 배를 가볍게 하려고 그 가운데 물건을 바다에 던지니라 그러나 요나는 배 밑층에 내려가서 누워 깊이 잠이 든지라"(욘 1:5). 여기서 사람들은 자신들이 겪는 고통을 슬퍼하며 그것을 해결하려고 하는데 비해 요나는 무감각하게 배 밑층에 내려가서 깊이 잠들어 있습니다.

3절의 '그러나'가 하나님에 대한 불순종의 표현이라면 5절의 '그러나'는 주변의 상황에는 아랑곳하지 않고 잠에 깊이 빠져 있는 요나의 이기심의 표현이라고 할 수 있습니다. 결국 앞의 '그러나'가 뒤의 '그러나'를 만든 것입니다. 하나님 앞에서 불순종하고 자신의 위치를 제대로 찾지 못하는 사람은 이웃에 대해서도 동일하게 무감각한 모습을 보입니다.

이런 차원에서 요나는 지금 '그러나'의 길을 걷고 있습니다. 그의 별명은 분명 '그러나'입니다. 그런데 요나는 '그러나'의 길을 가면서 그 자체로 끝나는 것이 아니라 그 길을 점점 더 넓혀 갑니다.

무늬만 순종의 모습이라면

요나서 1장 3절에서 우리는 요나가 여호와의 낯을 피하려고 일어났다는 사실을 살펴보았습니다. 여기서 일어났다는 것은 우리에게 생소한 단어가 아닙니다. 하나님께서는 요나에게 "너는 일어나 저 큰 성읍 니느웨로 가라"(욘 1:2)고 명령하셨습니다. 분명히 하나님은 요나에게 말씀하시기를 "너는 일어나"라고 하셨습니다. 왜 그렇게 말씀하셨습니까?

무엇보다도 이 말씀이 하나님의 절대적인 명령이기 때문입니다. 가서 외치는 것도 중요하지만 그보다 더욱 중요한 것은, 가서 외치기 전에 먼저 일어나야 한다는 사실입니다. 성경에 보면 일어나라는 말이 오백 번 이상 나옵니다. 자거나 앉은 위치에서 일어난다는 의미를 가진 '일어나'가 있지만 대부분의 용어는 하나님이 우리에게 영적 각성이나 영적 점검을 위해서 말씀하실 때가 더 많습니다.

그런데 오늘 본문에 나오는 '일어나'는 앞의 내용과 전혀 다른 개념의 '일어나'입니다. 단어만으로 볼 때는 요나가 하나님의 명령에 순종한 것으로 보입니다. 왜냐하면 하나님이 일어나라고 했을 때 요나가 일어났기에 마치 하나님의 명령에 잘 순종하고 그 길을 가는 것처럼 보이기 때문입니다. 그러나 그 내용을 자세히 들여다보면 하나님에 대한 요나의 불순종이 분명하게 드러납니다. 요나서 1장 3절에서 요나가 일어난 행동은 여호와의 말씀을 듣고 일어난 것이 아니라 여호와의 낯을 피하려고 일어난 것입니다. 일어난 행동은 동일하지만, 일어난 목적과 동기는 하나님의 명령과 전혀 다릅니다.

그렇다면 이 사건이 우리에게 주는 교훈은 무엇입니까? 우리는 외형적으로 드러나는 모습에 주목하는 경향이 많습니다. 그리스도인으로서 같은 교회에 출석하는 모든 사람들이 같은 일을 하면 외부적으로 드러나는 사실을 보고 우리는 그들이 모두 하나님을 사랑한다고 생각합니다. 교회에 헌금을 내고 빠짐없이 예배에 출석하고 열심히 봉사하고 구제하면 모두 하나님을 사랑하는 사람으로 생각합니다. 그러나 우리가 동일한 행동을 하더라도 그 목적과 동기가 다르다면 그것은 다른 행동입니다. 행한 일은 같지만 그것을 하기 위해 일어난 목적이 다르기 때문입니다.

우리는 그 한 예를 창세기에서 살펴볼 수 있습니다. 창세기 12장 4절에는 "이에 아브람이 여호와의 말씀을 좇아갔고 롯도 그와 함께 갔으며"라고 기록되어 있습니다. 이것은 아브라함과 그의 조카 롯이 고향을 떠나는 장면입니다.

아브라함과 롯은 함께 동행했습니다. 갈대아 우르를 떠나 하란을 거쳐 가나안에 이르기까지 그들은 같은 길을 나란히 걸었을 것입니다. 하지만 그들이 실제로 같은 길을 갔을지라도 삶의 마지막 모습은 달랐습니다. 우리가 아브라함을 믿음의 조상이라고 말하지만 롯을 믿음의 조상이라고는 말하지 않습니다. 그리고 성경은 롯을 의인이라고 하기는 했지만 그를 존경하는 의인으로 드러내지는 않습니다.

그렇다면 아브라함과 롯의 차이는 무엇입니까? 그것은 바로 아브라함은 여호와의 말씀을 좇아갔지만 롯은 그렇지 않았다는 사실입니다. 롯은 여호와의 말씀을 좇아간 것이 아니라 인간 아브라함을 좇아간 것입니다. 그들은 같은 길을 갔지만 알고 보면 다른 길을 걸어갔습니다. 한 사람은 여호와의 말씀을 좇았지만 한 사람은 인간을 따라갔기 때문입니다.

이 사실은 오늘날 우리에게 많은 교훈을 남깁니다. 우리는 같은 교회에 다니고, 같은 직장 생활을 하며, 같은 생각을 가지고, 같은 울타리에서 생활할 수 있습니다. 하지만 우리가 그렇게 외형적으로 함께 지낸다고 하더라도 우리의 생각이 전부 같다고는 할 수 없습니다. 그리고 여호와의 말씀을 좇아가는 사람과 인간 아브라함을 좇아가는 사람의 길이 다르듯이 우리가 한자리에 같이 있다 하더라도 각각의 사람들이 전혀 다른 길을 걸어갈 수 있습니다.

우리는 지금 어떤 길을 가고 있습니까? 어떤 일을 하기 위해 일어났다는 사실만으로 하나님께 순종한다고 말할 수 있습니까? 본문은 그것이 반드시 일치하지는 않는다는 사실을 보여 줍니다. 그러므로 우리가 일어났다 하더라도 어떤 동기로 무엇을 위해서 일어났느냐가 중요합니다.

외부적으로 나타나는 사실이 중요한 것이 아닙니다. 우리가 진정으로 하나님을 바라보고 하나님 나라의 가치와 삶의 방식으로 살아가고 있느냐 하는 것이 중요합니다.

교회도 마찬가지입니다. 교회가 하나님의 뜻에 따라 일어나지 않고 외형적으로 어떤 일을 계획하고 그것을 하나님이 허락해 주실 것이라고 생각하고 일어난다면, 이것은 진정 건강한 교회의 모습이 아닐 것입니다. 그러므로 어떤 차원에서 일어났느냐를 살피는 일은 매우 중요합니다.

불순종의 길에도 치밀함은 있다

사실 요나가 1장 3절에서 일어난 것은 하나님께 순종한 것이 아니라 불순종한 행동입니다. 하지만 외형적으로 볼 때는 순종의 성격을 띠고 있습니다. 우리는 불순종과 순종은 상반된 것이기에 전혀 다른 모습이라고 생각합니다. 그렇지만 불순종도 순종의 모습을 띠고 우리에게 다가오기 때문에 우리는 이것에 속지 말아야 합니다.

순종과 불순종의 모습이 확연하게 드러날 때는 쉽게 판단할 수 있습니다. 하지만 순종의 모습을 띤 불순종의 모습은 우리를 더욱 황폐하게 만듭니다. 이런 의미에서 항상 경계해야 할 것은 순종의 형태를 띤 불순종입니다. 그런데 이런 불순종의 모습은 그 자체로 끝나는 것이 아니라 조직적이고 치밀하게 이루어집니다. 본문에서 자세한 내용을 살펴볼 수 있습니다.

본문에 나오는 동사들을 유심히 보십시오. 3절은 짧지만 '일어나', '하여', '내려갔더니', '만난지라', '가려고', '주고', '올랐더라' 와 같이 많은 동사들이 나옵니다. 이 짧은 구절에 일곱 개의 동사가 등장하면서 역동적인 느낌을 줍니다.

헐리우드 영화 가운데 《람보》라는 영화를 보면 어디가 발단이고 어디가 전개인지 모를 정도로 처음부터 절정만 있는 듯합니다. 절정과 위기에서 시작해서 위기와 절정으로 끝납니다. 그래서 사람들은 그 영화를 볼 때 잠시도 긴장을 풀지 못하고 있다가 상영이 끝나고 불이 켜지면 그때서야 긴장이 풀리고 스트레스가 해소된다고 합니다.

요즘은 어른들만 스트레스란 말을 쓰는 것이 아니라 어린아이들도 이 말을 사용합니다. 우리 아이도 학교에 갔다 오면 '와, 오늘은 공부 땜에 스트레스 엄청 받았네' 라고 말합니다. 이런 스트레스를 풀어 주는 상업적인 영화가 바로 그런 것입니다.

동사가 많이 나오면 이와 같은 분위기를 만들어 냅니다. 그런데 요나서 1장 3절을 보면 요나의 불순종의 길이 아주 빠르게 전개되고 있을 뿐만 아니라 조직적이고 단계적으로 진행되는 것을 볼 수 있습니다다. 여기에 나오는 동사들을 잘 살펴보면 그 단어들이 그냥 이어지는 것이 아니라 상당한 체계를 가지고 있습니다. 어떤 체계를 가지고 있는지 보십시오.

먼저 요나는 여호와의 낯을 피하려고 일어났습니다. 여기서 일어났다는 것은 어떤 일을 하려고 결심을 했다는 말입니다. 그런데 결심한 뒤에는 그것을 행동으로 옮기기 위해 계획하는 단계로 발전합니다. '다시스로 도망하려 하여'라는 부분은 요나의 결심이 계획으로 바뀐 상황을 보여 줍니다.

다음에 요나의 계획은 더 발전하는데, 그 결과가 바로 '욥바로 내려갔더니'라고 기록된 부분입니다. 계획을 세웠으니 이제 실천하는 일이 남습니다. 그런데 이 실천은 뒤에 나오는 행동에 비해서 약간은 소극적이라고 할 수 있습니다. 사실 이런 실천의 행동들은 어떤 단계를 거쳐서 계획을 가지고 행해지는 것입니다.

조금 안 좋은 예지만 어떤 사람이 은행을 턴다고 했다면 그는 그냥 무턱대고 은행에 들어가지 않습니다. 나름대로 치밀한 계획을 세웁니다. 물론 그 계획을 세우기 전에 '내가 은행을 털어야겠다'고 결심할 것입니다. 그리고 나서 치밀하게 계획을 세우고 그 일을 실천합니다.

지금 요나는 불순종의 길을 걷고 있습니다. 그리고 그의 불순종의 길에도 이런 체계와 흐름이 있습니다. 요나는 다시스로 가기 위해서 아주 깊이 생각합니다. 그리고 결심과 계획과 실천을 통해서 그 일을 진전시키고 있습니다.

사람들은 흔히 불순종이란 그냥 즉흥적으로 하나님의 뜻과 정반대로 행하는 일이라고 생각하곤 합니다. 그러나 불순종도 순종의 형태보다 더 조직적이고 체계적이며, 더 세련되게 이루어질 때도 많다는 사실을 기억해야 합니다.

순풍에 돛 단 것 같다면

요나의 불순종도 나름대로 섬세한 체계와 조직적인 형태를 띠고 있습니다. 그런데 불순종의 길임에도 불구하고 그 계획과 실천이 잘 이루어지면 그때는 자기가 계획했던 것을 더욱더 합리화하고 정당화시키는 경향이 있습니다.

1장 3절에는 요나가 여호와의 낯을 피하려고 일어나 도망하려 하여 욥바로 내려갔을 때 "마침 다시스로 가는 배를 만난지라"고 기록되어 있습니다. 하나님은 요나에게 니느웨로 가라고 하셨습니다. 그런데 지금 요나는 그와는 정반대 방향인 다시스로 가고 있습니다. 하나님은 동쪽으로 가라고 했는데 요나는 지금 서쪽으로 가고 있습니다.

어떤 학자는 다시스를 스페인의 한 지역이라고 보는가 하면 어떤 학자는 이탈리아나 북아프리카의 한 도시라고 생각하기도 합니다. 또 어떤 사람은 터키 근동에 있는 다소라고도 합니다. 하지만 대다수의 사람들은 스페인 쪽으로 생각하는 것 같습니다. 그 장소가 어디든 요나는 지금 하나님이 가라고 하는 니느웨, 오늘날 이라크 지역과는 정반대 방향으로 가고 있습니다.

그곳에 가기 위해서는 욥바로 내려가 배를 기다려야 합니다. 그런데 요나가 욥바로 내려갔을 때 "마침 다시스로 가는 배를 만났다"고 성경은 기록하고 있습니다. 오늘날은 시간마다 쉽게 배를 탈 수 있지만 그때는 과학이 발달한 시대도 아니었고 항해술이 발달하지도 않았기에 승선하기가 쉽지 않았을 것입니다. 그 당시에 배는 무역을 주로 했기 때문에 사람이 타기보다는 화물을 주로 실어 날랐기에 자리가 없을 수도 있었을 것입니다. 또한 출항한 배가 돌아오려면 예상치 못한 일들을 많이 만나곤 했을 것입니다. 즉 심한 풍랑이나 해적을 만나는 일과 같은 위급한 상황을 겪게 되면 삼일 뒤에 올 배가 한 달 후에 올 수도 있었을 것입니다.

그런데 이렇게 예측할 수 없는 승선 일정이었음에도 요나가 다시스로 가기 위해 욥바로 내려갔을 때 마침 거기에 배가 있었다고 합니다. 그렇다면 요나가 가려는 불순종의 길이 그가 원하는 대로 잘 진행되었다는 것을 알 수 있습니다. 그 길은 분명 불순종의 길이었지만 그의 환경은 잘 풀리고 있습니다.

여기서 기억해야 할 것은 일의 진행이나 결과가 잘되고 안 되는가의 문제가 하나님을 잘 믿느냐 안 믿느냐를 분별하는 기준이 될 수는 없다는 사실입니다. 지금 요나는 불순종의 길을 가고 있지만 그의 환경은 너무도 잘 풀리고 있습니다.

환경이나 상황이 좋아질 때 우리는 쉽게 그것이 하나님의 뜻이라고 결론 짓지는 않습니까? 우리의 환경이 잘 풀리지 않는다고 해서 그것이 하나님의 뜻이 아니라고 쉽게 단정하는 않습니까? 외부적인 환경이 우리의 영적인 사상을 주도할 수 없습니다. 우리가 많은 상황에서 외부적으로 드러나는 모습을 기준으로 하나님의 뜻이냐, 아니냐를 판단하기 때문에 오늘날 우리의 삶에 기복 신앙이 지배하는 것입니다.

유심히 살펴보면 성경은 어떤 문제를 상황만을 보고 풀어가지 않습니다. 상황 자체는 더 나쁠지라도 하나님의 사람들은 문제에 집착하기보다 그 속에 임재하시는 하나님에게 더 깊은 관심을 가지고 새로운 시각으로 환경을 바라볼 줄 알아야 합니다. 그렇지만 우리는 환경의 변화에 따라 하나님의 뜻인지의 여부를 판단할 때가 많습니다.

더 많은 대가를 요구하는 불순종의 길

다시스로 가려는 요나의 행로처럼 불순종의 길임에도 불구하고 환경이나 상황이 잘 풀릴 때 우리의 행동은 거기서 끝나지 않습니다. 그 일을 합리화시키고 더 힘을 얻고 다른 길로 갈 때가 많습니다. 지금 요나도 '일어나', '갔더니' 마침 다시스로 향하는 배'를 만났습니다. 그것으로 인해 그는 더 힘을 얻고 더욱더 행동을 구체화합니다.

성경에는 그가 "여호와의 낯을 피하여 함께 다시스로 가려고 선가를 주고 배에 올랐더라"고 기록되어 있습니다. 여기에 나타난 동사 '가려고'는 자신의 계획을 더욱 구체화했다는 의미입니다.

은행털이는 결심을 한 다음 계획을 세우고 그것을 실천합니다. 실제로 그는 은행을 털기 전에 우선 작은 구멍가게라도 하나 털어 보자는 생각에 구멍가게를 텁니다. 그런데 예상외로 너무 잘되는 것입니다. 돈 한푼 없던 빈털터리가 구멍가게에 가서 십만 원을 훔치고 나서 '와, 하면 되네. 이런 식으로 은행을 털면 될 거야. 내가 하는 행동이 조금 나쁘다고 생각했는데 세상이 다 썩은 사회고 다 이런 식으로 돈을 버는데 내가 이렇게 돈을 훔친다고 뭐가 문제야' 하고 그 사실을 합리화시킬 수도 있습니다.

요나가 기다리는 시간 없이 배를 만난 것을 통해 자신의 행동을 합리화했는지의 여부는 분명하지 않습니다. 하지만 우리가 이 사건을 통해 얻을 수 있는 교훈은 우리도 환경에 따라 생각이나 행동을 합리화할 때가 많다는 사실입니다.

은행털이가 구멍가게를 터는 소극적인 실천을 감행한 뒤에 자신감을 가지고 은행을 털듯이 요나도 자신감을 가지고 다시스로 가려는 계획을 구체화시켰습니다. 그리고 계획을 구체화했을 때는 그것으로 끝낸 것이 아니라 그 일을 완전히 확정하기 위해서 '선가'를 주었다고 합니다. 이제는 돈까지 투자합니다.

은행을 터는 일에도 자본이 필요합니다. 계획을 세웠으면 거기에 투자하는 일이 필요하다는 것입니다. 지금 불순종의 길을 걸어가는 요나가 그냥 가는 것이 아니라 선가를 주는 것처럼 말입니다. 불순종의 길도 공짜로 되는 것이 아니고 돈이 들어갑니다.

요나도 불순종의 길에 돈을 투자하고 배에 오릅니다. 그것으로 계획이 완성되었습니다. 1장 3절 한 구절만 보면 요나는 자기의 길을 완성시켜 나간 것 같습니다. 즉 하나님께 불순종하고 자기 길을 갔는데 그것이 자기 계획대로 실천되고 완성되었다는 것입니다. 그런데 그런 완성은 자기 혼자로 끝나는 일이 아니었습니다. 배에 탄 다른 사람도 '함께' 그 길을 가게 만들었습니다.

같은 모델의 길

우리가 하나님과의 관계 속에서 생각하지 않으면 우리는 스스로의 판단에 대해 더욱 잘못된 확신을 갖게 될지 모릅니다. 하지만 이것이 불순종의 길이라는 사실을 우리는 반드시 생각해야 합니다. 그런데 불순종의 길이 점점 진전되는 모습은 요나서에만 나오는 것이 아닙니다. 성경에는 이런 유형의 모델들이 간혹 등장합니다.

로마서에는 이와 같은 흐름으로 사건이 전개되는 것을 볼 수 있습니다. 로마서 1장 18절부터 3장 20절까지는 특히 죄에 대한 문제를 다루고 있는데, 그중 1장 18-32절까지는 이방인의 죄를 다루고 있습니다. 물론 본문과는 상황이 다르지만 그 형태는 매우 흡사합니다.

"하나님의 진노가 불의로 진리를 막는 사람들의 모든 경건치 않음과 불의에 대하여 하늘로 좇아 나타나나니"(롬 1:18).

이 말씀에는 그들의 경건하지 않음과 불의에 대해서 하나님의 진노가 나타났다고 기록되어 있습니다. 경건하지 않은 것과 불의는 하나님을 하나님으로 인정하지 않는 모습입니다. 그렇다면 하나님을 인정하지 않는 사람들의 삶의 형태가 어떻게 전개되어 가는지 살펴봅시다.

로마서 1장 21절에는 "하나님을 알되 하나님으로 영화롭게도 아니하며 감사치도 아니하고 오히려 그 생각이 허망하여지며 미련한 마음이 어두워졌나니"라고 기록되어 있습니다. 그들은 어떻게 행동하고 있습니까? 먼저 하나님의 이름을 알지만 하나님을 영화롭게 하지도 않고 감사하지도 않습니다. 자신들이 하나님을 위해 존재하지도 않는다고 합니다. 이런 사람들은 거기서 끝나는 것이 아니라 23절에 나타나는 것처럼 "썩어지지 아니하는 하나님의 영광을 썩어질 사람과 금수와 버러지 형상의 우상으로" 바꾸는 잘못을 저지르게 됩니다.

하나님을 영화롭게 하지 않는 사람들은 우상 숭배를 하게 됩니다. 이것이 하나님을 믿지 않는 사람들의 특징입니다. 우상은 돈이나 명예가 될 수도 있지만 한마디로 하나님보다 우위에 두는 모든 것을 우상이라고 볼 수 있습니다. 그런데 문제는 우상 숭배가 그것만으로 끝나지 않는다는 데 있습니다. 로마서 1장 26-27절에 "이를 인하여 하나님께서 저희를 부끄러운 욕심에 내어 버려 두셨으니 곧 저희 여인들도 순리대로 쓸 것을 바꾸어 역리로 쓰며 이와 같이 남자들도 순리대로 여인 쓰기를 버리고 서로 향하여 음욕이 불일 듯하매"라고 기록되어 있는 것처럼, 그것은 곧 성적인 타락으로 발전합니다.

하나님을 하나님으로 인정하지 않는 사람들은 우상 숭배를 하고 이어서 성적인 타락으로 나아갑니다. 그러나 그들은 여기서 그치지 않고 29-31절에 열거된 것처럼 수많은 죄를 저지르게 됩니다.

"곧 모든 불의, 추악, 탐욕, 악의가 가득한 자요 시기, 살인, 분쟁, 사기, 악독이 가득한 자요 수군수군하는 자요 비방하는 자요 하나님의 미워하시는 자요 능욕하는 자요 교만한 자요 자랑하는 자요 악을 도모하는 자요 부모를 거역하는 자요 우매한 자요 배약하는 자요 무정한 자요 무자비한 자라"(롬 1:29-31).

얼마나 죄가 많은지 나열하기도 힘듭니다. 그리고 이런 죄의 결과는 사형에 해당된다(롬 1:32)고 합니다. 여기에 언급된 사형은 즉시

집행되는 것이 아니라 결과적인 의미를 말합니다. 다시 말해서 이런 식의 사형은 '내어 버려 두다' (롬 1:24, 26, 28)라는 표현으로 연속적으로 진행됩니다.

만일 하나님이 누군가를 내어 버려 둔다면 그분이 그를 심판하지 않는 것이 아니라 내어 버려 둔 그 상태가 결국 심판이라는 뜻입니다. 믿음의 사람들은 그 상태가 심판이라는 것을 알지만 세상 사람들은 그 사실을 의식하지 못합니다. 그렇다면 죄가 드러났을 때 이 문제를 어떻게 해결하느냐가 중요합니다.

많은 사람들은 어려운 일을 만나면 단순히 그 상황에 매몰되어 문제를 풀려고 합니다. 하지만 중요한 것은 원인을 파악하고 분석하여 문제를 해결하는 것입니다. 그러므로 이런 반응이 우리에게 나타난다면 우리가 하나님을 하나님으로 인정하고 있느냐 하는 것을 가장 먼저 살펴봐야 할 것입니다.

여기서 주목해야 할 점은 죄의 흐름이 구체적으로 어떻게 전개되는가의 문제입니다. 요나서를 살펴보면서 로마서를 함께 다룬 이유도 지금 1장 3절에서 요나가 행동하는 모습이 로마서에서 말하는 죄의 흐름과 그 형태가 매우 비슷하기 때문입니다.

요나는 불순종의 길을 가기 위해 결심하고 계획하고 실천하고 그것을 합리화합니다. 그리고 계획을 더 구체화하고 투자하고 완성합니다. 이것은 분명 불순종의 길이며, 죄의 길이며, 하나님이 원치 않는 길입니다. 그러나 그 길을 요나는 가고 있습니다.

그런데 이 길은 요나만이 아니라 우리가 걸어가고 있는 길일 수도 있습니다. 즉 요나처럼 죄 지을 결심을 하고 계획을 하고 작은 실천을 하고 일이 잘 풀리면 합리화하고 계획을 더 구체화하고 죄의 길에 투자를 하고 완성시켰다고 좋아하는 모습이 바로 우리들의 모습일 수 있습니다.

진정한 회복을 위하여

혹시 우리들도 불순종의 길을 걷고 있지는 않습니까? 그리스도인이라 할지라도 요나가 걸었던 길을 갈 수 있습니다. 요나 또한 하나님의 선지자였지만 그 길을 갔습니다. 만일 우리가 이런 불순종의 길을 가고 있다면 이 문제를 어떻게 해결할 수 있습니까? 그리고 이 불순종의 길을 어떻게 벗어날 수 있습니까?

무엇보다 먼저 그 근본 원인을 찾아야 합니다. 요나가 걸어간 죄의 길은 바로 '그러나' 로부터 시작되었습니다. 하나님 앞에서 '그러나' 는 이와 같은 죄의 길을 만드는 것입니다.

만일 우리가 죄의 길을 가고 있다면 하나님 앞에서 나의 '그러나' 를 점검해야 합니다. 나의 '그러나' 가 무엇입니까? 자기의 위치를 상실한 것입니다. 그렇다면 우리의 위치는 무엇입니까? 요나서 1장 1절이 그 해답입니다. 하나님은 말씀하시고 요나는 그 말씀을 듣는 자라고 했습니다. 우리도 요나처럼 말씀 듣는 자의 위치를 이탈할 때 이와 같은 죄의 길, 불순종의 길로 들어설 수 있습니다.

그렇다면 우리가 이런 불순종의 길목에서 가장 중요하게 생각해야 할 것은 우리의 위치를 찾아가는 일입니다. 우리는 끊임없이 여호와의 말씀에 순종하고 말씀을 듣는 자의 위치에 서 있어야 합니다. 하나님은 완전하시고 우리는 불완전합니다. 그렇기 때문에 우리는 완전하신 하나님으로부터 말씀을 들어야 합니다. 이것이 우리의 위치입니다. 또한 이것은 우리 신앙의 대전제이기도 합니다.

우리가 불순종의 길을 가고 있다면 자신의 위치를 다시 찾아야 합니다. 하나님의 말씀으로 돌아가야 합니다. 오늘날 우리는 말씀의 홍수 시대에 살고 있습니다. 그러나 말씀만 있고 거기에 내용이 없기 때문에 우리는 말씀에 대해서 과소 평가할 때도 있습니다.

오늘날 많은 그리스도인들이 하나님의 말씀을 등한시합니다. 말씀 정도는 우리에게 그리스도인이 되는데 필요한 하나의 과정이라고 생각하고 자신의 영적인 감각이나 답답함을 풀어 주는 다른 세계가 있다고 생각하는 사람들이 많습니다. 그래서 다른 사상이나 프로그램에 자주 현혹되곤 합니다. 하지만 말씀은 그렇게 약하지 않습니다. 말씀은 능력입니다. 말씀이 전제되지 않은 모든 일은 불신앙이고 잘못된 것입니다.

말씀은 살아 있습니다. 우리를 감동시키고 변화시킵니다. 우리는 그것을 느끼며 살아야 합니다. 말씀으로 사는 사람들은 항상 기운이 빠진 채로 한숨만 쉬지 않습니다. 자기를 학대하지도 않습니다. 말씀이 살아 있기 때문에 우리들은 더욱더 큰 하나님의 존재를 느끼면서 나는 비록 약하고 부족하지만 나를 만들어 가시는 여호와 하나님에 대한 믿음을 가지고 살아갑니다. 다시 말해서 하나님을 나의 힘으로 생각하기 때문에 우리는 당당하면서도 겸손하게 나아갈 수 있습니다.

만일 불순종의 길을 걸어가고 있다면 그 길에서 벗어나십시오. 그것을 벗어나는 유일한 길은 우리의 위치를 다시 찾는 것입니다. 하나님과의 관계 속에서 하나님은 말씀하시고 나는 말씀을 듣는 자인 것을 반드시 염두에 두십시오.

한 가지 예를 들어 보겠습니다. 자기 아들이 일등이 되길 바라는 그리스도인 학부형이 있습니다. 그런데 한 반에 그런 부모를 둔 아이들이 열 명이나 됩니다. 그 부모들은 한결같이 아들을 위해서 아주 열심히 기도했습니다. 그러나 일등은 한 명뿐입니다. 결국 한 아이는 일등을 했지만 나머지 아홉 명은 일등을 하지 못했습니다. 그러면 일등을 한 아이의 부모는 이렇게 생각할 것입니다. '그래, 하나님께 열심히 기도했더니 우리 아이가 일등을 하게 되었어.' 그는 역시 기도의 능력은 크다고 간증하고 다닐 것입니다.

그런데 문제의 아홉 명 아이의 부모들은 상황을 이해하지 못하고 교회의 담임 목사를 찾아가 왜 이렇게 되었는지 상담을 합니다. 어떤 목사님은 '봉사를 열심히 안 해서 그렇습니다. 봉사를 더 하십시오' 라고 말할 수도 있습니다. 또 어떤 목사님은 '기도가 약해서 그렇습니다. 산에 가서 더 기도하며 매달리십시오' 라고 상담해 줄 수도 있습니다. 이런 종류의 조언을 들은 부모들은 나름대로 해결책을 찾아 노력합니다. 어떤 사람은 산에 가서 더 기도하고, 어떤 사람은 헌금을 더 내고, 어떤 사람은 봉사 활동을 더 열심히 합니다. 그런데 과연 그것이 하나님을 향한 올바른 자세일까요?

그들의 문제점은 잘못된 목표를 설정한 일은 물론이고 그들이 기대했던 것과는 다른 결과가 주어졌을 때 자신의 욕심을 추구하려고 잘못된 대안을 찾았다는 것입니다. 일등을 해야 된다는 것 자체가 문제입니다. 왜 그리스도인들은 학교에서 반드시 일등을 해야 합니까. 사고 자체가 잘못되어 있음에도 불구하고 그들은 그것이 잘못인 줄 깨닫지 못하며 일등하지 못한 상황에 대해서 또 다른 신앙의 대안을 찾았습니다.

많은 사람들이 부수적이고 편협한 것을 가지고 하나님께 간구하는 모습을 신앙이라고 생각할 때가 있습니다. 그러나 내가 하나님 앞에서 근본적인 문제를 놓고 '일어나' 있는가를 생각하는 것이 중요합니다. 내가 하나님 앞에서 말씀을 듣는 자로 서 있는가를 생각해 보십시오. 이런 예를 가장 잘 보여 주는 것이 바로 예수 그리스도의 삶입니다. 또한 사도 바울도 이런 예를 보여 주었습니다.

사도 바울이 감옥에 있을 때 그는 자신이 감옥에서 풀려 나기만을 기도했습니까? 그렇지 않습니다. 그는 하나님에 대한 본질적인 것을 알고 있었기 때문에 감옥도 복음의 도구로 사용할 줄 알았습니다. 빌레몬서를 보면 바울이 빌레몬에게 편지하기를 '갇힌 자 된 바울은, 나이 많은 바울은 친필로 쓴다' 고 했습니다. 바울이 왜 이런 말을 하고 있습니까? 바로 오네시모를 용서해 달라는 뜻이었습니다. 바울은 그가 갇힌 침울한 감옥을 복음의 도구로 사용했습니다. 그것이 위대한 사람의 특징입니다. 그리스도인은 자신이 속한 환경에서 하나님 나라를 생각하고 자신의 위치를 생각해야 합니다.

그렇다면 우리는 요나서를 통해서 무엇을 생각해야 합니까? 우리가 지금 불순종의 길을 가고 있다면 그 문제를 해결하는 유일한 방법은, 근본적으로 내가 어떤 위치에 서 있는가를 생각하는 것입니다. 그것이 가장 중요한 첫걸음입니다. 그것을 전제하지 않은 모든 대안은 잘못된 것입니다. 즉 우리가 근본적인 문제를 해결하기 위해서는 하나님이 주신 선물이나 능력에 관심을 갖기보다는 먼저 하나님 자신(God Himself)에 관심을 가져야 합니다.

3장

세상에 무감각한 까닭은?

> 여호와께서 대풍을 바다 위에 내리시매 바다 가운데 폭풍이 대작하여 배가 거의 깨어지게 된지라 사공이 두려워하여 각각 자기의 신을 부르고 또 배를 가볍게 하려고 그 가운데 물건을 바다에 던지니라 그러나 요나는 배 밑층에 내려가서 누워 깊이 잠이 든지라(욘 1:4-5).

무감각한 인생을 지켜보시는 하나님

본문은 "여호와께서"(욘 1:4)라는 말로 시작합니다. 언뜻 보면 이 말이 그다지 대단하게 생각되지 않을 수 있습니다. 그러나 이 말은 상당한 느낌으로 다가와야 합니다.

1장 4절은 3절의 연속이며, 3절은 요나의 불순종의 길입니다. 요나는 '그러나'로 시작해서 어떤 일을 하고자 결심하고 계획을 세우고 실천하고 완성했습니다. 다시 말해서 그는 하나님을 등지고 자신만의 길을 간 것입니다.

하나님께 불순종하고 살아갈 때는 하나님을 인식하지 못합니다. 또 하나님을 인식하는 일이 반갑지도 않기 때문에 '하나님, 내 길을 가겠으니 지금은 모른 척해 주십시오'라고 생각하곤 합니다. 그것도 아니면 '하나님, 생각하고 싶지 않습니다. 이 기간만큼은 하나님과 내가 단절을 해야겠습니다'라고 고집을 피우기도 합니다. 살아가면서 우리는 너무도 자주 이런 생각을 하곤 합니다.

지금 요나도 하나님과 단절하고 자신의 길을 가고 있습니다. 그러나 요나가 하나님과 단절한 그때, 자신은 하나님과 동떨어져 있다고 생각하는 바로 그때 4절이 연결되어 등장합니다.

1장 4절 말씀은 갑자기 '여호와께서'라고 시작합니다. 이것은 여호와께서 1장 3절에 나타난 요나의 모든 행적을 주시하고 계셨다는 의미입니다. 요나가 자신만의 길을 걸어갈 때 하나님을 보지 않았습니다. 그러나 하나님은 요나의 순종의 길도 보시지만 불순종의 길도 살펴보시고 그 길을 인도해 가십니다.

하나님은 우리의 모든 것을 다 아십니다. 우리를 주시하시고, 관리하시고, 훈련시켜 나가시는 그분은 우리와 상관없는 분이 아닙니다. 우리가 걸어가는 불순종의 길 가운데서 갑자기 '여호와께서'라고 말씀하십니다. 그리고 우리가 하나님께 불순종하고 외면하고 등돌렸다 하더라도 여전히 우리의 가슴과 영혼 속에 하나님은 살아 계십니다.

삶 속에 위기가 오는 진짜 이유

하나님은 불순종의 길을 가는 선지자, 요나의 모습을 주시하실 뿐 아니라 그의 삶을 교정하십니다. 요나서 1장 4절 상반부에는 "여호와께서 대풍을 바다 위에 내리시매"라고 기록되어 있습니다. 여기서 대풍을 바다 위에 내리셨다는 것은 하나님이 주시는 사랑의 매를 의미합니다. 요나가 불순종하는 모습을 보시고 하나님은 대풍이라는 매를 드셨습니다.

이렇게 사랑의 매을 드시는 하나님은 어떤 분이십니까? 4절 하반부에서는 "대풍을 바다 위에 내리시매 바다 가운데 폭풍이 대작하여 배가 거의 깨어지게 된지라"라고 했습니다. '~하라 하시매, ~하게 된지라'의 형태로 기록되어 있는 이유는 하나님의 능력과 위엄이 크다는 사실을 나타내는 것입니다.

하나님은 세상을 말씀으로 창조하셨습니다. 하나님이 세상을 창조하실 때 '빛이 있으라 하시매 빛이 있었고', 모든 만물이 그 말씀으로 창조되었습니다. 그만큼 하나님은 크신 분이십니다. 하나님은 우주를 창조하시고 우리를 만드신 분이십니다. 이런 하나님이 대풍을 내리신 것입니다. 여기에 하나님의 위대한 속성이 드러납니다. 그러므로 모든 만물은 하나님 앞에 순종할 수밖에 없습니다.

본문에서도 대풍은 하나님의 말씀에 순종하고 있습니다. 그러나 요나는 불순종하고 있습니다. 만물에 속하는 대풍도 순종하는데 소위 '만물의 영장'이라고 하는 인간이 하나님의 말씀에 불순종하고 있는 것입니다.

그렇다면 대풍을 통해 하나님이 말씀하시는 메시지는 무엇입니까? 집에서 키우는 개가 말을 잘 들으면 사람보다 낫다는 이야기가 있습니다. 여기 등장하는 대풍은 오히려 사람보다 낫습니다. 모든 만물과 인간의 속성은 하나님께 순종하는 것이며, 또 하나님에 의해서 그렇게 될 수밖에 없습니다. 하지만 인간은 자주 하나님께 불순종합니다.

재미있는 사실은 1장 4절에 '일어나' 라는 놀라운 표현이 나타나는 것입니다. 1장 1절에서 하나님은 요나에게 일어나라고 했습니다. 거기서 '일어나' 는 영적인 각성을 말하는 것이었습니다. 그러나 2절에 보면 요나가 일어나긴 하지만 그것은 불순종의 '일어나' 였습니다. 하나님은 저 큰 성읍 니느웨로 가기 위해 일어나라고 하셨지만 요나는 하나님의 낯을 피하려고 일어났습니다. 하나님께 불순종한 것입니다. 그런데 본문에 등장하는 대풍은 하나님의 '일어나' 에 동조한 것입니다. 재미있지 않습니까.

이 '일어나' 가 우리에게 주는 교훈은 참으로 큽니다. 하나님의 뜻에 따라 대풍도 일어나는데 인간이 일어나지 않는다면 그것처럼 비극적인 일은 없습니다. 요나는 이 글을 통해 '내가 하나님께 불순종할 때 나는 누구보다, 그 무엇보다 부족하다' 라는 사실을 인정하고 있습니다. 자신은 대풍보다, 박 넝쿨보다, 벌레보다, 사공보다, 물고기보다 못하다는 사실을 의도적으로 고백한 것입니다.

하나님은 대풍을 통해 요나를 훈련시키셨습니다. 대풍을 만나는 요나를 보면서 우리는 하나님의 말씀을 듣는 자의 위치에서 겸손히 들어야 한다는 사실을 깨닫게 됩니다. 그러나 이런 대풍을 내리시는 하나님은 우리를 교육하시기 위함이지만, 그것을 만나고 경험하는 인간은 솔직히 엄청난 고통을 겪습니다.

요즘 우리 집 아이들은 학교 숙제로 올챙이를 키우고 있습니다. 그 올챙이가 언제 개구리가 되는지를 시시때때로 관찰하고 있는데, 어느 날 올챙이는 밥을 거의 안 줘도 잘 산다는 말을 듣게 되었습니다. 그래서 일부러 밥을 안 주었더니 생각지도 못한 일이 벌어졌습니다. 큰 올챙이가 작은 올챙이를 잡아먹는 놀라운 현상이 일어난 것입니다. 아이들에게는 그 일이 그저 하나의 실험이었고 관찰의 과정이었지만, 올챙이들에게는 생사의 문제였던 것입니다.

지금 하나님은 대풍을 내려 요나를 훈련시키시지만, 그 배에 함께 탄 사람들과 요나는 생명이 끊어질 위기를 맞고 있습니다. 하나님이 우리를 훈련시키실 때 우리는 괴롭고 힘듭니다. 그것을 즐겁다고 할 사람은 한 사람도 없을 것입니다. 하나님은 감당할 수 있는 시험만 주신다고 하지만 사실 시험을 받는 우리 쪽에서는 고통스럽습니다. 그래서 '하나님, 너무 힘듭니다. 왜 나에게 이런 시험을 주십니까?' 하고 부르짖게 됩니다.

하나님은 한없는 용서와 사랑을 베푸시지만 때로는 우리를 이처럼 강하게 훈련시키시기도 합니다. 하나님의 매는 상당히 아픕니다. 그 매를 맞아 본 사람이라면 잘 아실 것입니다. 그분은 대충 때리시지 않고 강하게 내리치십니다. 왜냐하면 인간은 그래야 정신을 차리기 때문입니다.

지금 요나도 하나님께 혼이 나고 있습니다. 요나는 이것이 하나님의 매인지 확실히 인식하지 못하지만 굉장히 큰 위기를 맞고 있습니다. 그 위기만을 볼 때는 하나님이 너무 하시고 인정이 없으신 것처럼 여겨집니다. 하나님이 나를 훈련하시는 것이 아니라 죽이시는 게 아닌가 하는 생각이 들기도 합니다. 그런데 요나서를 1장 4절로 끝내지 않고 4장까지 이어지게 하는 중요한 단어가 4절에 나옵니다. 그 단어를 빼버리면 요나서는 4장까지 갈 필요가 없습니다. 그것이 바로 4절 하반부에 나오는 '거의'라는 단어입니다.

'거의'의 사랑과 은혜

'거의'라는 단어를 빼면 요나서는 '배가 깨어지게 된지라. 그래서 그 배에 탄 사람들과 요나가 죽었더라'는 식으로 끝나게 됩니다. 주인공이 죽으면 다 끝나는 것입니다. 그리고 이 사건에 따른 교훈도 '하나님께 불순종하면 결국엔 다 죽는다'라는 식으로 간단하게 정리될 것입니다. 이렇게 되면 요나서는 위협적인 교훈서가 될지도 모릅니다.

그렇다면 이 '거의'라는 단어는 우리에게 어떤 교훈을 줍니까?

먼저 우리는 '거의' 속에 담긴 하나님의 사랑과 은혜를 생각해야 합니다. 하나님은 때에 따라 우리에게 매를 드시기도 합니다. 그러나 하나님이 매를 드시는 이유는 우리를 심판하고 죽이려는 것이 아니라 우리를 향한 깊은 사랑 때문입니다. 그것이 바로 '거의'의 사랑입니다. 하나님은 우리에게 이 '거의'의 사랑으로 다가오시기 때문에 고통을 경험하는 당시에는 매우 힘듭니다. 그러나 상황의 어려움을 바라보지 않고 하나님을 바라볼 때 우리는 하나님이 매를 주신 궁극적인 목표와 동기를 알게 되고 기뻐하게 됩니다.

요나서는 이 '거의'가 있기 때문에 4장의 마지막은 요나의 침묵으로 끝날 수 있고, 또한 그는 자신의 자서전으로 요나서를 쓸 수 있게 된 것입니다. 우리는 이런 하나님의 '거의'의 사랑과 '거의'의 은혜를 얼마나 느끼며 살아갑니까. 우리에게 '거의'의 사랑과 은혜가 없다면 아무도 하나님의 자녀가 되지 못할 것입니다.

우리에게 먼저 다가오신 하나님의 '거의'의 사랑과 은혜를 생각해 보십시오. 하나님은 우리가 자신을 등지고 도전하고 외면할 때 우리에게 찾아오셔서 매를 드십니다. 하지만 그 속에는 하나님의 '거의'의 사랑과 은혜가 숨겨져 있기 때문에 우리는 오늘도 힘을 얻고 살아갈 수 있습니다. '거의' 속에 함축된 하나님의 사랑과 은혜 때문에 우리는 감격할 수 있는 것입니다. 이런 하나님의 '거의'의 사랑과 은혜가 풍족하게 나타난 모습을 보고 우리는 감격하고 감사해야 할 것입니다.

위기를 풀어 나가는 이방인

그런데 이런 하나님의 사랑에 대해 우리는 두 가지 반응을 보입니다. 첫 번째는 사공의 반응이고, 두 번째는 요나의 반응입니다.

1장 5절에는 "사공이 두려워하여 각각 자기의 신을 부르고 또 배를 가볍게 하려고 그 가운데 물건을 바다에 던지니라"고 기록되어 있습니다. 이를 통해 우리는 사공의 반응을 살펴볼 수 있습니다.

본문에서 대풍의 위기를 만난 사공들과 배 안에 함께 탄 사람들은 사실 억울한 입장입니다. 요나와 같이 있다는 이유만으로 이런 고통을 받고 있는 것입니다. 그러므로 우리는 믿는 사람들로 인해 믿지 않는 이들이 피해를 입지 않도록 조심해야 합니다. 우리는 믿지 않는 이들로 인해서 우리가 피해 입는 것만 생각하지만, 사실 믿는 사람들로 인해서 그들이 피해를 보는 경우도 많기 때문입니다.

물론 요나서에 등장하는 사공들은 이 사건으로 하나님을 믿게 됩니다. 하지만 이 장면만을 생각한다면 믿는 사람 때문에 믿지 않는 사람들이 피해를 보는 것입니다. 그리스도인과 교회가 올바른 자리에 서지 못할 때 많은 사람들이 피해를 볼 수 있습니다.

그런데 본문에서 우리는 삶의 위기에 대해서 하나님의 선지자인 요나는 무감각하게 반응하고, 오히려 믿지 않는 사람들이 적극적으로 대처하는 모습을 볼 수 있습니다.

사공들의 반응을 자세히 살펴보십시오. 물론 사공들은 그 위기를 하나님이 주신 것이라고는 생각하지 못했습니다. 즉 그들은 하나님을 인식하지 못하고 자기들의 생명을 위협하는 강풍과 폭풍을 강하게 의식했습니다. 그렇지만 그들은 이 위기를 극복하기 위해서 여러 가지 행동을 취했습니다. 그 행동을 정리하면 다음과 같습니다.

첫째, 그들은 두려움을 느꼈습니다. 이것은 그들이 현실에 예민하게 반응했다는 사실을 이야기해 줍니다.

둘째, 그들은 자기들의 신을 불렀습니다. 물론 그들이 부른 신은 우리가 믿는 하나님이 아닙니다. 자기들이 믿는 신을 불렀을 것입니다. 그러나 그들이 신을 불렀다는 사실은 최소한 그들이 무신론자는 아니라는 말입니다. 그들은 하나님을 믿지 않았지만 최소한 신이 없다고 부정하지는 않았습니다. 그래서 그들도 삶의 위기를 만났을 때 금방 신을 찾았던 것입니다.

무신론자는 돌연변이일 것입니다. 가인도 아벨과 같은 믿음의 제사는 아니었지만 최소한 예의를 갖춘 제사를 드렸습니다. 가인도 신이 있다는 것을 인정했기 때문입니다. 사공들이 자신들의 위기를 해결하기 위해서 신을 불렀다는 점에서 우리는 그들의 내면 속에 감추어진 종교적인 측면을 꿰뚫어볼 수 있습니다.

사람들은 거의 누구나 삶의 위기를 만나면 종교적인 속성을 가지고 그 문제를 해결하려고 애씁니다. 사공들도 자신들의 살길을 찾아서, 그것이 비록 기복적인 모습이라 할지라도 최소한 그 위기를 극복하기 위해서 '제발 살려 주십시오'라고 자기들의 신을 불렀습니다.

셋째, 그들은 살기 위해서 실제로 최선을 다했습니다. 지금 그들은 긴박한 상황 가운데 있습니다. 바다 위에서 폭풍을 만나 심하게 흔들리는 배 안에 있다고 생각해 보십시오. 얼마나 두렵고 무섭겠습니까. 그래서 그들은 배를 가볍게 하려고 배 안에 있는 짐들을 바다에 던지기 시작합니다.

당시 대부분의 배는 화물선으로 무역을 하기 위해서 이용되었습니다. 따라서 그들이 바다에 던진 짐들은 자신들의 소중한 재산이었습니다. 그렇지만 사공들은 살기 위해서 아까운 재물을 모두 버립니다. 사람이 자신의 소유물을 버린다는 것은 결코 쉬운 일이 아닙니다. 하지만 그들은 생명의 소중함을 알고 있었기 때문에 자기들의 모든 재산을 아낌없이 버렸습니다.

결론적으로 그들은 위기가 닥쳐오면 두려워할 줄 알고, 그렇기 때문에 신을 찾을 줄 알고, 그 일에 대처하기 위해 자기들의 모든 것을 버리면서까지 생명을 구하려는 마음을 가지고 있었습니다. 그들은 위기에 관심을 가지고 자신들의 생명을 소중하게 여겼으며 살려고 끊임없이 애를 썼습니다. 그리고 위기를 극복하겠다는 뚜렷한 생각이 있었습니다. 다시 말해서 하나님을 믿지 않는 사람이라 하더라도 위기 의식이 있고 그것을 극복하려고 끊임없이 노력합니다.

깊이 잠든 선지자

그러나 하나님의 선지자 요나는 이 위기에 대해서 어떻게 반응합니까?

요나의 반응을 한마디로 표현하면 역시 '그러나' 입니다. 하지만 1장 3절에 나오는 '그러나' 와 5절에 나오는 '그러나' 는 차이가 있습니다. 3절의 '그러나' 는 하나님에 대한 반응, 곧 불순종의 모습이지만 5절의 '그러나' 는 사람에 대한 반응입니다. 즉 사공들이 위기를 만나 자기들의 신을 부르고 인간의 의지력을 총동원하여 생명을 지키려고 노력하는 모습을 보며 그제서야 요나는 '그러나' 의 반응을 보입니다.

이렇게 요나의 '그러나' 는 하나님께 불순종하고 인간에 대해 무감각한 모습으로 드러납니다. 본문에서 요나가 탄 배는 대풍으로 거의 뒤집히고 부서지기 일보 직전의 위태로운 상황이었습니다. 한쪽에서는 살기 위해 몸부림치는데 선지자는 그와는 상반된 모습을 보입니다.

요나서 1장 5절 하반부를 보면 "그러나 요나는 배 밑층에 내려가서 누워 깊이 잠이 든지라"고 기록되어 있습니다. 왜 요나가 이런 위급한 상황에서 그토록 깊이 잠들었을까요? 하나님께 '그러나'로 반응하는 사람은, 즉 하나님께 불순종하는 사람은 반드시 이웃에 대해서도 무감각한 반응을 보이게 마련이기 때문입니다.

오늘날 기독교가 왜 이렇게 세상에 무감각합니까. 세상 사람들도 위기를 만나면 이를 극복하기 위해 자기들이 가진 모든 지식을 총동원하고, 사회가 불안정하면 안정을 되찾기 위해 부르짖습니다. 그리고 이 사회를 바로 세우기 위해 노력합니다. 그렇지만 하나님 앞에서 '그러나'를 내세우고 행동하는 사람은 그런 의식마저 없습니다. 이방인들이 하는 최소한의 행동도 할 수 없습니다. 잠을 자고 있기 때문입니다. 바깥에서는 배가 거의 뒤집힐 정도로 난리가 났지만 깊이 잠든 '그러나'의 사람은 아무 것도 모르고 있습니다.

어떤 사람은 그 상황에 잠들어 있는 것도 대단한 위력이고 믿음이라고 말하기도 합니다. 하지만 그것은 믿음이 아닙니다. 왜 그리스도인들이 세상이 어떻게 돌아가는지에 대해서 무감각해야 합니까. 물론 그리스도인들은 하나님을 제쳐놓고 사회 개혁만 부르짖는 사람들이 아닙니다. 하지만 최소한 하나님을 믿는 사람들이라면 이 세상에 있는 선과 악을 직시할 필요가 있습니다. 세상이 악하면 그 사실을 그대로 말할 수 있어야 합니다.

왜 하나님이 요나를 니느웨로 보냈습니까? 바로 악독이 하나님 앞에 상달되었기 때문입니다. 그런데 선지자가 하나님 앞에서 '그러나'를 내세우며 불순종했기에 그는 하나님의 깊은 사랑을 인식하지 못했습니다. 즉 이방인을 구원하시고자 하는 하나님의 마음을 깨닫지 못하고 잠을 잤던 것입니다. 결국 하나님 앞에서 '그러나'를 내세우게 되면 우리 주변의 이웃까지 '그러나'로 거부하게 되고 맙니다.

하나님의 은혜를 받은 사람은 자신의 삶과 이웃을 향해 그 열매가 아름답게 나타나야 합니다. 우리가 은혜와 헌신의 개념을 올바로 깨닫게 될 때 진정 우리는 하나님을 사랑하고 교회를 사랑하고 이웃과 민족과 나라를 사랑할 수 있게 됩니다.

그렇다면 진정한 이웃 사랑은 그리스도의 복음을 올바로 전하는 일입니다. 그렇게 하기 위해서는 그리스도의 마음으로 하나님의 나라가 이 땅에 임하기를 기대하며 기도하고 행하는 삶이 최고의 가치임을 인식해야 합니다. 또한 그들에게 어떻게 복음을 전할 것이며, 이를 위해 우리가 어떤 마음과 자세로 살아가야 하는지를 제대로 인식해야 합니다. 이런 인식이 없다면 우리는 배 밑층에 내려가서 깊이 잠든 요나처럼 무감각하게 살아갈 수밖에 없을 것입니다.

우리가 무감각하게 살아간다는 것은 우리의 위치를 잊어버렸다는 의미입니다. 하나님은 말씀하시는 분이시고 우리는 말씀을 들어야 하는 사람인데 그 말씀을 듣지 않고 불순종하면, 우리의 삶 속에서도 이런 '그러나'가 자리잡게 되고 결국 우리의 삶은 무감각하게 되고 말 것입니다. 그러므로 이 시점에서 우리는 하나님의 말씀을 다시 한번 되새기고 하나님 앞에서 과연 우리가 말씀을 듣는 자의 위치에 제대로 서 있는가를 끊임없이 점검하며 살아가야 합니다.

4장

하나님의 음성에 귀기울이라

> 선장이 나아가서 그에게 이르되 자는 자여 어찜이뇨 일어나서 네 하나님께 구하라 혹시 하나님이 우리를 생각하사 망하지 않게 하시리라 하니라 그들이 서로 이르되 자 우리가 제비를 뽑아 이 재앙이 누구로 인하여 우리에게 임하였나 알자 하고 곧 제비를 뽑으니 제비가 요나에게 당한지라 무리가 그에게 이르되 청컨대 이 재앙이 무슨 연고로 우리에게 임하였는가 고하라 네 생업이 무엇이며 어디서 왔으며 고국이 어디며 어느 민족에 속하였느냐(욘 1:6-8).

선장이 선지자에게, 세상 사람이 그리스도인에게

3장에서 우리는 대풍 가운데서도 배 밑층에 내려가 깊이 잠든 요나의 모습을 살펴보았습니다. 이런 요나의 모습은 하나님을 배반하고 등진 채 이웃에 대해서 무감각하게 살아가는 우리들의 모습이기도 합니다. 이 장은 이렇게 잠들어 있는 요나, 다시 말해서 하나님을 거역한 그리스도인이 주변 사람들과 어떤 관계를 유지해 나가는가 하는 것에 초점을 맞추고자 합니다.

1장 6절 상반부에는 "선장이 나아가서 그에게 이르되"라고 기록되어 있습니다. 선지자 요나가 먼저 믿지 않는 사람들에게 나아가서 하나님의 말씀대로 사는 것이 무엇인지를 전해야 했지만, 여기서는 하나님을 믿지 않던 선장이 먼저 요나에게 나아옵니다. 그리스도인이 영적으로 무감각해져서 깊이 잠들어 있을 때 믿지 않는 사람이 먼저 나아와 메시지를 전하고 잘못을 충고하고 있는 것입니다.

예수님 당시에 세례 요한은 바리새인들과 서기관들에게 회개에 합당한 열매를 맺으라고 했습니다. 그들을 보고 '회칠한 무덤'이라고 했고 '독사의 자식들'이라고 말했습니다. 어찌 보면 지나친 표현 같지만 그리스도인이 바로 섰을 때는 믿지 않는 세상을 향해서 이렇게 당당하게 호통을 칠 수 있습니다. 우리가 어찌하여 하나님 안에 있지 못하며, 세상은 어찌하여 하나님과 등지고 살고 있느냐고 말입니다. 하지만 그리스도인이 죽어 있을 때 이 세상은 도리어 우리를 향해서 교회가 왜 이 모양이냐고 말합니다. 또 그리스도인은 믿지 않는 사람보다 더 악랄하고 바르지 못하며, 윤리적이지도 않고 인정도 없으며, 자기 자신만 안다고 말합니다.

세상 사람들은 최소한 세상이 흘러가는 것에 관심을 갖고 무슨 일이 생기면 그것을 극복하려고 하고, 또 나쁜 점이 있으면 고쳐야 한다고 이야기합니다. 하지만 그리스도인이 무감각해져서 깊이 잠들면 그런 의식도 없고 이와 같이 비극적인 일들이 일어나는 것입니다.

그래서 본문은 선장이 요나에게 나아오는 장면으로 시작됩니다. 선지자가 세상 사람들에게 나아가는 것이 정상이지만 선장이 오히려 선지자에게 나아와 말을 합니다. '이르되'라는 단어는 그 말에 내용이 있음을 보여 줍니다. 1장 6절에서 선장은 요나에게 "자는 자여 어찜이뇨"라고 묻습니다. 요나가 잠자고 있는 모습을 보고 위급한 시점에서 그의 행동이 옳지 않다며 정당한 주장을 하고 있습니다. 마치 선장이 선지자인 듯합니다.

물론 선장이 이렇게 말하는 것은 요나를 깊이 생각해서 하는 말은 아닙니다. 세상 사람들은 자신들의 유익을 위해서, 자신들의 목숨을 보존하기 위해서 이렇게 말합니다. 하지만 동기가 어떻든지 그는 자는 사람에 대해 더 이상 자면 안 된다고, 이 시국에 깨어 있어야 한다고 이야기합니다. 마치 하나님이 우리에게 주는 메시지처럼 그는 선지자에게 "자는 자여 어찜이뇨"라고 말하며, 이어서 "일어나서 네 하나님께 구하라"고 요구합니다.

본문의 '일어나'는 하나님이 말씀하시는 '일어나'나 요나의 '일어나'와는 달리 영적인 개념을 가진 말이 아닙니다. 단순히 누워 자는 요나에게 깨어 일어나라는 말입니다. 하나의 영적인 개념이 아니라 요나가 누워 있으므로 일어나라는 것입니다. 그런데 본문의 선장처럼 세상 사람들이 그냥 '일어나'라고 할 때 듣는 자의 자리에 있어야 할 우리는 비록 그들이 자신의 필요에 따라 이야기했다고 해도 그 말을 하나님의 메시지로 들을 수 있어야 합니다.

우리는 하나님이 직접 말씀하실 수도 있지만 다른 사람들을 통해서 말씀하실 수도 있다는 사실을 깨달아야 합니다. 하나님은 만물을 주관하시는 분이므로 대풍 같은 자연을 통해서도, 사공과 같은 주변 사람들을 통해서도 말씀하십니다. 그러므로 그리스도인은 믿지 않는 사람들의 동기와 상관없이 그들의 말속에 숨겨진 하나님의 음성을 들을 수 있어야 합니다. 그들은 단순히 잠에서 깨어 일어나라고 말하고 있지만 그리스도인은 바로 그 순간 하나님이 사람들의 목소리를 통해서 영적인 각성을 요구하고 있다는 것을 깨달아야 합니다.

그렇지만 요나는 그 사실을 깨닫지 못하고 있습니다. 1장 6절 상반부에서 선장은 요나에게 "네 하나님께 구하라"고 말합니다. 그가 생각하는 하나님은 요나가 믿는 하나님이 아닐 것입니다. 자신이 신에 대한 개념을 가지고 있으므로 요나가 믿는 신에게 기도하라는 의미입니다.

이방인의 말속에 숨겨진 진심은?

지금까지 전개되는 내용을 우리는 두 가지 관점에서 바라볼 수 있습니다. 하나는 신앙적인 관점에서 생각하는 것이고, 다른 하나는 세상 사람들이 말하는 순수한 동기를 중심으로 생각하는 것입니다.

선장의 동기만을 놓고 생각할 때는 하나님에 대한 인식을 어디에서도 찾아볼 수 없습니다. 그는 단지 위기를 극복하기 위해서 애쓰고 있으며 그렇지 못한 요나에게 일어나라고 말하는 것입니다. 자신은 살리고 노력하는데 요나는 배 밑층에 내려가서 깊이 잠들어 있는 모습을 보고 그를 한심하게 생각합니다. 그래서 선장은 1장 6절 상반부에 기록된 것처럼 요나에게 다가가서 "자는 자여 어찜이뇨 일어나서 네 하나님께 구하라"고 말합니다.

그렇지만 그의 믿음은 절대적이지 않기 때문에 하나님께 구하라고 하면서도 완전히 신뢰하거나 확신하지 못합니다. 자기의 목숨이 위태로운 상황이었고 자신의 힘으로는 위기 상황을 벗어날 수 없음에도 그는 여전히 의심하고 있습니다.

요나서 1장 6절 상반부에는 이런 세상 사람들의 심리 상태가 잘 나타나 있습니다. "혹시 하나님이 우리를 생각하사 망하지 않게 하시리라 하니라." 여기서 '혹시'라는 말은 선장이 하나님을 절대적으로 신뢰하지 못하기 때문에 단순히 기복적인 차원에서 자신이 한 것처럼 열심히 기도하면 혹시 하나님이 살려 주지 않겠는가 생각하며 요나에게도 기도하길 요구하는 것입니다. 그의 믿음은 확신이 없었고 여전히 자신의 생각으로 판단하고 하나님의 능력을 의심했습니다.

세상 사람들의 위기 탈출 방법

그렇다면 세상 사람들의 관심은 도대체 어디에 있었습니까? 요나서 1장 6절에는 "혹시 하나님이 '우리를' 생각하사"라고 기록되어 있고, 7-8절에는 "그들이 서로 이르되 자 우리가 제비를 뽑아 이 재앙이 누구로 인하여 '우리에게' 임하였나 알자 하고…무리가 그에게 이르되 청컨대 이 재앙이 무슨 연고로 '우리에게' 임하였는가 고하라"고 기록되어 있습니다. 다시 말해서 세상 사람들의 모든 관심과 초점은 '우리'에게 맞춰져 있습니다. 그들은 자신들에게 이 재앙이 왜 임했는지 궁금해하며, 하나님이 자신들을 생각하사 망하지 않게 하시길 원한다고 말합니다.

세상 사람들은 자신들의 위기를 넘기기 위해 무척 노력합니다. 살기 위해 자신들이 가지고 있는 값진 물건들을 바다에 던지기도 합니다. 자기 신들에게 간절하게 부르짖기도 합니다. 그리고 자신들의 생명을 건지려는 절박한 심정으로 요나에게 일어나 하나님께 기도하라고 말합니다. 결국 그들은 하나님을 생각한 것도 아니고 요나를 생각한 것도 아닙니다. 그들은 단지 위급한 상황을 벗어나기 위해서 이와 같이 말한 것입니다.

4장 하나님의 음성에 귀기울이라 63

그렇지만 그들이 위기를 극복하려는 자세는 칭찬할 만합니다. 비록 그들은 하나님을 믿지는 않았지만 위기를 만났을 때 극복할 방법을 생각하고, 원인을 분석한 뒤에 차근차근 대처해 나갔습니다. 그들은 원인 분석을 잘했으며 그 방법은 매우 과학적입니다.

먼저 요나서 1장 7절을 살펴봅시다. "그들이 서로 이르되 자 우리가 제비를 뽑아 이 재앙이 누구로 인하여 우리에게 임하였나 알자." 그들은 이 재앙에는 분명히 어떤 원인이 있을 것이라 생각하고, '누구로 인하여' 이런 일이 생겼는지 알아내려고 합니다.

또한 1장 8절에는 "무리가 그에게 이르되 청컨대 이 재앙이 무슨 연고로 우리에게 임하였는가 고하라"고 기록되어 있습니다. '누구로 인하여' (욘 1:7)와 '무슨 연고로' (욘 1:8)라는 것은 모두 이들이 위기를 만났을 때 그 문제를 풀어 나가는 방식입니다. 그들은 자신들의 지식을 통해 위기를 분석하면서, 이 재앙에는 분명한 원인이 있을 것이라고 생각합니다.

다시 1장 7절을 보면 "우리가 제비를 뽑아 이 재앙이 누구로 인하여 우리에게 임하였나 '알자' 하고"라는 부분이 있습니다. 여기에서 우리는 재앙의 원인을 알고자 하는 그들의 끊임없는 탐구욕을 엿볼 수 있습니다.

하나님을 믿지 않는 사람들도 위기를 만났을 때 극복하기 위해서 엄청난 노력을 합니다. 그들은 자신들에게 닥친 위기에 대해 과학적으로 접근하지만 그 원인에 대해서는 종교적으로 접근합니다. 그들은 자신들이 분명 종교적인 원인으로 위기를 맞고 있다고 생각합니다. 그런데 그 위기가 바로 한 사람에 의해서 일어났을 것이라고 생각했기 때문에 7절에서 '누구로 인하여 우리에게 임하였나 알자'라고 말합니다. 그리고 드디어 제비를 뽑습니다.

제비뽑기를 해 보셨습니까? 사실 우리는 어린 시절부터 이런 제비뽑기의 문화 속에서 살았다고 해도 과언이 아닙니다. 반드시 제비뽑기는 아닐지라도 그와 비슷한 요소를 어디에서나 찾아볼 수 있습니다. 그들이 제비뽑기를 하는 것도 당시 세상 사람들이 가지고 있던 생활 습관이었습니다. 위기를 만났을 때 제비를 뽑는 것은 그들이 어떤 일을 결정하는 방법이자 습관이었다는 뜻입니다.

만일 이 부분을 묵상하며 경건의 시간을 가진다면 '아, 성경에도 제비뽑기가 나오는데 우리도 어려운 일을 만나면 이렇게 하자'라고 생각하고 주택복권을 구입할 수 있습니다. 그러나 이것은 하나님의 말씀을 잘못 적용한 것입니다.

성경을 너무 문자적으로 적용하다 보면 하나님의 뜻을 잘못 이해하게 되는 경우가 있습니다. 그러므로 성경을 문자적으로만 접근하지 말고 사상적으로 접근하십시오. 그 속에 어떤 사상이 있는가를 살펴보십시오. 예를 들어 하나님은 어떤 분인가에 대해 연구할 때 '하나님은 어떤 분이다'라고 문자적으로 정의하기보다는 말씀을 묵상하면서 발견한 하나님을 '나의 하나님'으로 인식하고 그분을 다시 생각하는 것이 옳습니다.

우리는 말씀을 통해 하나님과 동행할 때 우리 자신보다 우리를 더 잘 아시는 하나님을 깨닫게 되고 그분의 사랑에 감격하게 됩니다. 그리스도인의 삶에 이런 감동이 없으면 무미 건조하게 됩니다. 하나님을 이론적으로 아무리 깊이 알고 있다 해도 하나님을 아는 지식이 우리 마음을 변화시키지 않으면 머리만 있고 이론만 있게 됩니다. 가슴이 냉랭하므로 그것이 삶으로는 드러나지 않는 것입니다.

그러므로 신앙은 체험적이어야 합니다. 사람들은 영혼으로 다가오는 체험이 없으므로 자꾸 인위적인 체험을 만들고, 그런 것을 찾아 헤매는 것입니다. 인위적인 체험을 통해서 우리는 순간적으로 기분이 좋아질 수 있을지 모릅니다. 그렇지만 그것은 금방 식게 되고 그 기분에서 벗어나면 또다시 괴로워하게 됩니다. 그래서 다시 인위적인 체험을 찾게 되지만, 사실 하나님이 주시는 진정한 체험은 이런 것과는 전혀 다릅니다. 영적 체험은 우리가 하나님을 만날 때 그분이 나의 아버지라는 사실에 감동하고 기쁨을 느끼는 것입니다.

본문에서 그들이 제비를 뽑는 것은 그리스도인의 생활 습관이 아닙니다. 그렇지만 하나님이 때로는 제비뽑기와 같은 방법을 이용하시기도 합니다. 하나님이 이스라엘 백성을 깨닫게 하시기 위해 바벨론을 사용하셨듯이, 자신의 계획을 완성시키는 과정에서 제비뽑기를 하나의 도구로 사용하신 것입니다.

드디어 제비뽑기가 시작되고 요나가 뽑힙니다. 물론 요나로서는 그다지 기분 좋은 일이 아니었을 것입니다. 그러나 하나님은 요나를 훈련시키시기 위해 제비뽑기에서 그가 뽑히도록 하셨습니다.

이것은 하나님이 요나를 사랑하신다는 증거입니다. 그를 사랑하시기 때문에 하나님은 제비뽑기를 통해서 그에게 말씀하시는 것입니다. 요나가 하나님의 말씀을 듣는 위치에 있는 자라면 제비뽑기를 통해서 하시는 그분의 말씀을 들어야 했습니다. 그러나 무감각한 요나는 그것을 인식하지 못합니다.

그리스도인은 어떤 사람인가?

1장 7절 후반부에는 "이 재앙이 누구로 인하여 우리에게 임하였나 알자 하고 곧 제비를 뽑으니 제비가 요나에게 당한지라"고 기록되어 있습니다. 제비뽑기를 통해 요나가 뽑히자 선원들은 그에게 질문하기 시작합니다.

'누구로 인하여'(7절) 자신들의 생명이 위협을 받게 되었는지 알게 되었으므로 이제는 '무슨 연고로'(8절) 이런 일이 일어났는지를 알기 위해 그들은 요나에게 질문하는 것입니다. 1장 8절 후반부에서 그들은 마치 청문회에서 질문하듯이 요나에게 "네 생업이 무엇이며 어디서 왔으며 고국이 어디며 어느 민족에 속하였느냐"고 묻습니다.

오늘날 그리스도인들이 이런 질문을 받는다면 정말 치욕적인 일입니다. 1장 6절에서 선장이 자고 있던 요나에게 나아와서 하나님께 기도하라고 한 사실만으로도 이미 그는 수치스러웠을 것입니다. 그런데 이제 그들은 요나를 죄인 다루듯이 심문함으로써 그에게 더 큰 수치를 안겨 주고 있습니다. 그들은 재앙의 원인을 파악하기 위해서 요나를 추궁하는 것입니다. 도대체 요나가 어떤 행동을 했기에 이런 일이 일어났는지 알아내려는 것입니다.

오늘날 세상 사람들이 교회와 그리스도인들을 향해서 수없이 이런 질문을 합니다. '당신들은 어디서 왔습니까? 정체성이 뭡니까? 가치관이 뭡니까? 사는 목적이 뭡니까? 도대체 하나님은 어떤 분입니까? 하나님이 정말 살아 계시고 당신들이 하나님의 뜻대로 사는 것을 최고의 삶으로 여기는 이들이라면 왜 이렇게 살아가고 있습니까?' 라고 말입니다.

세상 사람들은 자신들의 주변에서, 혹은 자신들이 보고 듣는 세계에서 왜 자신들이 이해할 수 없는 일들이 발생하는지를 묻고 있습니다. 이런 질문을 받을 때 우리는 믿지 않는 사람들이 기독교를 핍박한다고 생각해서는 안 됩니다. 신문이나 TV를 포함한 언론을 통해서 얼마나 많은 질문들이 쏟아지고 있습니까. 어떤 사람은 왜 세상 사람들이 기독교를 비판하느냐고 하며, 마치 순교자의 자세로 우리는 그래도 신앙을 지킬 것이라고 변명하듯이 글을 쓰기도 합니다. 그러나 이것은 참된 신앙인의 모습이 아닙니다. 믿지 않는 사람들이 그리스도인의 잘못을 지적할 때 우리는 그런 사실을 인정할 수 있어야 합니다.

우리 나라 국회의원의 삼분의 일이 그리스도인들이라고 합니다. 하지만 그런 엄청난 숫자에도 불구하고 과연 그들이 국회에서 기독교의 영향력을 얼마나 드러냅니까. 단순히 그리스도인은 하나님 안에 있지 않으면 살 수 없다고 말하는 것보다 실제로 기독교 가치관을 가지고 살아가는 삶의 모범을 보이는 일이 더 중요합니다. 따라서 우리는 그들이 어떤 방법으로 선거를 치르고 국회의원이 됐는지 그 과정을 살펴볼 때 진정 그들이 그리스도인으로서의 바른 정체성을 지니고 있는지 확인할 수 있을 것입니다.

하나님의 음성을 찾으라

이런 사실들이 우리 내부적으로 논의되기도 전에 세상 사람들은 그리스도인들을 향해서 '너희가 교회는 다니지만 실제로 행동하는 것을 보면 다른 이들과 다를 게 없다'는 식으로 많이 도전합니다. 그런데 우리는 세상 사람들이 도전하는 이면에 감추어진 동기를 생각하기 때문에 그런 태도에 쉽게 반발하곤 합니다. 우리는 세상 사람들의 정체성을 잘 알기 때문에 '진정으로 당신들이 우리를 생각해서 그런 말을 하는 겁니까? 진정 우리 교회와 하나님을 생각해서 그런 말을 하는 겁니까? 당신들의 입지를 더욱 견고하게 하고 우리 위에 올라서기 위해 그런 말을 하는 것 아닙니까?' 하고 반문하는 것입니다.

본문에 등장하는 선원들도 요나에게 문자적으로는 하나님의 말씀과 동일하게 이야기하고 있습니다. 하지만 이들은 진정으로 하나님이나 요나를 생각한 것이 아니라 자신들의 위기 상황에만 집착해 있습니다. 그렇다면 우리는 그들의 동기를 생각하며 '너희가 무슨 자격으로 그런 말을 하느냐?'고 말하는 것이 그리스도인의 바른 태도일 것입니다. 그러나 그들이 자신들의 생명을 보존하기 위해 그런 말을 한다 할지라도 우리는 그 속에 숨겨진 하나님의 음성을 발견해야 합니다.

그렇다면 그리스도인들은 세상 사람들이 하는 모든 말을 어떻게 받아들여야 하겠습니까? 물론 그들이 말하는 외형적인 동기를 생각하기 전에 그 속에 숨은 하나님의 음성을 들어야 합니다. 거기에는 분명히 하나님의 음성이 내재되어 있습니다. 겉으로 드러나는 말과 행동 속에 숨겨져 있는 하나님의 음성을 믿음의 눈과 귀로 바라보고 들어보십시오. 그러면 하나님께서 말씀하시는 놀라운 진리를 발견할 수 있을 것입니다.

요나서 1장 6절에서 그들은 "자는 자여 어찜이뇨"라고 요나에게 묻습니다. 이 말은 현대를 살아가는 그리스도인의 모습을 지적하는 말이기도 합니다. "일어나"라는 것 또한 하나님이 예전부터 우리에게 하신 말씀입니다. "하나님께 구하라"는 것도 당연한 믿음의 원칙을 말한 것입니다.

우리가 하나님 앞에 나설 때 항상 해야 할 질문이 있습니다. 즉 '나는 누구인가? 나의 정체성은 무엇인가?' 하는 것입니다. 항상 내가 어디서 왔으며 진정한 본향은 어디인지, 또 누구에게 속해 있는지를 질문하면서 살아야 하는 사람들이 바로 그리스도인들입니다.

그런데 본문에서는 이 질문을 이방인이 던지고 있습니다. 비록 그들의 개인적인 필요에 따라 이렇게 말했을지라도 우리는 그 속에서 하나님의 뜻을 발견할 수 있어야 합니다. 다시 말해서 주변 사람들의 말을 어떤 자세로 듣느냐 하는 태도가 중요한 것입니다.

요나서 1장 1절에서 하나님은 말씀하시는 분이고, 그리스도인은 말씀을 들어야 하는 자라고 했습니다. 이것은 성경책을 펴거나 경건의 시간을 가질 때만 적용되는 것이 아니라 기독교 신앙과 관계없는 사람들의 말을 들을 때도 동일하게 적용됩니다.

그리스도인은 이런 삶의 자세로 자신을 둘러싼 모든 시간과 상황 속에서 '하나님, 나는 죄인입니다'라고 고백하면서, 하나님 앞에 무릎을 꿇고 겸손하게 그분의 뜻을 구해야 합니다. 이것이 신앙인의 자세이고, 말씀을 듣는 자의 올바른 태도입니다. 오늘날 그리스도인들은 이런 사고나 가치관을 제대로 정립하지 못하고 살아가기 때문에 교회에서는 그럴 듯하게 경건의 생활을 하지만 사회에 나가서 믿지 않는 사람들과 어울릴 때면 전혀 신앙인다운 삶을 살아가지 못하는 것입니다.

신문이나 TV를 볼 때, 사람들과 대화를 나눌 때 귀를 기울이십시오. 그들이 하나님을 믿지 않는다고 해서 그들의 말이 하나님과 반대되는 내용이라고 쉽게 단정짓지 마십시오. 그 속에 숨겨진 하나님의 분명한 메시지를 염두에 두면서 어떤 모습으로 그 말을 듣고 행동해야 하는가를 생각하십시오.

그리스도인은 하나님의 사람으로서 세계 만물을 창조하신 하나님이 자신이 만드신 모든 것을 통해 말씀하실 수 있다는 사실을 인정해야 합니다. 하나님 앞에서 이런 열린 마음 자세를 가질 때 우리는 주님의 뜻을 좀더 정확하게 깨닫고, 우리 삶에 구체적으로 실천할 수 있게 될 것입니다.

5장

잘못이 드러날 때

그가 대답하되 나는 히브리 사람이요 바다와 육지를 지으신 하늘의 하나님 여호와를 경외하는 자로라 하고 자기가 여호와의 낯을 피함인 줄을 그들에게 고하였으므로 무리가 알고 심히 두려워하여 이르되 네가 어찌하여 이렇게 행하였느냐 하니라 바다가 점점 흉용한지라 무리가 그에게 이르되 우리가 너를 어떻게 하여야 바다가 우리를 위하여 잔잔하겠느냐 그가 대답하되 나를 들어 바다에 던지라 그리하면 바다가 너희를 위하여 잔잔하리라 너희가 이 큰 폭풍을 만난 것이 나의 연고인 줄을 내가 아노라 하니라 그러나 그 사람들이 힘써 노를 저어 배를 육지에 돌리고자 하다가 바다가 그들을 향하여 점점 더 흉용하므로 능히 못한지라(욘 1:9-13).

대답의 명수, 요나

본문은 선지자가 청문회에서 대답하는 장면에서 시작합니다. 그래서 1장 9절에는 '그가 대답하되'라고 언급되어 있습니다. 그런데 선지자가 대답하는 모습에서 치욕적인 분위기가 엿보입니다. 자신들에게 위험한 상황을 몰고 온 사람이 누군지를 알게 된 무리들은 이제 좀더 구체적인 이유를 알고 싶어합니다. 그리고 요나 선지자는 처음으로 말문을 엽니다.

요나가 대답했다는 언급은 본문의 1장 9절에만 나오는 것이 아니라 12절에도 '그가 대답하되'라고 기록되어 있습니다. 그러고 보면 요나 선지자는 대답을 잘하는 사람입니다. 하나님의 말씀을 배웠다는 사람들, 다시 말해 목회자나 선지자 같은 사람들은 정기적으로 말씀을 묵상하고 그 내용을 어느 정도 알고 있기 때문에 누가 어떤 질문을 해도 대답을 잘하는 특성이 있습니다. 때로는 질문의 내용을 모른다 할지라도 그 위기를 잘 넘기기도 합니다.

요나도 대답에 있어서는 어느 누구에게 뒤지지 않습니다. 그는 질문을 받자마자 바로 대답을 할 수 있을 정도의 능력을 가진 사람입니다. 그러나 하나님의 마음을 품지 않고 단순히 대답만 잘하는 것은 그 사람에게 오히려 좋지 않은 결과를 가져다 줄 수도 있습니다.

요나의 대답을 살펴보면 그가 상황을 정확하게 파악하고 있다는 것을 알 수 있습니다. 그러나 선지자가 믿지 않는 사람들이 주체가 되어 심문하는 명예롭지 못한 청문회 자리에서 이런 대답을 한다는 것 자체가 수치스러운 일입니다. 그렇지만 그는 자신이 처한 상황과 반대로 멋지게 정석 같은 대답을 하고 있습니다.

1장 9절에서 요나는 "나는 히브리 사람이요 바다와 육지를 지으신 하늘의 하나님 여호와를 경외하는 자로라"고 고백하고 있습니다. 만일 신학생이 신학교에서 이런 대답을 했다면 만점을 받을 것입니다. 조직신학이나 성경신학으로도 백점짜리 답안입니다. 그의 대답 속에는 '하나님이 어떤 분인가?' 하는 것이 분명히 나타나 있습니다.

여호와 하나님은 창조주이십니다. 요나는 하나님을 표현할 때 "바다와 육지를 지으신 하늘의 하나님"이라고 말합니다. 하나님은 우주를 창조하신 분이시기 때문에 모든 것을 관리하고 다스릴 수 있다는 대답은 오늘날로 말하면 구원의 확신에 대한 당당한 표현입니다.

무리들의 질문을 받은 요나는 하나님에 대해 '내가 그분을 신뢰하고 경외한다'고 말합니다. 이 정도면 확고한 신앙을 지닌 선지자의 모습을 보여 주는 것입니다. 뿐만 아니라 그는 자신이 어떤 사람인지도 분명하게 알고 있습니다. 그래서 요나는 '자신이 히브리 사람이며 하나님께 선택받은 사람'이라고 대답합니다. 이런 답변으로 볼 때 요나는 하나님을 정확하게 이해하고 성경의 흐름을 잘 파악하고 있는 사람이라는 사실을 알 수 있습니다.

이렇게 요나는 어떤 질문을 받았을 때 자신이 믿는 하나님에 대해 정확하게 답변할 수 있는 분명한 신앙고백을 가지고 있었으며 진리가 무엇인지를 이론적으로 말할 수 있는 사람이었습니다. 하지만 그가 있는 곳은 선지자가 앉기에는 너무도 부끄러운 자리였습니다. 다시 말해 요나는 믿지 않는 사람들의 추궁을 받는 불행한 위치에 놓여 있습니다. 그러므로 하나님을 믿지 않는 사람들이 재앙의 원인이 무엇이냐고 묻고, 왜 이런 상황에서 자고 있느냐고 심문하는 자리에서 멋있는 답변을 하는 것은 오히려 그의 수치를 더할 뿐입니다.

현대를 살아가는 그리스도인들도 이론적으로는 많은 사람들에게 하나님에 대해 자랑스럽게 이야기할 수 있습니다. 그렇지만 실제 생활이 하나님을 아는 지식을 따라가지 못한다면 이것은 바람직한 신앙인의 모습이라기보다 그리스도인을 흉내내는 일일 뿐입니다. 이런 삶을 살아가는 그리스도인보다 더 불행한 사람이 어디 있겠습니까. 아무리 우리가 하나님에 대해 많은 것을 알고 어떻게 사는 것이 올바른 삶인지 안다 해도, 그 모습이 생활로 드러나지 않는다면 그것은 더 큰 죄악일 것입니다.

잘못은 인정하지만….

이제 1장 10절 상반부에 "자기가 여호와의 낯을 피함인 줄을 그들에게 고하였으므로"라고 기록된 것처럼, 요나는 사람들에게 자신의 잘못을 시인합니다. 솔직하게 잘못을 인정하는 것은 좋은 태도입니다. 잘못을 시인하지 않는 오늘날의 풍조와 비교해 볼 때 이런 자세는 아름답다고도 이야기할 수 있습니다.

비록 요나가 잘못했더라도 잘못을 시인하면, 9절에 나타난 그의 교리와 신앙고백이 10절에 의해 더욱더 아름답게 드러날 수 있습니다. 그러나 본문의 앞뒤 문맥과 요나의 성격으로 보건대 그가 '여호와의 낯을 피한다'고 고백하고는 있지만 사실 이 말에는 자신의 부정적인 감정이 은근히 배어 있습니다. 다시 말해서 요나는 진심으로 잘못을 뉘우치기보다는 자기의 수치가 숨김없이 드러났기 때문에 어쩔 수 없이 자신의 잘못을 인정했습니다. 그래서 그의 고백에는 분노와 불만족이 숨겨져 있습니다.

그러므로 요나가 대답한 내용이 아무리 좋고 자신의 잘못을 고백했다 할지라도 마음에서부터 우러난 진심 어린 참회가 아니기 때문에 아름다운 신앙 고백이라고 할 수 없습니다.

요즘은 진정한 참회의 모습을 찾아보기 힘듭니다. 잘못을 저질러 놓고도 일단은 부인하고 숨기려는 경향이 많습니다. 그리고 이런 풍조는 교회와 그리스도인들의 삶에도 알게 모르게 스며들어 있습니다. 하지만 하나님이 원하시는 일은 외형적으로 '내가 잘못했어'라고 한마디하는 것보다 진심으로 잘못을 뉘우치고 자기 실수를 있는 그대로 고백하는 것입니다.

그러므로 자신의 잘못을 드러내는 일은 매우 중요합니다. 사실 많은 사람들이 자기 잘못을 드러내지 못하는 것은 자존심 때문입니다. 자존심은 우리의 잘못을 고백하는 데 큰 장애물이 될 때가 많습니다. 나의 사회적 지위나 자존심 때문에 잘못을 했음에도 불구하고 그것을 시인하지 못하는 것은 비극입니다.

오늘날에는 '내가 믿음의 사람으로서 나의 잘못을 고백하면 세상으로부터 나와 교회가 더 좋지 않은 이미지로 부각되기 때문에 그냥 가만히 있어야 한다'고 생각하는 그리스도인들도 많습니다. 그러나 이것은 분명히 잘못된 생각입니다.

우리가 잘못했을 때 자신이 저지른 실수를 솔직하게 드러내는 것이 그리스도인이 취해야 할 올바른 자세입니다. 그것은 단순히 입술로만 '내가 잘못했습니다'라고 말하는 것이 아니라 우리의 영혼과 마음속에서 진심으로 뉘우치는 자세가 필요하다는 의미입니다. 요나는 자신의 잘못을 드러냈지만 그의 마음속에는 분노의 감정이 도사리고 있었기 때문에 진정한 믿음의 고백을 한 것은 아니었습니다.

뜻밖의 반응

그렇지만 요나의 고백을 들은 무리는 하나님을 두려워하게 되었습니다. 요나서 1장 10절에는 "자기가 여호와의 낯을 피함인 줄을 그들에게 고하였으므로 무리가 알고 심히 두려워하여"라고 기록되어 있습니다.

요나서 1장 5절에도 이들의 두려움이 나타나 있습니다. 그렇지만 그때 무리가 두려워한 것은 자신들에게 닥친 폭풍이라는 위기 상황이었습니다. 그때는 하나님을 인식하지 못한 상태였기 때문에 하나님을 인식하고 두려워하지 않았습니다. 하지만 1장 10절에 와서 그들은 드디어 하나님을 인식하고 두려워하기 시작합니다. 단순히 자기 생명을 잃을까봐 두려워하다가 이제는 하나님의 존재를 두려워하게 된 것입니다.

여기서 주목할 것은 무리가 요나의 내적 동기를 생각해서가 아니라 단순히 외적인 고백으로 인해 하나님을 두려워하게 되었다는 사실입니다. 그렇다면 그들은 내적 동기를 생각하는 그리스도인과는 다릅니다.

요나는 요나서를 쓰면서 하나님께 불순종할 때 자기는 사공보다 못하고, 무리보다 못하며, 대풍보다 못하다는 사실을 고백하고 있습니다. 본문에서 요나는 하나님을 모르던 사람들이 자신의 외적인 고백을 통해 하나님께 가까이 갔으니 그들은 자신보다 나은 사람들이라고 기록하고 있는 것입니다.

그런데 이런 과정을 통해서 그들이 하나님을 만나는 과정을 살펴보면 정말 흥미롭습니다. 무리의 입장에서 생각해 보십시오. 그들은 요나와 별개로 자신들의 생업을 위해 배를 탔습니다. 그러나 그들은 큰 폭풍 속에서 요나를 만났고, 그때서야 비로소 하나님을 인식하기 시작합니다.

무리가 하나님을 인식하게 된 것은 요나의 불순종을 통해서입니다. 그렇다면 이들이 하나님을 인식하게 된 공로를 누구에게 돌려야 합니까? 바로 요나입니다. 하지만 요나의 내적 동기를 보면 그에게 큰 공적이 있다고 할 수 없습니다. 요나가 그들을 전도하려고 한 것도 아니고 선교의 사명을 가지고 복음을 전한 것도 아니기 때문입니다.

비록 그가 1장 9절에서 "나는 히브리 사람이요 바다와 육지를 지으신 하늘의 하나님 여호와를 경외하는 자로라"고 고백했지만, 그것은 단지 불순종의 길을 가는 도중에 자신이 알고 있던 하나님에 관한 지식을 언급한 것뿐입니다. 다시 말해서 하나님에 대한 순종을 기반으로 하는 고백은 아니었습니다. 그러므로 무리에게 하나님이 살아 계심을 알게 한 것은 요나의 고백을 통해서 그들의 마음을 움직이신 하나님의 능력이었습니다.

그러나 오늘날에는 이와 같은 사건이 일어나면 자신들의 공로를 내세우는 사람들이 많습니다. 물론 그리스도인들도 예외는 아닙니다. 하지만 그리스도인들은 모든 공로는 오직 하나님께만 있다는 사실을 기억해야 합니다.

요나서는 인간의 나약함과 불순종에도 불구하고 하나님 나라는 하나님의 계획에 의해서 조금씩 확장되고 있다는 사실을 보여 줍니다. 따라서 우리는 인간의 불순종에 영향을 받지 않으시고 자신의 뜻을 계속해서 이루어 가시는 그 위대하신 하나님을 항상 인식해야 합니다.

위기 속의 또 다른 갈등

요나가 자신의 잘못을 인정했을 때 사람들은 어떤 태도를 보입니까? 1장 10절 하반부에서 그들은 두려워하면서 "네가 어찌하여 이렇게 행하였느냐" 하고 요나에게 말합니다.

그런데 그들이 말하는 어조가 이상합니다. 요나를 책망하고 엄포하고 있습니까? 아니면 그를 측은하게 여기고 있습니까? 문맥의 흐름으로는 후자에 해당합니다.

무리는 요나가 하나님께 불순종하고 이처럼 크게 매를 맞는다고 측은히 여기고 있습니다. 그래서 요나가 작게 보이고 오히려 동정하는 사람들이 크게 보입니다. 요나와 비교되지 않습니까. 요즘 같으면 신문에 미담으로 소개될 일입니다. 이렇게 고통을 받고 위기를 당하고 있는데 원인을 제공한 사람에게 '네가 어찌하여 이렇게 했느냐?' 하는 식으로 동정 어린 말을 건넵니다. 이 모습을 살펴볼 때 그들은 아량이 있고 인정이 많아 보입니다. 때로는 믿는 사람들보다 믿지 않는 사람들 중에서 더 인정 많고 더 의리 있는 사람을 찾아볼 수 있고, 또 오히려 믿는 사람이 더 인정 없는 경우도 있습니다.

판사가 가장 어려울 때가 두 명의 그리스도인들의 재판을 맡았을 때라고 합니다. 이들은 신앙적으로 맹세하면서 여호와의 이름을 걸고 잘못이 없다고 주장하기 때문에 재판하기가 정말 어렵다고 합니다. 믿지 않는 사람들은 핏대를 올리다가도 술 한잔 먹고 끝날 때가 많지 않습니까. 술이 좋다는 것이 아니라 우리가 술 안 먹고 잘못하는 것보다 어쩌면 술을 먹을지라도 잘못하지 않는 게 나을 수도 있다는 뜻입니다.

본문에서 우리는 배에 탄 사람들의 인정 많은 모습을 살펴볼 수 있습니다. 하지만 요나에게 그들의 동정은 오히려 가슴 아픈 경험입니다. 선지자가 믿지 않는 사람들에게 동정을 받으니 말입니다. 이런 그의 모습은 계속해서 내리막 인생입니다.

요나서 1장에는 이런 요나의 모습이 잘 나타나 있습니다. 처음에 그는 하나님께 불순종하고 욥바로 내려갑니다. 다음에는 배 삯을 주고 배에 올랐습니다. 성경에는 '배에 올랐다'고 표현되어 있지만 히브리 원문을 보면 '배로 내려갔다'고 기록되어 있습니다. 그리고 그 뒤에는 낚싯밥으로 바다로 내려갑니다.

믿는 사람이 믿지 않는 사람들로부터 동정을 받는 것은 얼마나 비극적인 일입니까. 그런데 하나님께서는 동정하는 사람들에게 감복하여 그들을 위로하고 그 위기를 멈추실 것 같지만 그렇게 하시지 않습니다. 요나서 1장 11절 상반부에는 오히려 "바다가 점점 흉용한지라"고 기록되어 있습니다.

'바다가 흉용해졌다'는 것은 하나님의 일이 점점 진전되고 있으며 그분이 이 폭풍을 통해서 말씀하시고 계신다는 사실을 의미합니다. 하나님은 무리의 인정에 끌리거나 외부적인 환경이나 상황에 영향을 받지 않으십니다. 그분은 자신의 계획이 이루어지기 전에는 사람의 노력이나 인정에 감탄하는 분이 아닙니다. 하나님의 계획이 완성되기까지는 그들이 아무리 인정을 많이 베풀고 인간미가 넘친다 할지라도 그분에게는 통하지 않습니다.

흔히 '지성이면 감천'이라고 하여 열심히 노력하고 착한 일을 하면 하나님이 들어주실 것이라고 생각하는 사람들도 있지만 이것은 잘못된 생각입니다. 우리가 아무리 노력한다고 해도, 착한 일을 많이 한다 해도 하나님은 우리의 요구나 소망을 들어주시지는 않습니다. 하나님은 사람에 의해서 좌우되는 분이 아니라 자신이 정한 뜻을 흔들림 없이 이루어 가시는 분이기 때문입니다.

요나를 위한, 니느웨를 위한, 무리를 위한 계획이 남아 있기 때문에 하나님은 지금 이 상황에서 바다의 폭풍을 멈추지 않는 것입니다. 아무리 이들이 요나에게 인정을 베풀었다 할지라도 말입니다.

바다가 계속 흉용하자 이들은 고민합니다. 인간적인 차원에서는 잘못을 시인한 요나에 대해 연민과 동정을 느낍니다. 그렇지만 그들은 자신들의 생명이 위태로운 상황이라 커다란 두려움을 느꼈을 것입니다. 이들은 갈팡질팡할 수밖에 없습니다. 만약에 제가 그와 동일한 위기에 처했다면 저는 당장 사건의 주범인 요나를 처형했을 테지만 그들은 여전히 요나의 입장을 존중하고 그에게 위기를 극복할 길을 묻습니다.

1장 11절 하반부에서 그들은 요나에게 "우리가 너를 어떻게 하여야 바다가 우리를 위하여 잔잔하겠느냐"고 이야기합니다. 그들의 관심은 바다가 잔잔해지는 것과 동시에 요나를 살리는 것이었습니다. 믿지 않는 사람들도 상대방이 자신의 잘못을 인정했을 때 최소한의 인정을 베푸는 것이 인지상정입니다.

물론 그들은 요나를 깊이 생각하거나 없어서는 안 되는 존재로 여겼기 때문에 동정한 것이 아닙니다. 그들은 마음속으로 하나님에 대한 두려움과 함께 요나에 대한 신비로움을 느꼈습니다.

이들의 입장에서 보면 요나는 분명 신비로운 존재입니다. 왜냐하면 하나님이 요나 때문에 진노하고 계시기 때문입니다. 도대체 요나가 어떤 인물이기에 하나님이 이 사람 때문에 진노하는가 하고 생각하며 그를 두려워하기도 했을 것입니다. 그리고 요나를 잘못 건드렸다가 또 다른 재앙이 오지 않을까 하는 두려움도 컸을 것입니다.

요나에 대한 두려움, 이것은 곧 하나님에 대한 두려움입니다. 그들은 지금 하나님을 두려워하고 있습니다. 하나님을 거슬렀다가는 자신들이 완전히 풍비박산 날 것 같으니까 이렇게 요나의 입장도 고려하고 자신들의 살길도 모색하는 것입니다. 그래서 이들은 1장 11절에 나타나는 것처럼 절대적인 위기 속에서 살길을 찾는 질문을 합니다.

반항을 숨긴 요나의 거짓 회개

무리의 질문에 대하여 요나는 1장 12절에서 "나를 들어 바다에 던지라"고 말합니다. 이때 요나의 심정이나 말투는 어땠을까요? 눈을 지그시 감고 참회하는 마음으로 자신을 바다에 던지라고 했을까요? 아니면 '그래 갈 때까지 가 보자' 하는 마음으로 신경질적인 반응을 보였겠습니까?

많은 학자들이 이에 대해서 논란이 많습니다. 저는 『한 인생의 참회록』이란 책을 쓸 무렵에는 요나가 회개하는 것으로 생각했습니다. 하지만 여러 번 요나서를 접하다 보니 후자 쪽으로 생각이 옮겨가는 것 같습니다.

예전에는 요나가 교리적인 차원에서 자신의 잘못을 먼저 고백하고 이와 연장선상에서 자신의 고백을 행동으로 실천함으로써 뉘우치는 모습이라고 보았습니다. 하지만 요나서를 보면 볼수록, 또 전체 문맥을 들여다보면 볼수록 요나가 회개하고 그것을 실천에 옮기는 행동이라고 보기는 힘들다고 생각하게 되었습니다. 그리고 1장 12절 하반부에서 "이 큰 폭풍을 만난 것이 나의 연고인 줄을 내가 아노라"고 하는 요나의 말도 자신의 잘못을 뉘우치는 모습이라기보다는 오히려 믿지 않는 사람들에게 추궁을 당하고 있지만 나름대로 자존심을 세우는 표현이라고 볼 수 있습니다.

차를 운전하고 가다가 자신의 과실로 사고가 났을 때를 생각해 봅시다. 겉으로는 잘못을 인정하지만 속으로는 화가 나고 말투에도 분노가 배어 나곤 합니다. 지금 요나도 외형적으로는 자신의 잘못에 대한 대가를 지불하는 것 같지만 속으로는 그렇지 않습니다.

요나는 이중적인 태도를 보이고 있는데, 우리는 이런 요나의 자세를 본받아서는 안 됩니다. 자신의 잘못을 솔직히 인정하는 사람은 겸손한 자세로 진정한 뉘우침의 태도를 보여야 합니다. 그렇지만 본문에서 요나는 '나만 죽이면 될 거 아냐?'라는 식의 감정적인 반응을 보이고 있습니다.

이제 요나는 1장 12절에서 "나를 들어 바다에 던지라"고 자신의 의견을 제시합니다. 이렇게 상황 자체만을 생각할 때는 앞으로의 일이 어떻게 전개될지 예측하기 어려운 때가 종종 있습니다. 그렇지만 하나님은 이런 복잡한 상황을 통해서도 자신의 구속의 드라마를 이끌어 가십니다.

예수님은 바리새인들과 사두개인들이 표적을 보여 달라고 할 때 이렇게 대답하셨습니다. "내가 너희에게 보일 표적은 요나의 표적밖에 없다." 여기서 요나의 표적은 그가 삼일 삼야를 물고기 뱃속에서 보낸 사건을 말합니다. 예수님은 자신의 죽음을 요나가 물고기 뱃속에 있던 것과 동일한 선상에서 설명하셨습니다.

드디어 요나는 자신의 제안대로 바다에 던져지고 물고기 뱃속에 들어가게 됩니다. 그가 바다에 던져지게 된 데는 자신의 인간적인 분노 때문이기도 했습니다. 하지만 이런 요나의 감정에 치우친 선택에도 불구하고 하나님은 자신의 구원의 드라마를 완성해 가십니다.

무리의 '그러나'와 하나님의 '흉용한지라'

그렇다면 요나가 자기 감정을 노출시켰을 때 무리들은 어떻게 반응했습니까? 1장 13절에는 "그러나 그 사람들이 힘써 노를 저어 배를 육지에 돌리고자 하다가 바다가 그들을 향하여 점점 더 흉용하므로 능히 못한지라"고 기록되어 있습니다. 요나에 대한 그들의 반응은 한마디로 '그러나'였습니다. 여기서 우리가 발견할 수 있는 것은 바로 동정심입니다.

요나의 '그러나'는 하나님에 대한 노골적인 불순종과 이웃에 대한 철저한 무관심을 보여 주었습니다. 그러나 본문에 나오는 믿지 않는 사람들은 요나가 노골적으로 자신의 감정을 노출시켰을 때 '그러나'라고 반응합니다. 다시 말해서 그들의 '그러나'는 인간적인 동정심의 표현이라고 할 수 있습니다.

그들은 요나를 위해서 자신들이 할 수 있는 데까지 최선을 다했습니다. 물론 그들의 행동이 요나만을 위한 것이라고는 볼 수 없습니다. 그렇지만 그들은 이미 요나가 자신들이 겪고 있는 위기를 가져온 인물이며, 이 일이 그가 하나님께 불순종했기 때문에 벌어진 사건이라는 사실을 알고 나서도 배 안에 탄 사람들 모두의 목숨을 지키고자 최선을 다합니다.

이때 하나님은 무리와 요나에게 어떻게 반응하십니까? 요나서 1장

13절 하반부를 보면 '바다가 그들을 향해 점점 더 흉용해졌다' 고 합니다. 하나님은 더욱더 큰 폭풍과 파도를 일으키셨습니다. 하나님은 불순종하는 요나를 교육시키기 위해서 폭풍을 내리시고, 또한 잘못을 시인하는 요나를 동정하며 그를 구하려는 사람들에게 큰 파도로 다가가셨습니다.

이렇게 흉용한 상황이 일시적으로 지속될 때 우리는 하나님이 무자비하다고 생각하기도 합니다. 그러나 하나님은 우리의 제한적인 사고에 구속되지 않는 분입니다. 기대하던 대로 일이 진행되지 않을 때 우리는 자주 불평하고 원망하며 분노합니다. 그리고 다른 사람을 도와주거나 동정을 베풀면 마치 기복신앙처럼 복이 저절로 찾아올 것이라고 생각할 때도 있습니다. 하지만 이런 태도는 하나님의 성품을 잘못 이해한 데서 기인한 것입니다.

하나님은 우리가 처한 상황도 고려하시지만 우리가 기대하는 방식이 아니라 그분의 완벽한 계획을 통해서 문제를 해결하십니다. 때로 우리는 긴급한 위기나 문제가 너무 크게 느껴져서 하나님께 어려움을 빨리 벗어나게 해 달라고 기도하곤 합니다. 그러나 힘든 상황이나 문제에 직면하게 될 때 우리는 그 속에서 말씀하시는 하나님의 음성을 들을 수 있어야 합니다.

본문에서 요나와 무리가 대풍을 만났지만, 그 가운데 하나님의 뜻이 있었듯이 하나님은 긍정적인 상황뿐 아니라 부정적인 환경 속에서도 우리와 동행하십니다. 그러므로 우리는 항상 영적인 귀를 열어 놓고 하나님의 음성을 들을 준비를 하고 있어야 합니다. 이렇게 할 때 우리의 믿음은 한 단계 더 올라갈 수 있을 것이며, 더욱더 견고하게 될 것입니다.

한편 무리는 요나에게 동정을 느끼고 인정을 베풀었습니다. 그들은 요나를 통해 하나님을 알게 되었고 그가 하나님을 거역했기 때문에 자신들에게 위기가 찾아왔다는 사실도 알고 있었습니다. 그러나 그들은 하나님의 계획을 깨닫지 못했기에 인간적인 생각으로 요나에게 인정을 베풀고 이 때문에 헛된 고생을 하게 됩니다.

본문에 등장하는 무리처럼 교회도 하나님의 뜻을 분별하지 못하고 인정에 좌우된다면 그분의 계획을 망각할 수 있습니다. 교회는 인정이 아니라 하나님의 말씀이 살아 있는 곳이 되어야 하며 서로를 위하는 사랑이 드러나야 합니다.

또한 본문에서 우리는 하나님의 선지자임을 자부하면서도 그분의 뜻을 따르지 않는 교만한 요나의 모습을 볼 수 있습니다. 그는 진심으로 하나님 앞에 참회하기보다는 자기 분을 이기지 못하고 오히려 목을 곧게 세우고 있습니다.

요나처럼 자신의 잘못이 드러났을 때 외부적으로는 잘못을 시인하지만 자기 내면에서는 여전히 분노하고 있다면 그것은 잘못을 인정하는 사람의 올바른 태도가 아닙니다. 오히려 스스로를 속이는 행위입니다. 잘못이 드러났을 때는 자신의 내면을 솔직하게 드러내십시오. 자존심도 생각하지 마십시오. 세리가 아름다운 것은 '나는 죄인이로소이다'라고 하나님께 진정으로 고백하고 참회했기 때문입니다. 바리새인처럼 죄인이면서도 '나는 한 점의 부끄러움도 없다'고 말한다면 그 삶은 비극으로 끝나고 말 것입니다.

하나님은 요나의 불순종과 인간적인 관점에서 상황을 바라보는 사람들의 무지에 좌우되지 않으십니다. 그분은 바다를 흉용하게 하셨듯이 자신이 다스리는 모든 피조 세계를 움직이시면서 계획하셨던 일을 중단 없이 이루어 가십니다. 요나나 무리와 같이 반응하는 우리를 향해 오래 참으시는 것은 물론이요, 우리를 자신의 거대한 계획에 동참시키시는 하나님의 놀라운 사랑을 우리는 발견할 수 있어야 합니다.

우리가 하나님 앞에 범죄할 때 그분은 우리에게도 요나와 무리가 만난 것과 같은 대풍을 보내실 수 있습니다. 그러나 대풍을 어떤 자세로 맞이하는가에 따라 그 결과는 엄청나게 달라질 것입니다. 위기의 순간이 찾아왔을 때 본문의 요나처럼 자신의 잘못을 합리화하거나 무리처럼 영적 무지에 빠져서 인간적인 관점에서 상황을 바라보면 그 어려움에 쉽게 함몰되고 맙니다. 그러나 하나님 안에서 잘못을 솔직하게 인정하고 참회하며 겸손하게 나아가는 사람, 하나님이 개입하고 계신 것을 깨달았을 때 그분의 뜻을 묻고 그대로 행하려는 사람은 하나님의 거대한 계획에 동참하는 복을 누릴 수 있습니다. 그리고 결국 하나님이 주관하시는 구원의 드라마에서 큰 역할을 담당하게 될 것입니다.

6장

한없는 하나님의 사랑

무리가 여호와께 부르짖어 가로되 여호와여 구하고 구하오니 이 사람의 생명 까닭에 우리를 멸망시키지 마옵소서 무죄한 피를 우리에게 돌리지 마옵소서 주 여호와께서는 주의 뜻대로 행하심이니이다 하고 요나를 들어 바다에 던지매 바다의 뛰노는 것이 곧 그친지라 그 사람들이 여호와를 크게 두려워하여 여호와께 제물을 드리고 서원을 하였더라 여호와께서 이미 큰 물고기를 예비하사 요나를 삼키게 하셨으므로 요나가 삼일 삼야를 물고기 배에 있으니라(욘 1:14-17).

여호와께 부르짖는 사람들

요나서 1장 14절은 무리가 하나님께 부르짖는 모습으로 시작합니다. "무리가 여호와께 부르짖어 가로되"라고 언급되어 있는 내용을 통해 우리는 무리가 여호와께 기도하고 있다는 것을 알 수 있습니다. 이것은 무리에게 상당한 변화가 일어나고 있음을 보여 줍니다.

요나와 함께 했던 사람들은 하나님을 모르던 이방인들이었습니다. 그러나 그들은 이제 자기들의 신에게 간구하지 않고 여호와 하나님께 기도하고 있습니다. 기도의 대상이 바뀐 것입니다.

1장 5절 상반부에서 우리는 "사공이 두려워하여 각각 자기의 신을 부르고"라고 언급된 내용을 살펴보았습니다. 다시 말해서 요나를 통해 하나님을 알기 전까지만 해도 이들은 위기를 만났을 때 자기의 신을 찾던 사람들이었습니다. 그런데 이제는 하나님을 알고 그분께 기도하고 있습니다. 기도의 대상이 바뀌었다는 사실도 놀라운 변화이지만 이들이 이런 위기 상황에서 기도했다는 것도 신기한 일입니다.

그들은 모두 바다에 익숙한 사람들이었습니다. 그래서 대풍이 찾아왔을 때 자신들의 오랜 경험을 바탕으로 위기를 극복하려고 노력했습니다. 그러나 인간적인 모든 시도는 수포로 돌아갔고 결국 그들은 기도로 문제를 해결하려고 합니다.

사실 기도는 매우 단순한 수단입니다. 하지만 우리는 이런 기도의 성격을 잘 인식하지 못하고 살아갈 때가 많습니다. 왜냐하면 기도가 우리의 삶에서 중요한 부분이라고 생각하지만 실생활 속에서 기도가 모든 문제를 해결한다고 생각하지 않는 경우가 많기 때문입니다. 그래서 기도는 정작 필요한 순간에 외면당하곤 합니다.

그러나 본문의 무리는 하나님께 기도합니다. 이들은 하나님을 믿지 않을 때도 기도를 했습니다. 하지만 이제는 자신들이 믿던 신을 버리고 여호와 하나님께 기도합니다. 믿음의 대상이 바뀐다는 것은 한 인간의 삶의 정체성이 완전히 바뀌는 것을 의미합니다. 그러므로 우리는 이들이 어떤 동기로 하나님께 기도할 수 있었는지를 살펴봐야 합니다.

믿음의 동기

먼저 이들이 하나님을 알게 된 동기를 살펴봅시다. 요나서 1장부터 보면 그들이 배에 탄 이유는 하나님을 믿기 위한 것도 아니었고, 하나님을 인식해서도 아니었으며, 요나에 대해서도 전혀 모르는 상태였습니다. 단지 그들은 자신들이 정한 목적에 따라 배를 탔을 뿐입니다. 그런데 배를 타고 가다가 어느 순간 배가 깨어지기 일보 직전의 위급한 상황에 처하게 되었습니다.

위기의 순간에 그들은 다른 일은 생각할 겨를도 없이 살길을 찾습니다. 배를 가볍게 하기 위해 짐을 바다에 던지고 자신들의 신에게 기도를 하며 임박한 위기를 벗어나기 위해서 무척 애를 씁니다. 그러면서 그들은 자신들이 만난 이 재앙에는 어떤 원인이 있을 것이라 생각합니다. 그리고 그 원인을 찾기 위해서 제비를 뽑습니다.

거기서 선지자 요나가 뽑히자 그들은 묻습니다. '당신은 누굽니까? 왜 우리가 당신 때문에 이런 위기를 만나야 합니까? 도대체 당신은 뭐 하는 사람입니까? 이야기해 보시오.' 그러자 요나가 그들에게 고백했습니다. '나는 히브리 사람으로 바다와 육지를 지으신 여호와 하나님을 경외하는 사람입니다. 오늘 우리가 겪는 어려움은 바로 저 때문입니다.'

그때서야 무리는 하나님의 존재에 대해서 조금씩 알기 시작했습니다. 그리고 하나님을 두려워했습니다. 도대체 하나님이 어떤 존재이기에 이 사람 때문에 이렇게 큰 재앙을 내리신 것일까, 이 사람과 하나님은 어떤 관계일까, 하나님은 어떤 분이기에 이런 능력을 가지고 있을까 하며 하나님을 두려워하기 시작합니다.

이제는 하나님도 두렵고 요나도 두렵습니다. 요나가 신비스러운 존재가 됩니다. 그래서 요나가 이 재앙을 만난 것이 자신의 연고이니 자기를 바다에 던지라고 해도 그들은 갈등합니다. 그를 바다에 던짐으로써 다른 해가 오지 않겠는가 생각합니다. 어떻게든 인간미를 발휘해서 요나를 살릴 궁리를 합니다. 그리고 요나가 자기를 들어 바다에 던지라고 하기에 그렇게 했지만 노를 저어서 그를 살리려고 애씁니다. 그러나 바다는 점점 더 흉용해집니다.

재미있는 사실은 요나가 '자신을 들어 바다에 던지라'는 말은 분노의 표현이었습니다. 그렇지만 분노의 말을 통해서도 하나님의 계획이 성취되어 갑니다. 요나는 자신의 분노를 이기지 못하고 한 말이었지만 그것을 통해서 하나님의 예언이 성취되는 것입니다.

요나가 바다에 던져지고 그로 인해서 2장의 요나의 기도가 이어집니다. 그 기도는 참 아름답습니다. 그런데 요나가 바다에 던져진 사건이 그의 기도로만 이어지는 것은 아닙니다. 예수님은 "내가 너희에게 보여 줄 표적은 요나의 표적밖에 없다"고 말씀하시면서 요나의 사건을 자신의 죽음과 일치시키셨습니다.

요나가 자신 때문에 위기가 닥쳤다고 말했을 때 그것은 순수하기보다는 인간적인 감정이 서려 있는 분노의 표현이었습니다. 하지만 그 행동이 하나님의 역사를 이루는 위대한 사건으로 바뀐다는 점에서 우리는 그분의 위대함에 감탄할 수밖에 없습니다.

무리는 요나를 살리려고 자신들의 인간적인 수단을 모두 동원합니다. 하지만 배는 점점 더 흉용해지고 결국 요나를 바다에 던지기로 결심하게 됩니다. 그리고 요나를 바다에 던지는 데 자기들이 거슬리는 부분이 많아 이들은 여호와께 간절히 부르짖어 기도합니다.

기도의 내용

요나서 1장 14절에서 그들은 이렇게 기도합니다. "여호와여 구하고 구하오니 이 사람의 생명 때문에 우리를 멸망시키지 마옵소서. 무죄한 피를 우리에게 돌리지 마옵소서. 주 여호와께서는 주의 뜻대로 행하심이니이다."

기도의 내용을 살펴보면 자기들이 요나를 바다에 던짐으로 해서 오는 피해를 사전에 방지하려는 의도가 엿보입니다. 하지만 그렇다 하더라도 그들의 기도에는 하나님을 인식하고 두려워하고 그분께 바로 서야겠다는 일련의 의지를 찾아볼 수 있습니다. 다시 말해서 그들의 기도문은 그들이 변화하고 있다는 구체적인 증거라고 할 수 있습니다.

그런데 이들은 어떻게 하나님을 알아갑니까? 처음에는 하나님을 인식하지 못하고 있다가 어떤 사건이 계기가 되어 하나씩 깨닫게 되고 이제는 하나님의 이름을 부르고 기도하는 단계에 와 있습니다. 이들은 몰랐던 것을 점차 알아가는 귀납적인 방법으로 하나님을 알아갑니다.

현재 요나는 불순종의 길을 가고 있지만 4장까지 살펴보면 결국 그는 연역적인 방법으로 하나님을 드러냅니다. 이미 그는 하나님을 알고 있는 사람입니다. 그리고 어떤 사건을 통해서 역시 하나님은 위대하시고 우리의 아버지이시며 우리를 사랑하신다는 것을 보여 줍니다.

본문에는 하나님을 모르고 자신의 판단으로 살아가던 이들이 삶의 위기를 통해서 서서히 하나님을 알아가는 과정이 나타납니다. 이처럼 믿지 않던 사람들이 하나님을 알아갈 때는, 처음엔 영문도 모르고 사건이 시작되지만 그것이 진행될수록 하나님을 조금씩 더 깊이 알아가게 되는 것입니다.

그런데 이렇게 하나님을 알아갈 때 그 과정을 통해서 하나님이 사람들을 어떻게 부르시는가를 생각해 봐야 합니다. 그들은 어떤 과정을 겪으면서 하나님의 손길을 알게 됩니까? 물론 요나를 통해서 하나님을 알게 됩니다. 사실 요나와 무리는 그다지 밀접한 관계가 아니었습니다. 단지 같이 한 배를 탔을 뿐입니다. 하지만 요나가 청문회에서 하는 말을 통해서 그들은 하나님을 인식하게 됩니다. 비록 요나가 하나님을 피해 도망갔지만 그가 머무는 자리에서 하나님이 일하셨기 때문입니다.

요나가 불순종한다고 해서 하나님이 손해 보는 일은 없습니다. 우리가 불순종해도 하나님이 손해 보시는 일은 없습니다. 다시 말해서 하나님은 우리를 통해 일하시지만 반드시 우리를 통해서만 일하시지는 않습니다.

성경의 인물들을 생각해 봅시다. 만일 모세가 없었다면 하나님이 이스라엘 백성을 출애굽시키지 못했다고 생각하는 것은 큰 착각입니다. 또 바울이 없으면 안 된다는 것도 잘못된 생각입니다. 만일 누군가가 '하나님, 저를 신학교에 보내 주지 않으면 하나님이 손해 보시는 거예요' 라고 말한다면 그는 하나님을 제대로 이해하고 있다고 보기 어렵습니다.

물론 하나님은 우리가 열정을 가지고 일하길 원하십니다. 그러나 모든 일을 자기 중심으로 생각하고 마치 자기가 없으면 하나님이 일하시지 못할 것이라고 여긴다면 그것은 하나님을 잘못 이해하고 있는 것입니다. 하나님은 자신의 계획을 스스로 이루시는 분이시기 때문에 우리는 그분께 어떻게 헌신하고 순종할 것인가에 대해서만 생각해야 합니다.

어떤 사람은 가룟 유다가 없었으면 예수님이 어떻게 우리를 구원했을 것이냐고 하며 그의 잘못을 합리화시키기도 합니다. 그러나 하나님은 인간의 선택이나 결정에 의해 좌우되는 분이 아닙니다. 반대로 우리가 불순종해도 하나님은 변함 없이 자신의 계획을 이루어 가시므로 마음대로 살아도 된다는 생각을 해서도 안 됩니다. 어디까지나 본문의 말씀은 하나님의 위대하심에 초점을 맞춘 것입니다.

하나님은 불순종한 요나를 통해서도 일하시며, 위기를 통해서도 역사하십니다. 우리에게 닥쳐 온 위기가 우리를 슬프고 괴롭게 하지만 하나님은 그 위기를 통해서 우리를 훈련시키시며 헌신된 그리스도인으로 살아가도록 만들어 가십니다. 그러므로 하나님이 자신의 삶에 개입하셔서 훈련시키신다는 것을 느끼는 사람은 그 과정 속에서 하나님의 뜻을 발견하고 이루어 갈 수 있습니다. 그러나 하나님의 인도를 느끼며 살아가지 못하는 사람은 자신에게 어려운 일이 있으면 '하나님, 왜 나를 어렵게 하십니까? 나를 도와주시지 않고 이렇게 내버려두십니까' 하고 공허하게 외칠 뿐입니다.

본문에서 무리는 이런 하나님의 손길을 조금씩 깨달아 갑니다. 그들의 기도 내용을 보면 기도하는 대상이 분명해진 것을 찾아볼 수 있습니다. 그들은 처음에 각각 자기 신들에게 기도했지만, 이제는 여호와 하나님께 기도하고 있습니다.

그들이 기도하고 있다는 사실 자체가 중요하기보다 그 기도의 대상이 누구냐가 더 중요한 것입니다. 우리가 아무리 기도를 많이 한다 하더라도 대상이 분명하지 않고, 그 대상이 하나님이 아니라면 그것은 의미 없는 일입니다.

그런데 기도의 대상은 이방인들에게만 중요한 것이 아니라 그리스도인들에게도 중요합니다. 기도는 하지만 하나님께 믿음으로 기도하는 것이 아니라면 이방인의 헛된 기도와 별로 다를 바 없기 때문입니다. 우리가 비록 하나님의 이름을 부른다 하더라도 그분을 기도하면 들어주고 도와 달라고 하면 도와주는 기복적인 신으로만 생각한다면 이방인이 믿는 신의 개념과 마찬가지라는 뜻입니다.

이방인은 그들이 만든 신에게 '내가 어려우니 나를 도와주십시오'

라고 구합니다. 그러나 하나님은 인간의 필요에 따라 움직이는 분이 아니십니다. 물론 하나님은 그리스도인들의 삶을 살피고 도와주시지만 그분은 단순히 우리 삶에 개입하시는 것을 넘어서서 자신의 거대한 구원의 계획에 우리를 동참시키시며 역사를 주관해 가십니다.

본문에 등장하는 무리는 이방신을 믿었던 사람들이지만 이제는 하나님을 인식하고 그분께 기도하고 있습니다. 14절 상반부에는 "무리가 여호와께 부르짖어 가로되 여호와여 구하고 구하오니"라고 기록되어 있습니다.

여기서 '구하고 구한다'는 것은 그들의 기도에 간절함이 배어 있다는 뜻입니다. 물론 이들이 이방신을 믿을 때에도 간절함은 있었을 것입니다. 그러나 자신들의 신에게 기도했던 것과 온전하신 하나님께 기도하는 것은 분명히 다릅니다. 뿐만 아니라 그들은 이제 하나님을 두려워합니다.

예전에는 하나님을 두려워한 것이 아니라 자신들에게 닥친 위기를 두려워했습니다. 그렇지만 이제는 하나님을 두려워하게 되었고 이와 연관해서 요나를 바다에 던지는 문제도 신중히 생각했습니다. 즉 하나님을 두려워하므로 인해서 모든 책임이 자신들에게 돌아오는 것을 두려워하게 되었습니다.

그렇다면 이들의 기도에는 어떤 특징이 있습니까? 이제 그들의 기도에는 하나님이 중심에 자리잡게 되었습니다. 물론 그들이 온전하게 하나님을 믿게 된 것은 아닙니다. 그들의 마음속에는 여전히 자기들의 생명을 소중하게 여기는 마음이 있지만 그래도 이제는 하나님이 어떤 분이라는 것을 알게 되었으므로 요나를 바다에 던지는 일도 두려워합니다. 그리고 이후부터 그들의 행동 하나하나를 조심스러워하며 마음대로 못합니다. '하나님이 어떤 반응을 보이실까?' 하고 모든 생각의 중심이 하나님께로 향하고 있습니다. 하나님을 두려워하기 때문에 잘못된 행동에 대해 벌을 받을까 두려워하며 그에 따른 염려로 인해 행동이 신중해집니다. 이렇게 볼 때 이들의 믿음은 엄청나게 진보한 것입니다.

요나는 이들의 변화에 선지자로서 기여하지는 못했지만 그런 와중에서도 하나님은 그를 선지자로 활용하고 계십니다. 우리가 게을러서 기도하지 않고, 경건의 시간도 갖지 않고 우리에게 닥친 임박한 일에 대해서만 생각하고 있다고 해서 하나님이 우리를 통해서 아무 일도 하지 않는다고 생각하지 마십시오. 하나님께서는 우리가 자고 있는 동안에도 일하시며 우리의 상황이나 형편과는 관계없이 그리스도인들의 삶을 통해 역사하시며 자신의 뜻을 이루어 가십니다. 때로 우리가 강퍅한 가운데서 무심코 하는 말을 듣고 하나님을 믿게 되는 사람도 있습니다. 그럴 때 우리 자신을 대단한 존재로 여기고 높이는 것은 엄청난 착각입니다. 그런 사람은 그 일로 인해 넘어지게 될 것입니다.

그러므로 하나님 안에서 최선을 다해 일하면서도 하나님의 사랑을 느끼며 감사하는 자야말로 겸손의 사람이며 믿음의 사람입니다. 하나님께서 쓰시는 사람들은 항상 자신의 부족함을 인정하고 먼저 하나님의 뜻을 구합니다. 그럴 때 하나님은 우리의 부족함을 통해서 일하시며 우리의 삶을 통해 자신의 뜻을 이루어 가십니다.

불순종하는 요나를 통해서 일하신 하나님은 부족한 우리를 통해서도 동일하게 일하십니다. 그러므로 우리는 '이렇게 큰 사랑을 보여 주시는 하나님께 어떻게 불순종할 수 있겠는가?' 하는 자세로 무릎을 꿇고 기도하는 사람이 되어야 합니다. 그러나 이런 하나님의 큰 사랑을 이해하지 못하고 '하나님의 사랑이 이렇게 크다면 마음대로 죄를 지어도 되지 않을까. 불순종해도 되겠지'라고 생각하며 그분의 진실한 사랑을 자기 마음대로 해석한다면 그것만큼 어리석은 일이 없을 것입니다.

우리가 무리의 기도를 통해 얻을 수 있는 교훈이 있다면 기도의 대상을 분명히 인식하고 하나님 앞에 항상 무릎을 꿇어야 한다는 것입니다. 물론 걸음마 단계의 믿음을 가진 사람들 중에는 자신의 욕심과 자기를 위하려는 마음이 있는 사람도 있을 것입니다. 그러나 그런 초보적인 단계의 믿음을 가진 사람들이 하나님을 믿겠다고 할 때 우리는 그들을 격려해야 합니다. 그들의 욕심을 무조건 비난하기보다는 격려해 주어야 합니다.

요나를 바다에 던지다

본문에서 우리는 하나님을 알게 된 무리가 갈등에 휩싸이는 장면을 찾아볼 수 있습니다. 요나를 살리려고 하니 바다는 점점 더 흉용해지고 자신들이 살려면 요나를 바다에 던져야 하는 힘든 선택의 순간에 직면한 것입니다. 그렇지만 그들은 결국 요나를 바다에 던지게 됩니다.

이들이 요나를 바다에 던진 행동에 대해서 우리는 어떻게 평가해야 합니까? 우리의 개인적인 생각이나 판단을 잠시 접어 두고 성경에서 하나님이 어떻게 평가하고 계시는지 살펴봅시다. 1장 15절 하반부에는 무리가 요나를 바다에 던진 뒤에 나타난 변화를 기록하고 있습니다. "바다의 뛰노는 것이 곧 그친지라." 우리는 이 말씀을 통해 하나님이 무엇을 원하셨는지를 알 수 있습니다.

그들이 요나를 살리기 위해 열심히 노를 저으며 노력했을 때는 바다가 점점 더 흉용해졌지만 그를 바다에 던지자마자 바다의 뛰노는 것이 곧 그쳤다고 합니다. 이것은 하나님의 마음을 드러낸 것입니다. 하나님은 요나를 바다에 던지길 원하셨던 것입니다. 이런 하나님의 모습을 통해 우리는 그분이 인정에 끌리는 분이 아니시라는 것을 알 수 있습니다.

그렇다면 이 상황만을 두고 볼 때 하나님은 인정이 별로 없고 사람을 죽음으로 몰고 가는 잔인한 분으로 생각할지 모릅니다. 우리가 이 사건 자체만을 보면 그렇게 생각할 수도 있을 것입니다. 그러나 요나서는 1장으로 끝나지 않고 4장까지 이어집니다. 그리고 1장의 막이 내린 뒤에 연결되는 2장에는 바로 요나의 위대한 기도가 나옵니다.

요나서가 2장으로 진행할 수 있었던 까닭은 하나님이 바다를 점점 더 흉용하게 하시고 무리로 하여금 요나를 바다에 던지게 하셨기 때문입니다. 그러므로 하나님의 시각은 인간이 생각하는 것보다 훨씬 더 크다는 사실을 알 수 있습니다.

하나님은 입체적인 분이십니다. 그분의 관심은 요나와 무리가 함께 자신에게 돌아오도록 하는 것입니다. 1장 1절에서 하나님은 요나에게도 관심을 갖고 계시지만 니느웨 백성에게도 관심을 갖고 계시다고 했습니다. 그렇다면 여기서 우리는 하나님의 역사의 흐름이 세 개의 꼭지점을 지닌 삼각형의 형태를 갖추고 있음을 알 수 있습니다. 즉 요나의 훈련, 니느웨 백성의 구원, 무리의 구원이 동시에 이루어짐으로써 하나님의 계획이 완성되고 있는 것입니다.

폭풍이 곧 그친지라

그렇다면 이 삼각형의 구도가 '동시에' 완성되는 과정을 좀더 긴밀하게 살펴봅시다. 요나서 1장 15절에 "바다의 뛰노는 것이 곧 그친지라"는 말씀이 나오는데, 이 '곧 그치는' 것으로 말미암아 하나님의 위대하신 속성이 가시적으로 드러나게 됩니다. 그런데 1장 16절을 보면 그들은 여호와를 크게 두려워했다고 나옵니다.

요나서 1장 5절에서 사공이 두려워했다는 것은 16절에서 무리가 두려워하는 것과는 의미가 상당히 다릅니다. 5절에서 이들은 자신들에게 닥친 생명의 위험을 두려워했지만 16절에서 이들은 많은 과정을 통해서, 삶의 여정을 통해서, 자신들에게 주어진 숙제와 갈등을 통해서 여호와를 인식하고 크게 두려워했다고 기록되어 있습니다.

이들을 구원하시는 하나님의 위대한 역사를 생각해 보십시오. 비록 인간의 입장에서 보면 괴로움, 고통, 죽음, 위기, 갈등, 죽기 일보직전의 상황 등 많은 고통을 겪습니다. 그러나 이 일을 통해 하나님을 인식하고 그분을 크게 두려워하여 하나님께 제사를 지내고 서원까지 하게 되었습니다.

그렇다면 그들은 어떤 서원을 했을까요? 학자들은 그들이 앞으로 하나님을 믿겠다는 서원을 했을 것이라고 추측합니다. 비록 추측이지만 성경의 흐름과 맥락에서 그렇게 생각하는 일도 필요하다고 봅니다.

예수님 당시에 간음한 여인을 사람들이 정죄하는 모습을 보시고 주님께서는 "죄 없는 자만 돌로 치라"고 말씀하시고는 땅에 앉아 손가락으로 글을 쓰셨습니다. 그 글이 무슨 내용이었는지는 성경에 드러나 있지 않지만 사람들은 여러 가지 추측을 합니다. 일부 학자들은 아마도 돌을 든 사람들이 자신들의 죄를 깨달을 수 있는 구절을 쓰셨을 것이라고 추측합니다.

어떤 사람이 지하철에서 사람을 심하게 구타해 그를 죽게 만들었다고 합시다. 그러나 아무도 그 모습을 본 사람이 없습니다. 그를 살해한 것은 혼자만이 알고 있는 사실입니다. 그렇다면 예수님이 그 앞에서 땅바닥에 '지하철'이라고 쓰셨을 수도 있습니다. 그러면 그 사람이 '지하철'이라는 글자를 보고 얼마나 놀랐겠습니까. 아마도 들었던 돌을 버리고 그 자리를 황급히 피했을 것입니다. 사람들은 모두 자기의 약점과 죄가 있기 때문에 한 사람씩 자리를 피하게 될 것입니다.

본문으로 돌아와서 무리가 어떤 내용으로 서원했는지는 잘 모르지만 아마도 하나님과 관계된 일이었을 것입니다. 이들에게 커다란 변화가 일어났습니다. 이제부터는 하나님을 믿고 제사를 드리겠다고 서원했다면, 그들의 삶과 가치관에 놀랄 만한 변화가 일어난 것입니다.

요나서 3장 4절에 보면 요나가 니느웨에 가서 하나님을 전할 때 "회개하라. 사십 일이 지나면 니느웨가 무너지리라"고 외치자 왕을 포함한 모든 백성들이 사흘만에 다 회개하고 돌아옵니다. 요나의 메시지가 굉장히 강했다고 생각할지 모르지만 누가복음에 비추어 생각하면 그 전에 이미 요나에 대한 소문이 니느웨에 퍼져 있었다고 합니다. 그가 다시스로 가는 배 위에 있을 때 하나님의 진노가 내려서 대풍이 몰아쳤고 그가 물에 던져지자 곧 그쳤다는 소문이 전해진 것입니다.

그렇다면 도대체 누가 이 소식을 전했겠습니까? 바로 요나와 배 위에 함께 있었던 사람들이었을 것입니다. 그들에 의해 소문이 퍼졌고 이미 니느웨 백성들이 하나님을 두려워하고 있었기 때문에 요나가 가서 외쳤을 때 그런 놀라운 역사가 일어났습니다. 이런 사실로 미루어 볼 때 하나님의 역사가 얼마나 입체적인지 알 수 있습니다.

하나님의 위대하시고 입체적인 계획을 보며 우리가 잠시 생각해 볼 문제가 있습니다. 무리가 요나를 바다에 던진 것을 두 가지 측면에서 생각해 보겠습니다. 먼저 하나님의 관점에서 볼 때 이들의 행동은 옳았습니다. 그러나 인간적인 관점에서 보면 자신들의 생명을 유지하기 위해서 요나를 바다에 던진 것입니다. 물론 그들은 요나를 동정하기는 했지만 자신들이 죽으면서까지 그를 도울 수는 없었습니다. 그들이 요나를 도울 수 있는 한계점은 바로 자신들의 생명이 보전되는 지점까지였습니다.

이 두 가지 관점에 대해서 우리는 무엇이 옳은가를 성급하게 결정하려고 합니다. 그 이유는 우리가 일반적으로 흑백논리에 익숙하기 때문에 하나님의 관점에서 보는 것이 옳은가, 인간적인 관점에서 보면 비겁하지 않는가, 이것을 성경의 해석으로 넣어야 하는가 등 여러 가지 주장이 팽팽하게 맞섭니다. 그래서 어느 것이 옳으냐에 대해 옥신

각신하는 사이에 성경은 이 두 가지 관점에서 모두 교훈을 줍니다.

첫째는 인정보다 하나님의 관점에서 먼저 일을 생각하라는 것입니다. 무리는 인정으로 요나를 대했지만 하나님은 인정으로 행동하지 말고 하나님의 관점으로 생각하라고 합니다. 하나님의 뜻을 구하지 않고 인정을 베풀었을 때 바다가 점점 더 흉용해졌던 것을 우리는 이미 알고 있습니다.

둘째는 이들이 요나를 동정하는 한계는 자신의 목숨이 보전되는 지점까지라는 것입니다. 비록 이들이 요나를 살리려고 노력했지만 자신의 목숨을 걸고 할 수는 없었습니다. 그렇다면 이들의 제한적인 동정은 제한 없는 하나님의 사랑과 비교됩니다.

'이미'와 '예비하사'

요나서 1장 17절에는 이렇게 기록되어 있습니다. "여호와께서 이미 큰 물고기를 예비하사 요나를 삼키게 하셨으므로 요나가 삼일 삼야를 물고기 배에 있으니라." 여기서 하나님의 사랑이 표현되는 두 단어를 선택하라면 '이미'와 '예비하사'입니다.

하나님은 요나를 위해 물고기를 '이미' 예비하셨습니다. 요나가 하나님께 불순종하고, 어려움을 당하고, 바다에 빠지는 처참한 상황에 처했을 때 하나님은 그것을 아시고 그를 위해서 큰 물고기를 예비하셨다는 것입니다. 우리가 고통받고 괴로워할 때, 우리가 불순종하고 하나님을 외면할 때 그분은 우리를 징계하시면서 동시에 사랑하는 자녀를 어떻게 키우고 훈련해 하나님의 자녀다운 모습으로 만들어 가실지를 생각하십니다.

우리가 자녀를 때릴 때는 감정에 치우쳐서 아이에 대한 사랑을 잊어버리기도 하지만 하나님의 징계는 절대적인 사랑을 전제합니다. 그런 위대한 사랑 가운데 이루어지는 하나님의 행동을 자세히 관찰해 보십시오. 인정을 보이는 무리에게 바다를 점점 더 흉용하게 하는 모습이 언뜻 보기에 하나님이 매를 들어서 징벌하는 것 같고 그들을 심판하시는 것 같지만 여기에는 하나님을 알게 하려는 큰 사랑이 함축되어 있습니다.

인간의 사랑에는 한계가 있습니다. 그러나 하나님의 사랑은 한계가 없습니다. 하나님은 불순종하고 배은망덕한 요나를 심판해야 마땅한데도 그를 심판하지 않으시고, 요나가 노골적으로 불순종하고 반항하는 와중에도 '이미' 물고기를 예비하시고 자신의 사랑을 계획하고 계신 분이십니다.

우리가 지금 어렵고 힘든 갈등의 상황에 직면해 있다 하더라도 하나님의 큰 사랑으로 힘을 얻을 수 있습니다. 흉용한 바다는 무리가 하나님께 제사하고 서원할 수 있도록 하기 위해 하나님이 계획하신 과정의 일부분이었습니다. 또한 요나를 바다에 던진 것은 그로 하여금 기도하게 하기 위함입니다. 물론 큰 물고기가 그를 삼켰을 때 요나 자신은 힘들고 괴로웠을 것입니다. 하지만 요나가 물고기 뱃속에서 기도를 하지 않았습니까. 1장에는 요나의 기도가 없지만, 2장에 가서 비로소 그는 하나님께 기도하게 되는 것입니다.

그렇습니다. 하나님이 마련해 두신 큰 물고기는 요나를 기도하게 만들었습니다. 그 기도의 울림을 보십시오. 누가 이런 기도를 할 수 있겠습니까. 하나님은 요나로 하여금 이처럼 깊은 기도를 하도록 만드셨습니다.

하나님은 기도하게 하기 위해서 요나를 바다에 던져야 했고, 무리가 돌아오게 하기 위해서 바다를 점점 더 흉용하게 만들었던 것입니다. 당시의 상황으로 봐서는 절망적이고 위기에 직면한 것 같지만 하나님은 우리를 향해 위대한 사랑을 펼쳐 가시는 것입니다.

예수님은 '내가 너희에게 보일 표적은 요나의 표적 밖에 없다. 내가 죽고 다시 살아날 것이다' 라고 하시면서, 요나가 물고기 뱃속에 들어간 사실을 주님이 죽으시고 우리를 구원하신 드라마의 표적으로 사용하셨습니다. 요나의 불순종을 하나님은 구원을 위한 아름다운 사건으로 장식하셨습니다. 이것이 바로 구원의 표본입니다.

그런데 우리가 여기서 한 가지 생각할 것은 하나님이 우리를 사랑하신다고 해서 우리의 잘못을 무작정 덮으시지는 않는다는 사실입니다. 하나님이 우리의 삶에 계획하신 것을 이루어 가시는 과정에서 우리는 잘못에 대해 징계를 받습니다. 본문에서 무리가 점점 더 흉용해지는 바다를 만나고, 요나가 바다에 던져져 물고기 뱃속에 들어가는 모습을 통해서 우리는 하나님의 깊은 사랑과 징계를 동시에 발견합니다.

하나님은 징계를 통해서 인간을 구원하시고 자신의 사랑을 드러내십니다. 그래서 그 구원의 사역을 예수님이 직접 담당하셨습니다. 인간의 구원을 위해 한마디 말씀만 하셔도 되었을 텐데 하나님은 예수 그리스도를 이 세상에 보내셔서 십자가를 지게 하셨습니다. 예수님이 우리가 받아야 할 형벌을 대신 받으신 것입니다. 형벌을 통해서 인간을 구원하신 하나님의 위대한 사랑을 우리는 요나의 사건을 통해 발견하게 되는 것입니다.

1장은 무리가 제사를 드리고 서원하며, 요나가 물고기 뱃속에 들어가는 장면으로 끝납니다. 인간적인 관점으로는 하나님의 사랑을 정확하게 인식하기 어렵지만 그분의 마음을 품고 그분의 관점에서 이 사건을 이해할 때 우리는 두 장면에서 모두 하나님의 큰 사랑을 발견할 수 있습니다. 그리고 요나의 사건을 통해 우리는 예수님을 보내셔서 징계와 구원을 동시에 성취하신 하나님의 사랑을 배울 수 있습니다.

하나님의 사랑은 불완전한 인간이 아닌 절대적인 하나님의 기준에서 계획되고 진행되며 완성됩니다. 그러므로 그 과정 속에서 이루어지는 여러 가지 상황들을 인간적인 눈이 아니라 하나님의 관점에서 해석하고 바라볼 때 우리는 징계를 통해 사랑을 완성하시는 하나님의 큰 사랑을 깨닫고 그것을 우리의 일로 받아 안을 수 있게 될 것입니다.

2부

7장 기도, 그리스도인의 호흡(요나서 2장 1절)
8장 고난, 그리스도인의 증거(요나서 2장 2-3절)
9장 회개의 터널을 지나 소망으로(요나서 2장 4-6절)
10장 구원받은 백성답게(요나서 2장 7-10절)

7장
기도, 그리스도인의 호흡

요나가 물고기 뱃속에서 그 하나님 여호와께 기도하여(욘 2:1).

돌아온 탕자 같은 요나

　요나서 1장은 요나의 불순종을 다룬 장이었기 때문에 다소 내용이 어두웠고, 마치 우리가 어둠의 터널을 계속 달리는 듯한 느낌이 들었습니다. 하지만 2장은 어둠의 터널을 빠져 나와서 좀더 밝은 모습으로 이야기가 전개됩니다.
　2장 1절을 보십시오. "요나가 물고기 뱃속에서 그 하나님 여호와께 기도하여."
　요나가 기도를 합니다. 선지자가 기도한다는 것은 특별한 일이 아닙니다. 지극히 당연한 것입니다. 하지만 그의 기도가 좀더 특별하게 다가오는 이유는 1장에는 기도하는 모습이 없었다는 사실 때문입니다. 물론 1장에서 사공이나 무리가 기도했지만 요나가 기도하는 모습은 단 한 장면도 없었습니다. 그런데 1장을 마치고 2장에 들어오면 요나가 기도하기 시작합니다. 이것은 요나의 삶에 새로운 전환이 있음을 보여 줍니다.
　그렇다면 1장과 2장의 내용은 확실히 다릅니다. 1장은 불순종의 장이고, 2장은 순종의 장입니다. 1장에서는 하나님은 말씀하시는 분이고 인간 요나는 하나님으로부터 말씀을 듣는 자라고 했는데, 실제로 그는 말씀을 듣지 않는 자의 차리에 있었습니다. 그러나 2장에서는 하나님이 원래 의도했던 그의 자리를 찾아갑니다. 즉 말씀을 듣는 자의 위치로 되돌아옵니다. 그러므로 2장 1절의 내용은 단순히 무릎 꿇고 기도했다는 의미가 아닙니다. 기도는 자기 자신의 위치로 돌아온 사람에게 나타나는 현상이기 때문입니다.
　다시 말해서 요나는 불순종의 자리에서 순종의 자리로 삶의 태도를 바꿨고, 말씀을 듣지 않는 자에서 말씀을 듣는 자가 되었습니다. 이제 그는 본연의 위치에서 하나님께 기도하기 시작합니다.

진정한 기도인가?

기도에는 형식적이고 종교적인 기도가 있습니다. 그러나 엄밀히 말해서 이런 것은 진정한 기도라고 할 수 없습니다. 또 오늘날에는 '도와주십시오. 무엇을 주십시오' 하는 식으로 달라는 기도가 많습니다. 다시 말해서 기복적인 기도가 대부분인데, 이런 것도 진정한 기도는 아닙니다.

기도는 하나님의 개념과 밀접한 관계가 있습니다. 어떤 신관을 가지고 있느냐에 따라서 그 내용이 달라지기 때문입니다. 예수님의 기도는 간구하는 기능보다 하나님과 교제하는 수단이었습니다. 우리의 기도도 마찬가지입니다. 하나님과 교제하는 것이 무시되면, 우리 방식대로 자신의 일을 하면서 하나님께서 그것을 도와주시고 축복해 주시길 비는 꼴이 됩니다. 하나님이 주체가 되지 않고 우리가 주체가 되어서 하나님은 그저 우리를 도와주시는 '도깨비 방망이'의 존재가 되어 버립니다. 이 태도는 바른 신앙의 모습이 아닙니다. 하나님을 잘못 인식하는 것입니다.

그러므로 기도는 그리스도인의 생활에 필수적인 요소이지, 하나님께 무엇을 얻어내려는 수단이나 종교적인 의무는 아닙니다. 즉 기도는 부차적인 요소가 될 수 없습니다. 그렇기 때문에 그리스도인들이 기도를 단지 이런 방법으로만 이용한다면 정말 안타까운 일입니다.

하나님의 뜻을 이해하고 그대로 행하는 일, 그것이 바로 기도입니다. 이러한 참된 기도는 하나님이 어떤 분이신지 올바로 깨달을 때 우러나옵니다. 하나님을 모르거나 잘못 이해하면 기도의 내용은 달라집니다. 기도의 모양은 있을지 모르지만, 엄밀하게 볼 때 그것은 기도가 아닙니다. 외형적인 모습을 갖추었다고 해서 모두 기도라고 말할 수는 없기 때문입니다.

그렇다면 진정한 기도란 무엇입니까? 하나님을 바로 인식하고 아는 것입니다. 결국 하나님을 아는 사람만이 제대로 기도할 수 있다는 이야기입니다. 그러므로 기도하는 사람에게 기도에 대한 바른 이해를 요구하는 일은 기도를 부정하는 것이 아닙니다. 오히려 기도의 실체를 점검하는 일입니다.

하지만 이것이 왜곡되어 실제로 기도하지 않으면서 자기 자신이 기도하고 있다고 착각하는 경우도 있습니다. 또 기도에 대해서 아는 것을 가지고 신앙이 있다고 생각하기도 합니다. 이는 모두 잘못된 일이며, 큰 문제입니다.

기도하는 사람에게는 그 기도의 내용이 옳으냐, 옳지 않으냐를 따질 수 있습니다. 그렇지만 기도하지 않는 사람에게는 기도의 옳고 그름을 따질 수 없습니다. 무엇인가 외형적으로 드러나는 형태가 있어야 흑백을 가릴 수 있는 것이지, 그 자체가 없는 상태에서 옳고 그름을 이야기할 수는 없기 때문입니다. 그러므로 기도하지 않는다는 것은 극단적으로 말하면 신앙이 없는 것과 같습니다.

기도뿐만이 아닙니다. 신앙 전반에 관계된 모든 일이 그렇습니다. 교회에 출석한다고 모두 신앙이 있는 것은 아닙니다. 그러므로 그리스도인이라면 교회만 다니고 있는 것이냐, 아니면 하나님을 인식하고 바른 신앙의 열매로 교회에 다니고 있는 것이냐 하는 점을 점검해야 합니다. 하지만 교회에 출석하지 않는 사람이라면 그것의 옳고 그름을 따질 이유가 없습니다. 그 자체가 비신앙적인 태도이기 때문입니다.

그리스도인의 헌신도, 봉사도, 헌금도 다 마찬가지입니다. 본질을 따지는 일은 외형적인 열매가 보여지는 사람에게만 해당됩니다.

많은 사람들이 교회에 대해서, 기도에 대해서, 봉사에 대해서, 헌신에 대해서, 헌금에 대해서, 더 근본적으로 복음에 대해서 알면 신앙이 있다고 생각하는 경향이 있습니다. 그러나 이런 것들에 대해서 모두 알고 있다 하더라도 진정한 신앙의 본질을 모를 수 있습니다. 뭔가를 안다고 하는 것이 이론적일 수 있기 때문입니다. 특히 개혁을 부르짖는 소수의 사람들이 지식적으로 아는 일을 가지고 기도를 알고 복음을 안다고 생각할 때가 많은데, 이는 큰 문제를 불러일으킬 수 있습니다.

1장에서 요나가 기도하지 않는 것은 비신앙적인 모습입니다. 그러나 2장에 들어와서 요나가 기도한다는 사실은 그 행동이 참다운 것인가, 아니면 형식적인 것인가를 따질 수 있는 상황에 도달했다고 볼 수 있습니다. 또한 그 기도가 외형적이고 형식적인 것이 아니라면 요나가 신앙 속에 있다는 사실을 대변합니다.

그러므로 1장이 요나의 비신앙적인 모습의 장이라면, 2장은 요나의 신앙적인 모습의 장이라고 말할 수 있습니다. 1장에는 기도가 없지만, 2장에는 기도가 있기 때문입니다. 결국 요나는 1장의 사건을 겪은 뒤 진정으로 기도하는 신앙인의 모습으로 되돌아왔습니다.

스스로에게 질문해 보십시오. 기도하고 있습니까? 단순히 무릎을 꿇었다고 해서 기도한다고 생각하지 마십시오. 단순히 외치는 소리가 있다고 해서 기도한다고 생각하지 마십시오. 우리가 기도하고 있다면 바른 모습인지 점검하고 자신의 신앙을 살펴봐야 합니다. 하지만 우리가 기도하지 않고 있다면 그것은 단정적으로 말해서 신앙이 아닙니다. 이 점을 반드시 기억해야 합니다.

교회 안에 실제적인 기도가 없고 기도에 대한 상식적인 이론만이 지배하고 있다면 우리에게는 신앙이 없는 것입니다. 교회에 생명이 없는 것입니다. 그러므로 우리는 먼저 자기 자신과 교회에 진정한 기도가 있느냐, 없느냐를 따져 봐야 합니다. 다음으로 기도가 있다면 그것이 하나님을 바로 이해한 말씀의 기초 위에서 드려지는 것인지를 점검해 봐야 합니다.

스스로 기도하는 요나

본문 2장 1절에서는 "요나가 물고기 뱃속에서 그 하나님 여호와께 기도하여"라고 기록되어 있습니다. 바로 요나가 기도한다고 합니다. 일차적으로 기도는 자신이 하는 것입니다. 자신의 기도가 없는 상황에서 다른 사람이 기도해 주길 원한다는 것은 신앙의 문제를 하나님과 나의 개인적인 문제로 생각하지 않고 다른 사람이 대신 해 줄 수 있다고 생각하는 태도입니다.

물론 중보 기도는 중요합니다. 그러나 중보 기도도 먼저 개인의 신앙에서 출발해야 합니다. 자신이 기도하지 않으면서 다른 사람의 기도에 의존하는 일은 결국 신앙을 왜곡하는 것입니다.

남들이 기도해 주는 것에 마음을 빼앗기지 마십시오. 많은 사람들은 자기는 기도하지 않으면서 다른 이들이 기도해 주길 원할 때가 많습니다. 특히 목사는 기도해 주는 사람으로 알고 있습니다. 물론 목사는 모든 성도를 위해서 기도합니다. 그러나 목사의 기도가 힘이 있는 반면 평신도의 기도는 질이 낮다고 생각하십니까? 이런 것들은 모두 세속적인 사고가 만든 그릇된 생각입니다.

목사라고 영력이 무조건 더 강한 것은 아닙니다. 영력은 크고 작은 것으로 비교할 대상이 아닙니다. 하나님은 우리 모두를 제사장으로 만드시고 모든 사람들이 하나님과 일대일의 관계로 교제하게 하셨습니다. 그러므로 목사가 기도한다고 해서 더 힘이 있는 것은 아닙니다. 개인적으로, 자기 스스로 기도해야 합니다. 하나님과 나의 관계가 정립되어져야 합니다. 그런 가운데 서로 격려하고 서로를 위해 기도하는 일이 필요할 것입니다.

본문에서 중요한 부분은 하나님께 불순종했던 요나가 이제 스스로 그분께 기도하고 있다는 사실입니다. 1장을 살펴보면 사공과 무리의 간절한 기도가 있었습니다. 하지만 그 기도는 요나에게 커다란 의미를 가져다 주지 못했습니다. 요나 개인의 입장에서 보면 사공과 무리가 기도했다는 사실이 중요하기보다는 바로 자기의 입술을 열어 하나님께 무릎 꿇고 실제로 기도했다는 것이 중요하기 때문입니다. 다시 말해 요나 자신이 직접 기도하지 않는 이상 모두 무의미한 일입니다. 물론 요나가 기도한다는 전제하에서 다른 사람의 중보 기도가 이루어진다면 그것은 아름다운 일임에 틀림없습니다.

요나의 기도는 그의 불순종이 순종으로 전환되었다는 증거입니다. 따라서 신자와 비신자의 근본적인 차이점은 무릎을 꿇고 드리는 기도의 유무입니다. 비신자는 자신이 드리는 기도가 없습니다. 그것은 신앙이 없다는 뜻이고, 신앙이 없다는 뜻은 그가 비신자라는 증거입니다.

물고기 뱃속에서

그리스도인은 분명 스스로 기도하는 사람입니다. 그런데 기도는 단순히 종교적인 형태로 주어진 것이 아니라 하나님과 나의 관계 속에서 이루지는 것이기에 장소나 여건이나 환경에 좌우되지 않습니다. 기도는 하고 싶지만 환경이 주어지지 않아서 기도할 수 없다는 것은, 기도를 외형적인 인간의 종교적 행위로만 생각하기 때문입니다.

기도는 하나님과의 관계에서 이루어지는 행위입니다. 그러므로 기쁠 때만 하는 것도 아니고 슬플 때만 하는 것도 아닙니다. 기도는 시간과 공간을 초월하며, 감정을 초월합니다. 종교적인 행위가 아니라 하나님을 인식한 사람의 반응이기 때문입니다. 따라서 아무 때든지, 어떤 곳이든지, 어떤 상황이든지 기도할 수 있습니다.

지금 요나는 어디서 기도하고 있습니까? 바로 물고기 뱃속에서 기도하고 있습니다. 요나의 입장에서 물고기 뱃속은 고통의 장소입니다.

사람이 물고기 뱃속에 들어간다는 것을 과학적으로 입증할 수는 없습니다. 그러나 성경은 과학을 뛰어넘는 이적을 보입니다. 물고기 뱃속에 있는 요나의 심정을 상상해 보십시오. 아름다운 곳이다, 향기롭다라고 생각했겠습니까. 그는 인간으로서 가장 고통스럽고 극한 상황에 놓인 것입니다. 그러나 물고기 뱃속을 단순히 고통의 장소라고 생각하지 말고 이곳이 어떻게 주어졌는지 생각해 봐야 합니다.

요나서 1장 17절을 보십시오. "여호와께서 이미 큰 물고기를 예비하사 요나를 삼키게 하셨으므로 요나가 삼일 삼야를 물고기 배에 있으니라."

하나님이 이미 '큰 물고기'를 도구로 예비하셨습니다. 즉 물고기 뱃속은 요나에게 매우 큰 고통의 장소였지만, 바로 이곳은 하나님이 불순종하는 요나를 기도하게 만들기 위해서 준비하신 곳이었습니다.

그런데 한 가지 더 놀라운 점이 있습니다. 그것은 물고기 뱃속이 요나를 기도하게 만들 뿐만 아니라 배 삯도 받지 않고 니느웨로 방향을 바꿔 주는 것입니다. 그가 하나님을 배반하고 다시스로 가기 위해 배를 탈 때는 배 삯을 주고 탔습니다. 그러나 하나님이 요나의 길을 예비하셨을 때는 돈도 받지 않고 큰 물고기라는 잠수함에 태워 그를 니느웨 방향으로 가게 만드십니다. 즉 하나님은 요나에게 돈도 받지 않으시고, 올바른 방향으로 인도하시며, 그를 영적인 사람으로 만드셨습니다. 그렇다면 이곳은 인간적인 관점으로 바라볼 때 불만족스런 요소가 많을 테지만 하나님의 관점에서 바라보면 아름다운 장소입니다.

하나님은 때때로 우리를 기도하게 만들기 위해서 물고기 뱃속 같은 환경을 예비하십니다. 그런데 우리는 하나님이 주신 상황을 이해하지 못하고 원망하며 도리어 불평을 토로할 때가 많습니다. 이런 환경이 우리에게는 상당히 부담이 되고 고통스러우며 갈등의 요인으로 보일 수 있기 때문입니다. 그러나 하나님을 바로 인식하는 사람이라면 힘든 상황이라도 '아, 하나님이 내가 기도하게끔 하시는구나' 라고 생각할 수 있을 것입니다.

이것을 우리 개개인에게 적용해 봅시다. 우리에게 개인적인 어려움이 생길 수 있습니다. 교회도 마찬가지입니다. 그러면 환경의 어려움만을 생각할 것이 아니라, 여기에서 벗어나게 해 달라고 간구할 것이 아니라 하나님께서 우리를 기도하게끔 인도하셨다는 사실을 잊지 말고 기억하십시오. 하나님이 우리에게 고통스러운 환경을 허락하신 이유는 우리를 그분의 사람으로 키우려고 하시기 때문입니다. 이것이 하나님의 말씀을 듣는 자의 모습입니다. 그리고 바로 그때 요나와 같은 간절한 기도를 하시기 바랍니다.

기도의 주체는 하나님

성경강해자들은 보통 요나서 2장 부분을 그냥 지나갑니다. 여러 가지 자료를 살펴봐도 2장은 아주 짧게 다룹니다. 실제로 2장은 해석하기가 까다롭습니다. 왜 그렇습니까? 기도라는 행위가 현실적으로 어려운 일이라 그렇게 쉽게 강해되지 않기 때문입니다.

어떻게 기도를 쉽게 정의할 수 있겠습니까. 어떻게 기도를 쉽게 이해할 수 있겠습니까. 기도는 그리스도인의 호흡이라고 말하지만 그것 또한 지극히 작은 부분만을 이야기한 것입니다. 그런데 설명할 수 없지만 하나님은 우리의 환경을 통해 기도하게 만듦으로써 실제로 우리가 무릎 꿇을 때 기도의 깊은 진리와 개념을 스스로 이해하도록 하십니다.

그렇다면 요나는 이러한 기도를 누구에게 드립니까? 성경 본문을 살펴보십시오. "요나가 물고기 뱃속에서 그 하나님 여호와께 기도하여 가로되"(욘 2:1). 그는 바로 '그 하나님' 께 기도를 드립니다.

그러면 '그 하나님'은 어떤 분이십니까? 무엇보다 그분은 요나에게 말씀하시는 '그의 하나님'이십니다. 즉 요나 개인의 하나님이십니다. 하나님은 우주의 하나님이시지만 요나 개인의 하나님이시기도 합니다. 그것은 곧 우리 개인의 하나님이시라는 뜻이기도 합니다. 우주를 창조하신 분이지만 하나님은 우리에게 다가올 때 마치 우리가 전부인 것처럼, 우주인 것처럼 다가오셔서 우리를 돌보시는 사랑의 하나님이십니다.

그런데 여기서 '그'라는 단어는 '그의 하나님'이라는 의미도 있지만, 앞에 나오는 1장의 '그 하나님' 전체를 뜻하기도 합니다. 지금이야 1장과 2장이 구분되어 있지만 처음에 성경이 기록되었을 때는 장과 절이 없었습니다. 요나서를 기록한 요나도 그런 구분 없이 써 내려갔을 것입니다. 그렇다면 1장의 '그 하나님'이 요나에게 자비로운 분이십니까? 사랑이 많으신 하나님이시라는데, 그의 입장에서 보면 폭풍을 내릴 정도로 무자비하신 분이십니다. 또한 당시에 명성을 얻고 있던 선지자가 배 위에서 뭇사람들로부터 큰 수모를 겪게 하십니다. 믿지 않는 사람이 선지자에게 기도하라고, 일어나라고 말합니다. 그리고 제비로 요나가 뽑히자 '네 하나님이 누구냐, 네가 누구냐?' 하고 따지고, '왜 이런 일을 행했느냐?' 라고 불쌍히 여기면서 혀를 찹니다. 게다가 상황은 거기서 끝나지 않습니다. 풍랑 이는 바닷물에 던져져 물고기 뱃속으로 들어가게 하십니다.

요나의 입장에서 볼 때 이런 하나님에 대해 충분히 항의할 수 있을 것입니다. '하나님, 정말 무심합니다. 내가 불순종했다고 해서 이렇게까지 하실 수 있습니까?' 그렇습니다. 하나님이 너무하신 것 같습니다. 하지만 2장에 들어와서 요나는 '그 하나님'께 기도합니다. 불만과 불평을 토로하지 않고 신앙인의 모습으로 돌아와 여호와 하나님을 나의 주님이요, 나의 구주요, 나의 하나님으로 고백하며 기도합니다.

이제 그는 하나님만이 기도의 유일한 주체라는 사실을 깨닫습니다. 그리고 모든 역사와 만물이 그분 아래 있다는 사실을 알고 있습니다. 그래서 요나는 '그 하나님'을 기도의 대상이 아니라 기도의 주체로 인식합니다. 그렇다면 요나의 기도는 단순히 무릎을 꿇었다는 뜻이 아니라 진정한 신앙인으로 전환되었다는 확실한 증거입니다. 그리고 그 기도는 전환의 완성된 열매입니다.

만일 내가 요구할 때 하나님이 그대로 들어주신다고 생각한다면 그분은 기도의 대상에 머무릅니다. 내가 주체가 되고 하나님은 나를 따라오시는 위치에 있기 때문입니다. 하지만 기도는 하나님의 생각이 나에게 전달되어서 내가 그 뜻을 행하는 것이기에 하나님이 기도의 주체가 되어야 합니다.

사실 요나의 기도를 보면 그가 단순히 무릎을 꿇고 있는 것이 아니라 그 속에서 하나님을 깊이 묵상하고 있습니다. 2장에는 그가 평상시 경건의 시간을 통해 하나님을 정기적으로 만났다는 사실이 드러납니다.

요나서 2장 2절에는 "가로되 내가 받는 고난을 인하여 여호와께 불러 아뢰었삽더니 주께서 내게 대답하셨고 내가 스올의 뱃속에서 부르짖었삽더니 주께서 나의 음성을 들으셨나이다"라는 기록이 나옵니다. 이 말씀은 시편 120편 1절 "내가 환난 중에 여호와께 부르짖었더니 내게 응답하셨도다"와 연결됩니다.

우리는 이런 연결 고리를 요나서 2장을 통틀어 여러 군데에서 찾아 볼 수 있습니다.

먼저 요나서 2장 3절 하반부의 "주께서 나를 깊음 속 바다 가운데 던지셨으므로 큰물이 나를 둘렀고 주의 파도와 큰 물결이 다 내 위에 넘쳤나이다"라는 말씀은 시편 42편 7절의 "주의 폭포 소리에 깊은 바다가 서로 부르며 주의 파도와 물결이 나를 엄몰하도소이다"를 묵상한 것입니다. 그리고 요나서 2장 5절의 "물이 나를 둘렀으되, 영혼까지

하였사오며"라고 언급된 말씀은 시편 69편 2절의 "내가 설 곳이 없는 깊은 수렁에 빠지며 깊은 물에 들어가니 큰물이 내게 넘치나이다"와 연결됩니다.

뿐만 아니라 "내 영혼이 내 속에서 피곤할 때에 내가 여호와를 생각하였삽더니 내 기도가 주께 이르렀사오며 주의 성전에 미쳤나이다"라고 기도하는 요나서 2장 7절은 "내 심령이 속에서 상할 때에도 주께서 내 길을 아셨나이다 나의 행하는 길에 저희가 나를 잡으려고 올무를 숨겼나이다"라고 언급된 시편 142편 3절을 묵상한 것입니다.

이 외에도 요나서 2장 9절에서 요나는 "나는 감사하는 목소리로 주께 제사를 드리며 나의 서원을 주께 갚겠나이다 구원은 여호와께로서 말미암나이다 하니라"고 언급하는데, 이 말씀도 "구원은 여호와께 있사오니 주의 복을 주의 백성에게 내리소서(셀라)"라고 언급된 시편 3편 8절의 말씀을 묵상한 것입니다.

이런 예들은 선지자 요나가 평소에 시편 말씀을 잘 묵상하고 있었다는 증거입니다. 평소에 하나님의 말씀을 규칙적으로 묵상했기 때문에 그는 이와 같은 기도를 할 수 있었습니다. 그리고 요나의 기도에는 주체가 분명하게 설정되어 있으며 그 주체는 바로 하나님입니다.

출애굽기 6장에서 가장 중요하게 언급되는 분은 여호와 하나님입니다. 하나님이 모세를 통해서 이스라엘 백성에게 계속 강조하는 것은 '아브라함의 하나님, 이삭의 하나님, 야곱의 하나님, 나는 스스로 있는 자다, 나는 이제 여호와' 라는 사실입니다. 많은 사람들이 전능하신 하나님으로 인식하지만 출애굽기에서는 이스라엘 백성을 구원하신 구원자로서의 위치를 강조하기 때문에 특별히 여호와 하나님이라고 언급되어 있는 것입니다.

우리가 여호와 하나님을 바르게 인식할 때 우리의 기도 형태나 삶의 형태는 달라집니다. 그러나 여호와 하나님이 안 계시고 삶의 형태만 갖추어진다면 그것은 단지 형식에 불과하고 참되지 않으며 흉내를 낸 것일 뿐입니다. 그러므로 신앙의 근본은 기도의 주체를 아는 것입니다. 기도의 주체는 모르고 기도의 형태만 있다면 그것은 바른 기도가 아닙니다. 기도의 주체이신 하나님을 인식하지 못한 기도라면 그것은 이방인의 기도와 같은 것이며, 또한 이방인의 기도라면 그것은 비신앙적인 기도에 불과합니다. 그리스도인은 바로 이렇게 기도의 주체를 알고 하나님께 기도하는 사람입니다.

실제로 무릎 꿇고 기도하라

그렇다면 우리는 기도의 주체를 제대로 알고 경험하기 위해 실제로 무릎을 꿇고 기도해야 합니다. 여기서 무릎을 꿇는다는 것은 하나님을 인식한 열매이며, 결과입니다. 하나님을 인식한 사람은 반드시 무릎을 꿇게 되어 있습니다. 그러나 '나는 하나님을 인식하지만 무릎을 꿇지 않는다, 또 24시간 기도하므로 하나님을 안다'고 하는 것은 모두 진실이 아닙니다.

우리가 기도에 대해서 알고, 기도의 본질을 추구하면서도 하나님께 무릎을 꿇지 않는다면 그것은 거짓된 행동입니다. 기도에 대해 잘 정리하고 있으며 몇 시간 동안 강의를 하는 사람이라도 실제로 무릎을 꿇고 있지 않다면 그것은 모두 거짓된 행동입니다.

아르헨티나에 루이스 팔로우라는 유명한 전도자가 있었는데, 어느 날 어떤 사람이 찾아와 어떻게 하면 기도를 배울 수 있는지 물었습니다. 그러자 그는 이렇게 대답했다고 합니다. "기도를 배운다는 것은 마치 자전거를 타는 것과 같고 수영을 하는 것과 같습니다. 내가 수영을 실제로 해 보기 전에는 결코 수영할 수 없고, 자전거를 실제로 타 보기 전에는 결코 탈 수 없는 것처럼 기도도 해 보지 않고서는 결코 배울 수 없는 것입니다."

오른쪽으로 가려면 핸들을 오른쪽으로 돌려야 넘어지지 않는다는 자전거 타기에 대한 이론을 잘 알고 있다고 해서 실제로 자전거를 탈 수 있습니까? 아닙니다. 내가 자전거에 익숙해지지 않으면 탈 수 없는 것처럼 기도에 대해 많이 알고 있다 하더라도 실제로 기도하지 않으면 그것은 올바른 믿음의 자세라고 할 수 없습니다.

기도뿐만 아니라 모든 것이 다 그렇습니다. 그러므로 믿음이란 기도의 주체를 분명하게 알고 실제로 기도하는 것입니다. 무릎을 꿇는 일이 하나님을 믿는 열매로 드러나야 하는 것입니다. 우리가 경계해야 할 일은 기도에 대해 알면서도 실제로 무릎을 꿇지 않고 그 행동을 합리화시키는 것입니다. 그러나 기도가 없으면 믿음이 없는 것입니다.

여기서 무릎을 꿇고 기도하는 사람이란 바로 하나님을 올바르게 인식하고 살아가는 사람을 의미합니다. 많은 이들은 기도의 모양과 형태를 가지고 있으면 기도하는 사람이라고 생각합니다. 하지만 이들 중에는 하나님에 대한 올바른 인식 없이 맹목적으로 교회에 다니는 무조건적인 신자도 있습니다.

그러므로 내가 얼마만큼 기도에 시간을 투자하고 있는가를 따지기 전에 하나님을 전적으로 의지하고 있는가를 먼저 확인해야 합니다. 왜냐하면 외형적으로는 기도하는 것처럼 보이지만 전적으로 하나님을 의지하지 않는 사람이 많기 때문입니다.

하나님을 전적으로 의지하는 사람은 반드시 무릎을 꿇고 기도합니다. 성도는 하나님을 믿기 때문에 기도하고, 그 기도로 불신자와 구별됩니다. 불신자는 기도의 외형적인 모습만 갖추고, 기도의 대상이 하나님이 아니며, 환경에 좌우되고 스스로 기도하지 않습니다. 그렇다면 그에게는 기도가 없는 것입니다. 따라서 성도와 불신자의 차이점은 기도의 유무입니다.

우리에게는 그런 기도가 있습니까? 기도의 모양만으로 기도가 있다고 말할 수 없습니다. 진정한 기도는 하나님을 기도의 주체로 인식하고 그로 인한 감격과 기쁨 속에서 날마다 생활하면서 하나님을 높이고 부르짖는 일입니다.

이런 기도의 원칙은 교회에도 동일하게 적용됩니다. 교회가 기도에 대해 많이 이야기하고 강조하며 권한다 하더라도 성도들이 실제로 기도하지 않으면 기도에 대한 지식은 아무 능력을 발휘할 수 없습니다. 다시 말해서 기도하는 행위가 없으면 교회는 단지 기도에 대해서 알고 있는 지식인들의 모임으로 전락하고 마는 것입니다.

본문을 통해 우리는 우리에게 하나님을 향한 진실한 기도가 있느냐를 살피면서 우리의 삶 속에서 좀더 적극적으로 기도해야 합니다. 다른 교회, 다른 사람을 비판하지 마십시오. 저 사람은 기도는 많이 하지만 하나님의 사람답게 살지 못한다고 비판하지 마십시오. 만일 우리가 비판만 하고 기도하지 않는다면, 그는 삶이 없더라도 기도는 있지만 우리는 삶도 없고 기도도 없는 것입니다.

우리 교회가 말씀을 중시하는 교회라고 해서 기도를 게을리 해서는 안 됩니다. 우리는 무엇보다 먼저 기도해야 합니다. 기도는 영혼의 호흡이고 하나님과 나를 분명히 아는 것이고, 내 인생의 목적을 분명히 알게 하는 것입니다.

하나님을 인식하고 살아가는 성도와 교회는 하나님을 전적으로 의지하며, 그 증거는 무릎 꿇는 기도입니다. 성도의 기도는 자신의 힘으로는 아무 것도 할 수 없다는 겸손의 표현이며, 대신 하나님이 자신의 삶에 간섭하시고 일하실 것이라는 믿음의 표현입니다. 우리가 알고 있는 하나님과 기도에 관한 지식을 우리의 삶 속에서 구체적으로 실천함으로써 성도다운 삶을 살아갑시다.

8장

고난, 그리스도인의 증거

가로되 내가 받는 고난을 인하여 여호와께 불러 아뢰었삽더니 주께서 내게 대답하셨고 내가 스올의 뱃속에서 부르짖었삽더니 주께서 나의 음성을 들으셨나이다 주께서 나를 깊음 속 바다 가운데 던지셨으므로 큰물이 나를 둘렀고 주의 파도와 큰 물결이 다 내 위에 넘쳤나이다(욘 2:2-3).

피할 수 없는 고난

모든 인간에게는 고통이 있습니다. 불신자들은 물론 예수를 믿는 성도들에게도 고통은 있습니다. 예수를 믿든, 안 믿든 누구에게나 고통이 있다는 말입니다.

만일 어떤 사람이 인간에게는 고통이 없다거나 어떤 조건이 충족되면 고통이 사라진다고 이야기한다면, 그는 분명 거짓말하고 있는 것입니다. 왜냐하면 인간이 살아가는 동안 어느 누구를 막론하고 고통이 없을 수는 없기 때문입니다. 인간이 살아 숨쉬는 한 고통은 필연적입니다.

멀리 찾아볼 필요 없이 요나서만 보더라도 고통의 사건으로 가득 차 있습니다. 요나서 1장에 나오는 사람들을 살펴보십시오. 주인공인 요나를 비롯해 주변 인물인 사공과 무리가 모두 고통을 겪었습니다.

요나에게는 하나님께 불순종하고 도망치는 고통이 있었을 것입니다. 위기 상황에서 그는 배 밑층에 내려가서 깊이 잠들었지만 그 사실이 고통이 없다는 것을 증명하지는 못합니다. 오히려 잠을 잤다는 것은 고통을 두려워해 피하려고 하는 역설적인 행위의 투영이라고 생각할 수 있습니다. 또 요나는 사공과 무리 앞에서 추궁을 당하고 선지자의 자존심에 손상을 입었습니다. 그래서 자기를 들어 바다에 던지라는 요나의 말은 사실 자신의 아픈 마음을 사람들에게 토로한 것인지도 모릅니다.

1장에서 요나는 분명히 고통 가운데 있었습니다. 물론 사공과 무리들에게도 고통이 있었을 것입니다. 그들은 갑자기 다가온 위기에 생명을 언제 잃게 될지 모르는 불안을 느꼈습니다. 그래서 아끼던 물건을 모두 바다에 던지고 생명을 유지하기 위해서 혼신의 노력을 다하는 그들의 몸부림 역시 고통의 아픔을 반영하고 있습니다. 오늘날 우리처럼 이들 모두에게도 삶의 고통은 있었습니다.

그런데 요나서 2장에서 선지자는 자신이 느끼는 고통을 1장보다 좀 더 직선적으로 표현합니다. 그는 간절한 기도로 자신의 아픔을 구체적으로 토로합니다.

2장 2절에는 "가로되 내가 받는 고난을 인하여"라고 기록되어 있습니다. 여기서 '고난'이란 단어는 '고통'이라고 번역하는 것이 좋습니다. '내가 받는 고통으로 인하여'라는 표현이 적합합니다. 요나는 '고통스럽다', '고통으로 인하여 내가 ~한다'라고 말합니다.

그렇다면 요나가 받는 고통이 무엇입니까? 요나는 기도하고 있지만 지금 물고기 뱃속에서 지내고 있습니다. 사람이 물고기 뱃속에 들어가 있다고 생각해 보십시오. 그 얼마나 힘들고 괴롭겠습니까. 그는 자신의 고통을 2장 2절 후반부에 "내가 스올의 뱃속에서 부르짖었삽더니"라고 표현했습니다.

'스올'이란 단어의 뜻은 지옥입니다. 그 속에서 느끼는 갈등과 어려움이 얼마나 컸으면 이렇게 표현했을까요. 그 고통의 정도가 이 말속에 함축되어 있는 듯합니다.

실제로 인생의 아픔을 겪는 사람의 심정은 그의 입장이 되어 보지 않고서는 알 수 없습니다. 정말로 그 사람은 남들이 이해하지 못하는 위기 속에 놓여 있는 것입니다. 그렇기 때문에 우리는 다른 사람의 고통을 쉽게 판단해서는 안 됩니다. 어쩌면 남의 고통을 이해하지 못하는 사람이야말로 참된 인생을 모를지도 모릅니다. 그래서 쉽게 평가하고, 쉽게 판단하며, 쉽게 정죄해 버립니다. 그러나 어려움을 많이 겪어 본 사람일수록 다른 이의 고통을 쉽게 판단하지 않을뿐더러 그 상처를 건드리지 않습니다. 왜 그렇습니까? 그 아픔이 크다는 것을 잘 알기 때문입니다.

요나의 괴로움도 그 고통을 겪어 보지 않은 사람은 알 수 없을 정도로 깊은 것입니다. 그런데 요나는 실제로 물고기 뱃속에 들어가서 느끼는 고통보다 그 속에 들어가기 전까지 느꼈던 고통이 더 컸던 것 같습니다. 요나서 2장 3절과 5-6절을 살펴보면 그 내용이 잘 나와 있습니다.

먼저 2장 3절을 봅시다. "주께서 나를 깊음 속 바다 가운데 던지셨으므로 큰물이 나를 둘렀고 주의 파도와 큰 물결이 다 내 위에 넘쳤나이다." 이 구절은 요나가 물고기 뱃속에 들어가기 전에 물 속에서 느꼈던 고통을 이야기합니다.

그리고 2장 5-6절에는 "물이 나를 둘렀으되 영혼까지 하였사오며 깊음이 나를 에웠고 바다 풀이 내 머리를 쌌나이다 내가 산의 뿌리까지 내려갔사오며 땅이 그 빗장으로 나를 오래도록 막았사오나 나의 하나님 여호와여 주께서 내 생명을 구덩이에서 건지셨나이다"라고 기록되어 있습니다. 이 구절들 또한 요나가 물 속에서 느꼈던 고통을 표현한 것입니다.

여러분은 바닷물 속에 빠졌다가 겨우 살아난 적이 있습니까? 물고기 뱃속에서 지내야 하는 고통을 경험해 보셨습니까? 실제로 물 속에 빠져 허우적거리는 모습을 한번 상상해 보십시오. 요나는 물고기 뱃속으로 들어가기 전에 물 속에서 겪은 고통이 너무 컸기 때문에 괴로웠다고 이야기합니다. 그래서 물고기 뱃속이 도리어 그에게 안식처가 됩니다. 하지만 물고기 뱃속에서 지내야 하는 경험도 이루 말할 수 없는 고통이었을 것입니다.

그렇다면 요나서 1장과 2장은 모두 그에게 고통의 장입니다. 1장이 불순종하는 위치에서 겪은 고통의 장이라면, 2장은 기도하는 사람으로서 겪은 고통의 장입니다. 일반적인 상식으로는 불순종했던 1장의 고난의 내용은 당연하게 느껴집니다. 하지만 본연의 자리로 돌아와 기도하는 사람에게 고통이 있다는 2장의 내용은 이해하기 힘듭니다. 우리는 영적인 생활을 하면 고난이 없어야 한다고 생각하기 때문입니다. 하지만 1장의 고통은 2장에 비하면 한결 수월합니다. 2장이 기도의 장인데, 오히려 더 괴롭습니다.

지금 요나는 영적으로 깊은 기도 가운데 있지만, 그 속에서 느끼는 고통은 말로 다할 수 없습니다. 저는 제가 쓴 책 『한 인생의 참회록』에서 요나서 1장과 2장을 이렇게 비교했습니다.

"요나서 2장은 1장의 분위기와 사뭇 다르게 전개됩니다. 1장이 바다 위에서 일어난 사건이라면 2장은 바닷속, 그것도 물고기 뱃속에서 일어난 사건입니다. 1장이 많은 인물을 등장시키고 있다면 2장은 요나 혼자만이 등장합니다. 1장이 밝은 세계라면 2장은 어두운 세계입니다. 1장이 커다란 활동 무대를 이루고 있다면 2장은 지극히 작은 활동 무대를 이루고 있습니다. 1장이 서쪽 방향인 다시스로 가는 장면이라면 2장은 동쪽 방향의 니느웨로 가는 장면입니다. 1장이 사람들이 살아갈 수 있는 현장이라면 2장은 사람이 살 수 없는 현장입니다. 따라서 2장은 죽음의 장소입니다."

여러분도 1장과 2장을 비교해 보십시오. 1장의 요나가 아무리 고통스럽다 하더라도 주변에는 사람들도 있고 그는 태양을 볼 수 있는 넓은 공간에 있었습니다. 하지만 2장의 요나는 물고기 뱃속에 있습니다. 상상도 할 수 없을 뿐만 아니라 이 일을 경험해 본 사람도 없을 것입니다. 비린내가 심하게 나고 온 사방이 캄캄했을 것입니다. 그 좁은 공간에서 요나는 꼼짝달싹하지 못합니다.

많은 사람들이 은혜가 충만하면 고통이 없다고 생각하는 경우가 많습니다. 고통을 없애기 위해서, 고통이 없는 평안한 삶을 위해서 교회에 출석하고 하나님의 이름을 부른다고 생각하는 사람들도 있습니다. 또 내가 지금 고통을 겪고 있는 것은 내 신앙이 연약하기 때문이라고 생각하는 사람들도 많습니다. 하지만 2장의 고통이 1장의 고통보다 크다는 사실을 명심해야 합니다. 물론 이와는 반대로 불신앙의 차원에서 생활하면서 더 큰 고통을 겪을 수도 있습니다. 결국 우리는 어떤 상황에 있든지 모두 고통을 겪을 수 있습니다. 다시 말해서 고통은 누구에게나 신앙심의 정도에 상관없이 존재하는 것입니다.

다만 예수를 믿는 사람과 예수를 믿지 않는 사람이 다른 점은 고통이 있느냐, 없느냐의 차이가 아니라 그것을 대하는 태도와 자세가 틀리다는 점입니다. 우리가 예수 그리스도를 믿는 이유가 고통을 없애는 데 있다면 그것은 신앙 생활의 첫 단추가 잘못 채워진 것입니다.

만일 여러분 중에 불안하고 힘들고 고통스럽고 갈등이 많고 해야 할 인생의 숙제가 많기 때문에 예수를 믿고 있다면, 다시 생각하십시오. 이런 삶이 주는 고난은 우리가 살아 있는 동안에는 절대로 해결되지 않습니다. 예수를 믿은 지 십 년, 이십 년 되는 분들도 여전히 삶이 주는 괴로움과 갈등을 가지고 계실 것입니다.

인간 모두에게는 고통이 있습니다. 그래서 고통을 해소하는 차원에서 예수를 믿는다면 우리의 문제는 지금도, 앞으로도 영원히 풀리지 않을 것입니다. 고통 자체는 인간이 살아 있는 한 계속됩니다. 그러나 진정으로 예수를 믿는 사람이라면 고통을 대하는 자세와 태도가 전혀 다릅니다.

고난이 주는 메시지

그리스도인들에게 고난은 어떤 의미가 있습니까? 그 의미를 선지자는 2장 2절에서 이렇게 말합니다. "내가 받는 고난을 인하여."

이 말씀은 고난 가운데 무언가가 있다는 뜻입니다. 요나 선지자는 고난이 있다는 것에 불만을 토로하지 않습니다. 다만 그 고난의 의미를 생각합니다. 고난을 대하는 신앙인의 자세도 마찬가지입니다. 고통이 있느냐, 없느냐를 논할 것이 아니라 그 의미를 찾아야 합니다.

요나는 2장 2절에서 "고난을 인하여 여호와께 불러 아뢰었삽더니"라고 합니다. 1장에서 그는 고통이 있어도 여호와의 이름을 부르지 않고 그분의 낯을 피했습니다. 하지만 2장에 와서는 고통으로 인하여 여호와의 이름을 부르게 됩니다.

그렇다면 1장과 2장의 차이는 무엇입니까? 1장에는 '고통'이 있고, 2장에는 '고난'이 있다는 것입니다. 다소 엉뚱한 이야기 같지만 고통과 고난은 차이가 있습니다. 고통은 삶 속에서 피부로 느끼는 아픔입니다. 이것은 사람이 살면서 자기 자신과 이웃과 사회 관계 속에서 겪는 아픔을 말합니다.

하지만 성경에서 이야기하는 고난은 내 자신의 잘못으로 인함이 아닌 예수 그리스도 때문에, 복음 때문에 받는 아픔입니다. 즉 영적인 문제로 받는 아픔을 말합니다. 그러므로 자기 스스로 잘못해 놓고 '내가 고난받는다'라고 하는 것은 틀린 말입니다. 내가 잘못했으면 스스로 그 행동을 고치면 됩니다. 그러나 내가 그리스도 때문에 받는 불이익과 아픔이 있다면, 이것은 고난입니다. 다시 말해 그리스도인으로서 복음을 전하거나 이 세상과 다른 가치관을 지니고 있기 때문에 어려움을 겪는다면 고난을 당하고 있는 것입니다.

그런 의미에서 고난과 고통은 본질적으로 다릅니다. 그렇지만 선을 긋듯이 고난과 고통을 정확하게 구분할 수는 없습니다. 요나서 2장 2절도 "내가 받는 고난을 인하여"라고 했는데, 실제로 '고난'보다 '고통'이란 단어가 더 적합할지 모릅니다.

그런데 그리스도인에게는 예수 그리스도 때문에 받는 고난이 아니더라도 삶의 고통이 신앙적인 고난처럼 다가올 때가 있습니다. 믿지 않는 사람들에게 고통은 그 자체일 뿐입니다. 물론 그리스도인에게도 예수 그리스도 때문이 아닌 아내나 남편과 싸웠다든지, 친구나 회사

동료와 싸웠다든지, 아니면 많은 이해 관계 가운데 생기는 고통이 있습니다. 그러나 그리스도인은 고통을 그 자체의 아픔으로 끝내지 않고, 자기 자신의 신앙적인 요소와 비교해 그것을 고난으로 받아들입니다. 개인적인 고통이지만 고난으로 인식될 수 있다는 것입니다. 다시 말하면 삶 속에서 겪는 일반적인 고통이 나의 신앙에 영향을 주기 때문에 고난의 문제로 나에게 다가온다는 뜻입니다.

나의 고통이 고난으로 인식되는 것이 무조건 나쁜 일은 아닙니다. 그래도 나에게 신앙심이 있기 때문에 고통이 고난으로 다가온다고 해석될 수 있습니다. 즉 내가 그리스도인이라는 증거가 될 수 있습니다. 1장에서 요나는 고통을 고난으로 인식하지 못했습니다. 그는 하나님께 불순종함을 고통스러워하며 2장처럼 고난의 의미를 생각했어야 했습니다. 하지만 1장에서 요나의 고통은 고통으로 끝이 나고, 2장에 와서 요나는 고통을 고난으로 인식하고 여호와를 부릅니다. 그때 비로소 그는 고난을 통해 말씀하시는 하나님을 인식하게 됩니다.

다음과 같은 사실을 잊지 마십시오. 요나는 '고난을 인하여' 하나님께 기도할 수 있었습니다. 그런데 그가 기도할 수 있는 계기를 마련하신 분은 하나님이십니다. 하나님은 우리에게 언제 어디서나 여러 가지 방법을 통해서 말씀하십니다. 그런데 우리가 듣는 자의 위치에 서 있지 않기 때문에 하나님의 말씀을 깨닫지 못하는 것입니다.

요나는 고난을 통해서 말씀하시는 하나님을 듣는 자의 위치에서 깨달았습니다. 그래서 2장의 내용이 아름답습니다. 그 이유를 저는 『한 인생의 참회록』에서 이렇게 이야기했습니다.

"지금 요나는 이 죽음의 장소 한가운데 있습니다. 그는 이제 손에 쥘 것도 없고 바랄 것도 없습니다. 여기서 그의 인생은 끝난 것입니다. 그는 가장 비참한 현실에 놓여 있습니다. 그런데도 2장이 1장과 비교되는 가장 특이한 상황은 1장에서 발견되지 않았던 요나의 기도가 발견됩니다.

2장의 분위기는 암흑의 환경이지만 요나의 기도로 가득 차 있습니다. 2장은 현실적으로는 비운의 장이지만, 영적으로는 환희의 장입니다. 1장은 요나가 하나님을 등진 장이라면, 2장은 하나님을 바라보는 장입니다. 1장에서 요나가 하나님의 말씀을 들어야 했음에도 말씀을 듣지 않은 장이라면, 2장은 말씀을 듣는 장입니다.

그가 어떻게 말씀을 들을 수 있었습니까? 고난, 즉 물고기 뱃속을 통하여 말씀하시는 하나님을 의식한 것입니다. 요나가 그 사실을 의식했을 때 그는 하나님으로 가득 찬 기도를 할 수 있었습니다."

요나서 1장 1절을 살펴보면 하나님은 말씀하시고 인간 요나는 그분으로부터 말씀을 듣는 자라고 되어 있습니다. 그런데 2장 2-3절을 보면 요나가 말하고 하나님이 대답합니다. 요나와 하나님의 위치가 서로 바뀌어져 있습니다. 하지만 걱정할 필요는 없습니다. 질문과 대답의 관계는 하나님과 인간의 관계를 규정하는 것이 아니기 때문입니다.

그러면 2장 2-3절을 자세히 살펴봅시다. 2절에는 '내가~여호와께, 주께서~내게, 내가~여호와께, 주께서~나의 음성을', 3절에는 '주께서~나를, 큰물이~나를, 주의 파도와 큰 물결이~다 내 위에, 아뢰었삽더니 대답하셨고, 부르짖었삽더니 들으셨나이다' 라고 되어 있습니다.

계속해서 요나가 말하고 주님께서 들으시는 형태가 반복됩니다. 서로간에 깊은 영적 대화를 나누고 있는 것처럼 여겨집니다. 이런 분위기를 경험해 보셨습니까? 아주 친밀합니다. 영국 같은 나라를 여행해 보면 사랑의 표현이 집 안뿐만 아니라 밖에서도 아주 적극적입니다. 지하철을 타고 가면 젊은 남녀가 코를 마주 대고 남들이 듣든지 안 듣든지 둘이서만 소곤댑니다. 처음에는 이 모습이 다소 어색하지만 자꾸 보고 있으면 다정해 보이고 행복해 보입니다.

지금 2장의 요나와 하나님의 관계가 꼭 연인이 서로 얼굴을 맞대고 사랑의 대화를 나누는 듯합니다. 그러나 이곳은 물고기 뱃속입니다. 어렵고 힘든 난감한 장소입니다. 그렇지만 이 장소에서 느끼는 영적 분위기는 매우 높은 수준에 올라가 있습니다.

　영적 분위기는 우리의 환경에 비례하지 않습니다. 뿐만 아니라 어떤 환경일지라도 하나님을 인식하는 것은 예수를 믿는 사람과 믿지 않는 사람의 차이점입니다. 진정으로 예수 그리스도를 믿지 않는 사람은 자신의 환경이 어렵고 힘들면 하나님을 찾을 수도 없고 그분을 외면하며 오히려 불만을 토로합니다. 하지만 그리스도인은 가장 극한 상황에서도 고난의 의미를 생각하고 하나님을 더욱 가깝게 인식하기 때문에 '내가 부르짖었으므로 하나님이 대답하셨다'고 말합니다. 그러므로 예수를 믿는 사람과 믿지 않는 사람의 다른 점은 고난의 의미를 생각하고 그 속에서 하나님을 발견하는가의 여부라고 할 수 있습니다.

인간의 시각, 하나님의 시각

　결국 그리스도인은 환경을 탓하고 그것이 변화되길 기다리는 것이 아니라 그 환경을 어떤 시각으로 바라봐야 하는가를 알고 있는 사람입니다. 요나도 물고기 뱃속에서 고난의 의미를 생각할 때 그의 시각이 변화되었습니다. 2장 3절 상반부에는 "주께서 나를 깊음 속 바다 가운데 던지셨으므로 큰물이 나를 둘렀고"라고 기록되어 있습니다.

　요나를 바다에 던진 것은 사공과 무리입니다. 인간적인 시각으로 볼 때 그들이 괘씸할 수 있습니다. 그렇지만 요나는 사공과 무리를 원망하지 않습니다. 또한 하나님께 살려 달라고 매달리지도 않습니다. 그 대신 요나는 하나님께서 자신을 깊은 바닷물에 던졌다고 합니다.

　지금 요나는 하나님께 불만을 털어놓지 않습니다. 오히려 그 모든 일을 주관하시고 이끄신 분이 하나님이시며, 그분이 이 모든 일들을 통해서 자신에게 역사하신다고 생각합니다. 그래서 2장의 모든 기도의 흐름은 하나님께 초점이 맞추어졌습니다. 이제 요나는 자신에게 일어난 모든 고통이 하나님의 계획 속에서 이루어졌고, 그 사건을 통해 하나님이 자신을 하나님의 사람으로 만들어 가신다는 사실을 인식합니다. 다시 말해 고난이 하나님에게서 왔고, 그 일에는 하나님의 분명한 목적이 있다는 점을 깨달은 것입니다.

이제 2장 3절 하반부를 살펴보십시오. "주의 파도와 큰 물결이 다 내 위에 넘쳤나이다."

'파도와 큰 물결'은 요나를 위협하는 두려운 존재입니다. 그런데 그는 파도와 큰 물결을 '주의' 것이라고 말합니다. 즉 파도와 물결이 주체가 아니라 하나님이 주체가 됩니다. 그래서 요나는 자신 앞에 놓인 위기를 보기보다 하나님을 바라봅니다. 물고기 뱃속의 어둠과 괴로움을 생각하는 것이 아니라 그것을 운행하시는 하나님을 보는 것입니다.

이것이 바로 그리스도인이 갖는 영적인 시각입니다. 이것이 바로 예수를 믿는 사람과 믿지 않는 사람의 차이점입니다. 예수를 믿지 않는 사람에게 있어서 고난은 그저 고통입니다. 하지만 그리스도인은 이 고통을 하나님의 시각으로 바라봅니다.

오늘날 우리는 어떤 시각으로 신앙 생활을 하고 있습니까? 하나님의 시각입니까, 아니면 인간의 시각입니까? 인간의 시각으로는 고통에서 벗어나는 일이 최대 관심사이고, 그것을 위해서 종교도 선택하고 교회도 나오고 기도도 드리고 예배도 드립니다. 만일 인간의 시각으로 요나를 바라본다면 그는 지금 무엇을 위해 기도해야 합니까? 아마 이렇게 기도해야 할 것입니다. '하나님, 빨리 이 물고기 뱃속을 벗어나게 해 주십시오. 나를 살려 주십시오. 괴로워서 견딜 수가 없습니다. 내가 언제까지 이렇게 살아야 합니까? 주님이 살아 계신다면 빨리 이곳을 벗어나게 해 주십시오.'

그러나 요나는 단 한 번도 물고기 뱃속에서 벗어나게 해 달라고 기도하지 않습니다. 그 속에서 그는 하나님을 부를 뿐입니다. 바로 이것이 진정한 신앙인의 자세입니다.

고난이 주는 유익, 그리스도인의 성숙

우리가 영적인 시각으로 고난의 문제를 생각하는 사람이라면, 우리의 사고와 가치관에 변화가 생길 것이고 다른 형태의 행동 양식을 만들어 낼 것입니다. 이것을 다른 말로 영적 성숙이라고 합니다.

만일 우리가 그리스도인으로서 성숙하지 않으면 어떻게 될까요? 내가 배고플 때 밥을 주고, 슬플 때 기쁘게 해 주며, 상처받았을 때 빨리 아물게 해 주고, 어려울 때 그 순간을 탈피하게 해 달라고 기도할 것입니다. 그러나 이것은 신앙의 첫 단계, 즉 초보 수준입니다.

1장에서 요나의 고통이 있었기 때문에 하나님은 2장에서 그에게 고난을 주시고 그 일을 통해 자라게 하십니다. 하나님은 우리를 키우고 성숙하게 하기 위해 고난을 주십니다. 그래서 베드로전서 4장 13절에는 이런 말씀이 있습니다. "너희가 그리스도의 고난에 참예하는 것으로 즐거워하라 이는 그의 영광을 나타내실 때에 너희로 즐거워하고 기뻐하게 하려 함이라."

그렇다면 하나님이 우리에게 고통과 고난을 주시는 이유는 무엇입니까? 우리를 키우시고 자라게 하시기 위해서, 영적인 사람으로 만드시기 위해서 하나님은 고난을 주시는 것입니다. 그런데 우리가 경계해야 할 일이 있습니다. 바로 우리의 고난이 나의 잘못으로, 나의 욕심으로 만들어지지 않기 위해서 노력해야 한다는 것입니다.

엄밀한 의미에서 이것은 고난이 아닙니다. 그러므로 우리는 나의 잘못으로 오는 고통을 고난으로 느끼기는 하지만 무엇보다 내 잘못으로 만들어지는 고통이 없도록 노력해야 합니다. 먼저 다른 사람에게 큰 상처를 주고 이로 인해 그가 나에게 어떤 도전을 했을 때 그 일을 가지고 고난받았다고 말하면 안 됩니다. 그것은 내 잘못입니다.

물론 그리스도인은 자신의 실수나 잘못으로 인한 고통을 통해 신앙적인 갈등을 겪는다는 관점에서 고난을 받는다고 말할 수 있습니다. 그러나 진정한 고난은 예수 그리스도 때문에 받는 것입니다. 그런 고난은 우리의 신앙을 자라게 합니다. 그리스도 때문에 받는 고난이 있다면 그것은 정말로 행복한 일입니다. 또한 우리가 그리스도인이므로 다른 이들이 경계한다면 그것은 우리가 영적인 생활을 바르게 하고 있다는 증거입니다.

이제는 우리의 실수로, 욕심으로 겪는 고통에서 성숙된 하나님의 자녀로서 복음 때문에 고난받는 수준에 이르러야 합니다. 그런 의미에서 오늘의 고난을 하나님의 시각으로 바라보며, 우리의 인생을 생각하고 우리의 삶을 생각하고 우리의 소명을 생각해야 합니다.

사실 이런 문제는 오늘날 우리 자신과 교회에 근본적인 도전을 줍니다. 일반적으로 사람들은 행복을 추구하며 삽니다. 행복하기 위해서 인생을 산다고 합니다. 그들이 말하는 행복은 고통 없이 하고 싶은 것을 마음대로 누리는 일입니다. 하지만 현실은 이런 의미의 행복 앞에 큰 장벽을 가로막고 있습니다. 그래서 사람들은 행복을 추구하기 위해서 가장 먼저 이 장벽을 부수기 위해 노력합니다. 이 장벽이 사라지면 그 뒤에 행복이 있다고 생각하기 때문입니다.

그런데 그 장벽을 부수는 데 일조하는 것이 무엇인지 아십니까? 바로 종교입니다. 종교가 나서서 사람들에게 '이 장벽을 부수십시오. 그러면 행복이 있습니다'라고 선전합니다. 그러나 그렇게 해서 얻어진 신앙은 말씀에 근거한 것이 아닙니다. 기독교에서 그렇게 말한다면 복음을 잘못 전달하고 있는 것입니다. 우리의 신앙은 인간에게 주어진 고통을 이런 시각으로 바라보지 않습니다. 고통은 주님이 오실 때까지 사라지지 않을 것입니다.

그렇기 때문에 그리스도인의 관심은 삶의 고통을 없애는 데 있지 않고, 그것을 대하는 자세에 있습니다. 우리는 이 고통 속에서 새로운 세계를 추구해야 합니다. 다시 말해 그 속에서 하나님 나라를 경험하고 다시 올 그 나라를 준비해야 합니다.

이 세상은 잠시 잠깐입니다. 우리가 얼마나 오래 살 것이라고 생각하십니까. 많이 살아야 백년입니다. 물론 백년이 짧은 기간은 아니지만 역사의 흐름 속에서 그 시간을 생각하면 일순간에 불과합니다. 그렇다면 하나님의 영원한 시간 가운데 우리의 인생을 생각해 보십시오. 우리 인생은 극히 짧은 시간에 불과합니다. 하루살이처럼 우리 또한 하나님의 시간으로 볼 때 하루보다 더 짧은 시간을 살고 있는 것입니다.

그런데 우리 인생들은 잠깐의 세월 동안 짜릿한 맛만을 보고 살려고 합니다. 순간적인 짜릿함 때문에 영원한 행복을 포기하시겠습니까. 주님이 다시 오실 그 세계는 정말 영원합니다. 그것이 진정한 행복입니다. 그래서 그리스도인은 이 땅에 하나님 나라를 확장하기 위해서 스스로 고난받는 사람이라 할 수 있습니다. 즉 하나님은 고난을 통해 그리스도인들을 성숙시키시고, 그리스도인들은 그 세계에서 영원한 행복을 누리기 위해 훈련을 받습니다.

그렇다면 우리는 어디에 관심을 두고 살아야 하겠습니까? 이 세상에 떠도는 말에 속지 마십시오. 사람들은 말하길 산을 넘으면 무언가 있을 것이라고 말합니다. 그러나 산을 넘어도 또 다른 산이 놓여 있습니다. 계속해서 첩첩산중입니다. 그러다가 덧없이 세월이 흘러 늙고 병들어 무덤에 들어갈 날만이 남아 있을 뿐입니다. 우리 인생이 세상에 속고 사는 것입니다. 아이를 키우신 분들도 항상 이렇게 속고 사는 경험이 있을 것입니다. 낳기만 하면 좋겠다고 생각하지만 막상 아이를 낳으면 뱃속에 있을 때가 더 낫다고 합니다. 갓난아이일 때는 크기만 하면 좋겠다고 생각하지만 막상 크면 속상한 일이 더 많습니다. 결국 우리는 속고 사는 것입니다.

그러므로 그리스도인들은 오늘의 고난을 통해 그 속에서 하나님과의 관계를 충분히 누려야 합니다. 미래 지향이 아닌 지금 이 순간에 누려야 한다는 말입니다. 지금 마음의 천국을 이루십시오. 외적인 고난과 힘든 환경이 주변에 있다 할지라도 그 속에서 하나님 나라를 생각하면 우리는 참된 행복을 누릴 수 있습니다.

출애굽기를 보면 이스라엘 백성은 하나님의 능력을 몸소 체험했습니다. 그러나 열 가지 재앙을 비롯한 수많은 이적을 체험했지만 힘든 일이 생기면 금방 하나님을 원망합니다. 인간이 이렇게 어리석습니다. 하지만 우리는 고통을 고통으로 생각하지 말고 그 속에서 하나님이 우리에게 말씀하시는 뜻을 깨달아야 합니다. 자꾸만 산을 넘으려고만 하지 말고 지금 이 산에서 하나님이 예비하신 말씀을 듣고, 이 산에서 주신 소명을 이루기 위해 최선을 다해야 합니다. 그러면 진정한 영적인 행복을 누릴 수 있을 것입니다.

9장

회개의 터널을 지나 소망으로

> 내가 말하기를 내가 주의 목전에서 쫓겨났을지라도 다시 주의 성전을 바라보겠다 하였나이다 물이 나를 둘렀으되 영혼까지 하였사오며 깊음이 나를 에웠고 바다풀이 내 머리를 쌌나이다 내가 산의 뿌리까지 내려갔사오며 땅이 그 빗장으로 나를 오래도록 막았사오나 나의 하나님 여호와여 주께서 내 생명을 구덩이에서 건지셨나이다(욘 2:4-6).

영혼의 기도

본문은 "내가 말하기를"(욘 2:4)로 시작하고 있습니다. 여기서 '내가 말한다'는 것은 스스로 기도하고, 스스로 개인의 믿음을 고백하며, 믿음의 확신을 증거하는 것입니다. 믿음은 일차적으로 자신으로부터 시작합니다.

어떤 사람은 기독교 집안에서 태어나 기독교 문화에 매우 익숙합니다. 그래서 기독교적인 분위기에는 익숙하지만 하나님과의 관계 속에서 교제가 없고 하나님을 의식하는 뜨거운 마음이 없다면, 그는 단지 교회에 다니는 사람이지 신앙인이라고 할 수 없습니다. 어떻게 보면 이런 사람은 굉장히 위험합니다.

불신자는 신앙의 반대 방향에 서 있기 때문에 방향만 바꾸면 신앙인으로 돌아갈 준비가 되어 있는 사람입니다. 지금은 믿지 않지만 주님을 바라볼 수 있는 후보입니다. 그리고 그럴 여지가 충분히 있습니다. 하지만 신앙적인 분위기에 익숙한 사람은 그 분위기에 젖어서 자신이 믿음을 가지고 있는 것으로 단정하기 때문에 믿음이 없다는 위기의식을 느끼지 못합니다. 자신에게 익숙한 분위기에서 생활하는 것 자체가 믿는 것이고 현재 하나님을 믿고 있다고 생각하기 때문에 그분과 더불어 깊은 교제를 나눠야 한다는 의식이 없습니다.

그는 단지 자신이 살아온 분위기에 젖어서 구원을 받았고 하나님을 믿고 있다고 생각합니다. 그러나 신앙인이 아니면서 신앙인이라고 착각하며 살아간다면 이것만큼 비극적인 일도 없습니다. 믿음이 없는 사람은 믿을 수 있는 여지가 남아 있지만, 이런 사람은 믿지 않으면서도 믿고 있다고 생각하기 때문에 더 큰 문제일 수 있습니다.

이런 까닭에 외부적으로 드러나는 면만 보고 구원받은 사람이라고 확정할 때 나타나는 부정적인 요소들이 매우 많습니다. 이를 '은혜 남용'이라고 할 수 있습니다. 교회에 나와 예수님의 이름을 부르면 구원도 받고 천국도 확실히 보장받기 때문에 이제는 천국에 가서 상이 크냐, 작으냐만 남아 있다고 이야기한다면 이것은 은혜를 남용한 것입니다.

우리가 '은혜 남용주의'에 속하지 않기 위해서는 근본적인 문제를 항상 점검해야 합니다. 내가 왜 예수님을 믿으며, 내가 왜 교회에 출석하고 예배하고 기도하는지, 내가 왜 존재하는지에 대한 분명한 대답이 있어야 합니다.

이런 점검 없이 신앙 생활을 습관적으로 반복한다면 이것만큼 비극적인 일이 없습니다. 자신의 개인적인 믿음의 확신에 따라 확고한 대답을 지니고 있지 않다면 우리는 하나의 종교인에 불과합니다.

복음은 능력이라고 했습니다. 그 능력이 우리 생활 속에서 나타나야 합니다. 능력이라는 말은 외적인 측면을 이야기하는 것이 아니라 하나님 나라의 가치관을 가지고 온전히 그 나라 백성답게 살아가는 것을 말합니다. 그것을 점검하려면 나의 삶 속에서 나의 관심이 무엇인가를 살펴보면 알 수 있습니다.

과연 우리의 관심은 어디에 있습니까? 하루 일과 중에서, 혹은 일주일의 삶 속에서 관심을 가지고 시간을 투자했던 일들을 나열하며 적어 보십시오. 나는 어디에 관심을 두고 있으며, 그 관심이 나의 행동을 통해 어떻게 나타나고 있는지 살펴보십시오.

만일 '나는 교회에 다니고 있지만 하나님 나라가 아닌 내 생활이 안정되고 좋아지는 것에 더 많은 관심을 쏟고 있다'는 생각이 들고, 또 실제로 그런 삶을 살아가고 있다면 그는 자신의 관심이 하나님 나라에 있지 않음을 깨달아야 합니다. 그러므로 우리는 실생활 가운데서 자신이 하나님 나라에 관심을 가지고 있는지 아니면 인간적인 꿈에 관심을 가지고 있는지 항상 점검해 봐야 합니다. 나의 인간적인 꿈이 주체가 되면 하나님은 부수적인 요소가 되고, 반대로 하나님이 나의 삶의 주체가 된다면 나의 세상적인 꿈이나 생활은 부수적인 것이 될 수밖에 없습니다.

하나님을 부수적으로 생각하는 사람들로 구성된 교회에는 영적인 생동감이 없습니다. 교회에 영적인 생동감이 없으면 사람들은 그 대안책으로 인간적인 생동감을 조성합니다. 그런데 인간적인 생동감을 조성하려면 인간의 심리나 말투, 인간의 신뢰를 자극하는 프로그램을 만드는 데 주력하게 되고, 그 안에서 안주하고 행복을 추구하려고 하며, 그런 분위기에 익숙해져서 마치 신앙 생활을 잘하는 것처럼 자기 최면에 빠지는 때가 많습니다.

우리는 개인적으로나 교회 차원에서 인간적인 생동감을 조성하려고 하느냐, 아니면 하나님과의 관계 속에서 영적인 생동감이 자라고 있느냐의 문제를 반드시 점검해야 합니다.

인간적인 생동감은 마치 심한 상처로 살이 썩어 가는 사람에게 순간적인 통증을 덜기 위해 진통제 주사만 계속 투여하는 것과 같습니다. 일시적으로 통증을 잊게 하지만 그의 살은 계속 썩어 들어가는 것입니다. 이와 같이 하나님과 개인적으로 교제가 이루어지지 않으면 우리의 상처는 계속 썩어 들어가고 맙니다.

경건의 시간은 말씀을 통해 하나님과 교제하기 위한 하나의 수단입니다. 하지만 이것도 우리 자신과 하나님과의 관계에 대한 깊은 확신의 바탕 위에서 이루어지는 것이 아니라 단지 하나의 프로그램을 따라가는 것이라면 그것도 신앙인의 흉내에 지나지 않습니다.

요나서 2장 4절에 "내가 말하기를"이라고 시작한 것은 요나 자신이 하나님의 말씀을 듣는 자로 돌아왔음을 개인적인 신앙 고백으로 표현한 것입니다. 다시 말해서 그분이 나의 하나님이시고 주님이시며 내가 그분 앞에서 그분과 더불어 살 수밖에 없는 존재임을 믿음으로 고백한 것입니다. 그래서 그의 기도에는 힘이 있고 생동감이 있습니다.

이제 요나는 영혼으로 기도하고 있습니다. 성도와 불신자가 근본적으로 다른 것은 바로 이 점입니다. 진정 영혼으로 기도하고 있는가, 그리고 스스로 예수 그리스도의 은혜를 온 마음과 영혼으로 고백하고 있는가 하는 것입니다.

성도에게는 그런 모습이 있고 불신자에게는 없습니다. 영혼의 기도는 교리적으로 단순히 반복하는 것이 아니라 하나님을 생각할 때마다, 복음을 생각할 때마다, 신앙을 생각할 때마다 가슴속에서 하나님의 사람으로서 불 같은 마음이 드러나서 하나님을 향한 찬양과 간구가 우러나오는 것입니다. 그러므로 요나서 2장에서 요나가 '내가 말하기를'과 같이 고백하는 것은 이제 그가 하나님의 사람으로서 자신이 서야 할 위치로 돌아왔다는 사실을 의미합니다.

'내가'와 '나를'

이렇게 자신의 분명한 신앙적 의지를 가진 사람의 기도의 특징은 무엇입니까? 성경 본문은 그 특징을 잘 보여 주고 있습니다. 본문에 나오는 인칭 대명사를 유심히 살펴보십시오. 특히 본문 내용이 요나의 기도이기 때문에 1인칭 대명사가 주류를 이루며 여러 번 등장합니다.

우리가 중학교에 들어가면 문법 공부를 하는데 1인칭, 2인칭, 3인칭을 배웁니다. 1인칭은 나를 의미하는 'I', 2인칭은 상대방을 의미하는 'You', 3인칭은 나와 상대방을 제외한 제삼자를 의미합니다. 그리고 1인칭도 주격, 소유격, 목적격으로 나눌 수 있습니다. 주격은 '내가', 소유격은 '나의', 목적격은 '나를'이라고 표현됩니다.

2장 4절에는 "내가 말하기를 내가 주의 목전에서 쫓겨났을지라도 다시 주의 성전을 바라보겠다 하였나이다"라고 기록되어 있는데, '내가'라는 말은 1인칭 주격으로 두 번 나옵니다. 또한 2장 5절에는 "물이 나를 둘렀으되 영혼까지 하였사오며 깊음이 나를 에웠고 바다 풀이 내 머리를 쌌나이다"라고 되어 있는데, 여기서 '나를'이라는 말이 목적격으로 두 번 나오고 '나의' 머리라고 해서 소유격으로 한 번 나옵니다.

뿐만 아니라 2장 6절에는 "내가 산의 뿌리까지 내려갔사오며 땅이 그 빗장으로 나를 오래도록 막았사오나 나의 하나님 여호와여 주께서 내 생명을 구덩이에서 건지셨나이다"라고 되어 있습니다. 여기서 '내가, 나를, 나의, 내 생명을'과 같이 주격과 목적격이 각각 한 번, 소유격이 두 번 나옵니다.

그렇다면 본문의 기도에는 1인칭 대명사가 모두 아홉 번 등장합니다. 물론 1인칭이 몇 번 나왔다는 것이 중요한 것은 아닙니다. 그러나 1인칭이 사용될 때 그 용도가 주격이냐, 목적격이냐에 따라 전후 문장을 비교해 보는 것은 상당히 의미가 있습니다. 먼저 주격으로 쓰인 곳을 살펴봅시다.

2장 4절에는 "내가 말하기를"이라고 시작하면서 "내가 주의 목전에서 쫓겨나더라도 다시 주의 성전을 바라보겠다 하였나이다"라고 언급되어 있습니다. 이 문장의 흐름은 '내가 ~하더라도 ~하겠다'라는 형식입니다. 다시 말해서 먼저 자신의 잘못을 언급하고는 '내가 주저앉겠습니다'라고 말하는 것이 아니라 '내가 잘못을 범했지만 여기서 좌절하지 않고 다시 힘을 내서 강하게 일어나겠습니다'라는 의미입니다. 이것은 잘못을 인정하면서 동시에 그것에 매몰되지 않고 다시 일어서겠다는 강한 의지의 표현입니다.

2장 6절도 마찬가지입니다. "내가 산의 뿌리까지 내려갔사오며 땅이 그 빗장으로 나를 오래도록 막았사오나 나의 하나님 여호와여 주께서 내 생명을 구덩이에서 건지셨나이다." 여기서 요나는 '내 처지가 굉장히 힘들고 헤어나지 못할 상황에 놓여 있습니다. 거기서 주저앉겠습니다' 라고 말하는 것이 아닙니다. 먼저 자신의 처절한 현실을 토로하지만 거기서 좌절하지 않고 다시 일어서겠다는 굳은 결의가 이어집니다.

'내가' 로 시작된 문장에는 두 가지 측면이 강하게 내포되어 있습니다. 자신의 문제점을 드러내는 회개를 하고 나서 그것에서 벗어나 최고의 경지를 바라보는 소망의 메시지가 이어지는 것입니다. 요나의 회개 기도는 자신의 잘못은 물론 자신에게 다가온 고통과 그것으로 인하여 자신이 얼마나 어려움에 처해 있었는지를 솔직하게 드러내고 있습니다.

그는 이렇게 힘든 시련을 극복하겠다고 자랑하는 것이 아니라 자신에게 다가온 고통이 정말 견디기 힘든 일이라고 말하고 있습니다. 성도는 고통이 다가올 때 자신은 이제 믿음의 사람이므로 고통과는 결별했기에 아무 상관없다고 말하지 않습니다. 그렇게 말하는 사람은 위선자입니다.

우리 모두 자신이 처한 상황에 따라 고통이 있을 수 있습니다. 하지만 그리스도인은 고통을 부정하면서 두려워하는 사람이 아니라 고통을 있는 그대로 표현하는 사람입니다. 내가 고통스러울 때 고통스럽다고 말하십시오. 슬플 때는 울고, 기쁠 때는 웃으며, 아플 때는 아프다고 말하십시오. 그것이 신앙인의 솔직한 표현입니다.

성도간에도 기쁨과 고통을 함께 나눌 수 있어야 합니다. 괴로우면 괴롭다고 말하십시오. 혹시 누가 '저 사람은 믿음이 없다' 고 수군댈까봐 고민하지 마십시오. 고민할 이유가 없습니다. 왜냐하면 사람들은 모두 동일한 상황에 처할 수 있기 때문입니다. 정도의 차이가 있을 뿐이지 모든 사람이 나름대로 삶의 고민이 있고, 갈등이 있고, 숙제가 있고, 풀어야 할 많은 문제가 있습니다. 그런데 그 정도의 차이라는 것은 종이 한 장 차이입니다.

큰 돌이나 작은 돌이나 물에 가라앉는 것은 같습니다. 누구나 고민이 있습니다. 성경의 인물들도 하나같이 자신들의 문제점과 고민을 모두 토로하고 있습니다. 그래서 시편 기자들은 간혹 원수에 대한 분노가 너무 심해 원수를 당장 죽여 달라고 하나님께 간구하기도 합니다.

시편 기자들이 믿음 없는 것처럼 보이기도 하지만 그리스도인은 자신의 솔직한 심정을 드러냅니다. 그런데 그리스도인에게는 불신자들과는 구별되는 다른 면이 있습니다. 그것은 슬픔을 표현하지만 그 속에 빠지지 않고 하나님과 그의 나라를 생각하는 것입니다. 그래서 2장 4절에서는 "내가 주의 목전에서 쫓겨나더라도 다시 주의 성전을 바라보겠다 하였나이다"라고 하며, 2장 6절에서는 "내가 산의 뿌리까지 내려갔사오며 땅이 그 빗장으로 나를 오래도록 막았사오나 나의 하나님 여호와여 주께서 내 생명을 구덩이에서 건지셨나이다"라고 고백하는 것입니다.

여기서 '내가 ~하였으나 ~하겠나이다'라는 말은 사실에 대한 인정과 그것에 대한 자신의 결단이라는 두 가지 측면을 모두 가지고 있습니다. 어찌 보면 성도는 나약한 면을 가지고 있다고 말할 수 있습니다. 우리들은 모두 나약합니다. 그러나 나약한 모습 그대로를 솔직히 인정하십시오.

특히 '나를'이라는 단어가 사용된 문장은 이런 분위기를 잘 표현해 줍니다. 2장 5절에서 요나는 "물이 나를 둘렀으되 영혼까지 하였사오며 깊음이 나를 에웠고 바다 풀이 내 머리를 쌌나이다"라고 자신의 나약함을 있는 그대로 고백했습니다.

요나는 바닷물 속에서 매우 고통스러웠다고 고백합니다. 아마 물고기 뱃속에 들어가는 것보다 물 속에서 당하는 고통이 더 심했을 것입니다. 요나가 물에 빠져 숨쉬지 못하고 고통받는 모습을 상상해 보십시오. 그는 잠시 괴로움을 겪는 것이 아니라 생명을 잃을 위험에 처했습니다.

　물 속에서 허우적거리다가 요나는 물고기 뱃속에 들어갑니다. 사실 물고기 뱃속은 고통스러운 곳이지만 물에 빠진 사람에게는 상대적으로 볼 때 안식처였습니다. 그러므로 요나는 2장 6절에서 "주께서 내 생명을 구덩이에서 건지셨나이다"라고 고백합니다. 이 말은 좁은 의미로는 요나가 바다 속에서 몸부림치다가 물고기 뱃속에 들어간 것을 말합니다. 그러나 넓은 의미로는 하나님께서 요나를 책임지고 계신다는 것을 뜻합니다. 다시 말해서 성도는 신앙 고백 속에 이 두 가지 요소를 항상 같이 가지고 있습니다.

선지자의 기도는?

　다시 한번 요나의 기도를 새롭게 정리해 볼 필요가 있습니다. 그의 기도에는 다음과 같은 특징이 있습니다.
　첫째, 그는 자신의 고백으로 이루어진 진실한 기도를 합니다. 남이 원해서 억지로 한 것이 아니라 자기 스스로 기도의 필요성을 인식하고 깨달아 기도하게 된 것입니다.
　둘째, 그는 물고기 뱃속에서 자신이 겪은 고통의 순간을 그대로 이야기했습니다. 물 속에서 겪고 있던 고통을 요나는 산의 뿌리까지 내려가는 정도라고 말합니다. 다시 말해서 요나의 이런 고백은 그가 자기 인생에서 가장 낮은 곳까지 내려갔다는 사실을 의미합니다.
　셋째, 그는 자신의 잘못을 솔직히 인정하고 있습니다. 2장 4절에서 요나는 "내가 주의 목전에서 쫓겨났을지라도"라고 말합니다. 선지자는 자신이 현실적으로, 신앙적으로 하나님을 따르지 않았음을 '잘못했습니다'라고 솔직하게 고백합니다.

인생의 밑바닥에서

선지자는 자신의 처지가 가장 낮은 곳인 '산의 뿌리까지' 내려갔다고 고백합니다. 다시 말해서 요나가 하나님의 명령을 어기고 자신의 뜻대로 하려고 했을 때 그는 계속 내리막 길을 걸어야 했습니다. 그래서 요나의 믿음은 자신의 이기적인 선택이 이어질수록 내려갈 수밖에 없었습니다.

그렇다면 요나서 1장 1절부터 현재 상황까지 그의 위치가 어떻게 변화되었습니까? 계속 내려가기만 했던 요나의 믿음과 삶을 다시 한 번 돌이켜 봅시다. 1장 3절에는 "그러나 요나가 여호와의 낯을 피하려고 일어나 다시스로 도망하려 하여 욥바로 내려갔더니"라고 기록되어 있습니다. 여기서 우리는 요나가 '욥바로 내려갔다'는 사실을 알 수 있습니다.

또한 1장 3절 하반부에는 "마침 다시스로 가는 배를 만난지라 여호와의 낯을 피하여 함께 다시스로 가려고 선가를 주고 배에 올랐더라"고 되어 있습니다. 그런데 이 부분의 원문을 살펴보면 '배에 올랐더라'는 '배로 내려갔다'고 되어 있습니다.

1장 5절에는 "사공들이 두려워하여 각각 자기의 신을 부르고 또 배를 가볍게 하려고 그 가운데 물건을 바다에 던지니라 그러나 요나는 배 밑층에 내려가서 누워 깊이 잠이 든지라"고 기록되어 있습니다. 이 말씀에서 우리는 요나가 '배 밑층에 내려가' 깊이 잠들어 있었음을 알 수 있습니다.

그러다가 1장 15절에 와서 "요나를 들어 바다에 던지매 바다의 뛰노는 것이 곧 그친지라"고 기록된 것처럼 그는 결국 바다에 던져집니다.

1장 17절에서는 "여호와께서 이미 큰 물고기를 예비하사 요나를 삼키게 하셨으므로 요나가 삼일 삼야를 물고기 뱃속에 있으니라"는 말씀을 통해 그가 물고기 뱃속까지 내려가게 되었음을 볼 수 있습니다.

그리고 2장 5절에는 "내가 산의 뿌리까지 내려갔사오며"라고 기록되어 있습니다. 여기서 '산의 뿌리까지 내려갔다' 는 언급은 바다 밑바닥까지 내려갔다는 말입니다.

이렇게 요나는 인생의 밑바닥으로 내려갈 때까지 내려갔습니다. 이제 더 이상 내려갈 곳도 없습니다. 그가 내려갔다는 것은 두 가지 의미가 있습니다. 하나는 그의 믿음이 가장 낮은 상태까지 내려갔다는 뜻이고, 다른 하나는 자신의 현실적인 상황이 내려갈 때까지 내려갔다는 뜻입니다. 이것은 믿음과 현실적인 상황 모두 가장 극한 상황에 처하게 되었음을 의미합니다.

만일 어떤 사람이 산의 뿌리까지 내려갔다고 할 때 다른 사람이 볼 때는 그 사람의 현실적인 모습이 그만큼 깊이 느껴지지 않을지도 모르지만 당사자는 엄청난 고통을 겪습니다. 다시 말해서 인간은 누구나 종종 산의 뿌리까지 내려가는 고통과 갈등을 경험할 수 있습니다.

본문에서 선지자 요나는 산의 뿌리까지 이르는 깊은 고통 속에 함몰되었습니다. 다시 말하면 선지자로서의 스타일도 구겨지고 자존심도 땅에 떨어졌으며 그가 처한 현실도 가장 극한 상황에 놓이게 되었습니다. 하나님께 불순종함으로 말미암아 이제 하나님의 선지자 요나는 가장 낮은 자리, 가장 힘든 상황에 처하게 된 것입니다. 우리에게도 본문의 요나와 같은 때가 찾아올 수 있기 때문에 요나의 모습은 바로 우리의 모습이기도 합니다.

여기서 우리가 중요하게 생각해야 할 문제가 있습니다. 요나가 이렇게 극한 상황까지 내려갔다는 것을 말하는 사람이 누구냐 하는 것입니다. 그는 바로 요나 자신입니다. 제삼자가 요나에 대해 그렇게 말하는 것이 아니라 요나가 스스로 자신이 산의 뿌리까지 내려갔다고 말합니다. 이것이 중요합니다.

1장에서 요나는 많은 잘못을 했습니다. 그런데 그의 잘못을 고발하고 이야기하는 사람은 선장입니다. 요나가 자기 죄를 고백하지만 '내가 죄를 지었다'라고 인정하고 진심으로 뉘우치지는 않습니다. 제삼자가 '일어나라. 하나님께 구하라. 기도하라'고 말하며, '어찌하여 잠을 자고 있느냐'고 하면서 요나의 잘못을 지적했습니다. 그런데 2장에 와서는 고통의 깊이가 산의 뿌리까지 내려간 사실을 요나 스스로 "내가 말하기를…내가 산의 뿌리까지 내려갔사오며"라고 고백합니다. 자신의 잘못과 이로 인해 겪는 어려움을 솔직하게 인정하고 회개하는 모습이야말로 성도가 취해야 할 아름다운 행동입니다.

참된 성도는 자신이 산의 뿌리까지 내려갔을 때 그것을 느끼고 알며 하나님께 이야기합니다. 그러나 불신자는 자신이 산의 뿌리까지 내려간 사실을 이야기하길 주저합니다. 그는 자존심 때문에 이런 것을 말하지 않습니다.

본문에서 요나는 기도하는 삶으로 전환하자마자 자신의 문제점을 다 드러내놓고 자신이 '산의 뿌리까지' 내려갔다고 정확하게 조명하고 있습니다. 그는 힘든 상황을 있는 그대로 고백합니다.

신약성경에 나오는 바리새인과 세리의 예에서도 동일한 상황을 찾아볼 수 있습니다. 바리새인과 세리의 차이점은 바리새인은 자신을 몰랐고 세리는 자신을 알고 있었다는 것입니다. 물론 바리새인은 자신을 잘 안다고 생각했고 세리는 자신을 잘 모른다고 생각했습니다. 그러나 엄밀히 따지면 세리는 자신을 알았고 바리새인은 자신을 몰랐습니다. 이것은 하나님과 예수님이 평가한 기준입니다.

이 세상에서 가장 비참한 사람은 자신이 죄인이라는 사실을 모르고 있는 사람입니다. 자신이 죄인이라는 사실을 모르는 사람은 구원의 필요성을 인식하지 못하기 때문에 하나님도 모르고 하나님 나라도 모르며 심판도 모릅니다.

인간이 가장 먼저 알아야 할 중요한 사실은 우리가 죄인이라는 것이며, 그 사실을 자신의 마음과 영혼으로 인정하는 일입니다. 성도와 불신자가 다른 점은 바로 성도는 자신이 누구이며 어떠한 존재인지 알고 있다는 것입니다. 그 사실을 아는 사람과 모르는 사람의 차이는 '하늘과 땅'의 차이가 아니라 '있음'과 '없음'의 차이입니다.

자신의 죄인 된 모습을 우리의 마음과 영혼으로 인정해야 합니다. 자신의 죄를 덮어 두거나 그릇됨으로 치장하는 것은 위선이며 바리새인들이 행한 일입니다. 그래서 바리새인들은 하나님의 말씀의 범주를 축소시키고 말았습니다.

그들은 산상수훈의 '살인하지 말라'는 말씀에 '살인한 자는 심판을 받을 것이다'라고 덧붙였습니다. 출애굽기 20장에서는 '살인하지 말라'고 했지, 누가 살인한 자는 심판을 받는다고 했습니까. 물론 민수기에서 심판에 대한 이야기를 하긴 합니다. 그러나 바리새인들은 살인하면 심판을 받는다는 조항을 넣음으로써 살인만 하지 않으면 된다고 하여 그 의미를 좁혀 버렸습니다. 그래서 하나님이 말씀하신 율법의 정신을 삭제해 버리고 하나의 강령과 규율로만 단정해 버렸습니다.

그러나 예수님은 남을 미워하는 사람이 살인하는 사람이라고 하셨습니다. 바로 율법의 정신을 말씀하고 계시는 것입니다. 그러나 바리새인들은 자신들이 죄가 없는 것으로 인정받기 위해 율법의 범주를 자기 수준에 맞추어 버렸습니다. 그래서 자신은 살인하지 않았으므로 죄인이 아니라고 말합니다. 그러나 하나님이 보실 때는 모든 인간이 다 죄인입니다.

오늘날 교회의 비극은 죄의 문제를 심각하게 보지 않는 것입니다. 구원의 감격 없이 종교적인 사람으로 만족하는 이유는 죄에 대해 생각하지 못하기 때문입니다. 우리가 구원보다도 자신이 만든 작은 세계에 성을 쌓아 가는 것에 혈안이 되어 있다면 그것만큼 불행한 일은 없습니다.

그렇다면 우리가 죄인임을 고백한다고 할 때 그 출발점은 어디입니까? 그곳은 가장 낮은 인생의 밑바닥입니다. 산의 뿌리까지 내려간 상황에서 우리의 믿음이 출발해야 합니다. 다시 말해서 죽음으로부터 시작해야 하며, 거기서부터 시작한 사람은 구원의 의미를 압니다.

절망과 희망의 교차로

사람들은 누구나 인생의 밑바닥을 싫어합니다. 하지만 가장 낮은 위치에 있다는 것은 우리에게 희망이 있다는 이야기입니다. 밑바닥에 그대로 주저앉아 있는 사람은 믿음의 사람이 아닙니다. 그리스도인은 자신이 가장 낮은 밑바닥에 있을 때 바로 그 자리에서 큰 소망을 가지고 하나님 나라를 바라봅니다.

골방에 들어가서 하나님과 개인적인 시간을 가지고 있는 그대로의 모습을 다 드러내고 자존심을 버리십시오. '하나님, 내가 산의 뿌리까지 내려간 사람입니다. 내 처지를 보면 정말로 구제될 수 없는 사람입니다. 하나님을 의지하고 살려고 하는 마음은 있지만 실생활 가운데서 하는 말과 행동을 보면 하나님을 믿지 않는 사람과 같습니다. 내 마음에 하나님을 향한 열망이 있지만 내가 왜 자꾸 하나님을 등지고 살아가는지 알 수가 없습니다.'

하나님 앞에서 자신을 온전히 드러내십시오. 그러면 하나님의 모습이 더욱 크게 보일 것입니다. 요나의 기도를 보십시오. 그는 2장 4절에서 "내가 주의 목전에서 쫓겨났을지라도 다시 주의 성전을 바라보겠다 하였나이다"라고 했습니다. 또한 2장 6절에서는 "내가 산의 뿌리까지 내려갔사오며 땅이 그 빗장으로 나를 오래도록 막았사오나 나의 하나님 여호와여 주께서 내 생명을 구덩이에서 건지셨나이다"라고 했습니다. 요나는 산의 뿌리까지 내려간 가장 낮은 위치에 있었지만 바로 그곳에서 최고의 소망을 바라보았습니다.

1장에는 이런 기도가 단 한 번도 없었습니다. 그러나 2장에서 그는 가장 낮은 곳에서 가장 높은 곳에 계신 여호와 하나님을 부르고 있습니다. 지금 요나는 물고기 뱃속에 있지만 그는 그곳에서 가장 높으신 하나님을 바라봅니다.

그렇다면 요나의 기도에는 두 가지 상황이 교차되고 있습니다. 하나는 자신의 잘못을 인정하는 것이고, 다른 하나는 용서하시는 하나님을 바라보면서 새로운 희망을 갖고 일어서는 것입니다.

복음은 능력이라고 했습니다. 다시 일어나는 것이 뻔뻔스럽게 생각되는 상황에서도 믿음의 사람은 일어나야 합니다. 누군가가 우리의 죄가 너무 크기 때문에 가만히 있으라고 말한다 하더라도 주님의 백성은 주저앉아 있으면 안 됩니다. 오히려 강한 의지로 새롭게 일어서야 합니다. 가장 비극적인 처지에 놓여 있고 사람들에게 손가락질을 받으며 이제는 더 이상 희망이 없다는 말을 들을지라도 일어나야 합니다. 그것이 바로 복음의 능력입니다.

다시 말해서 우리 주변에 더 이상 내려갈 곳이 없는 밑바닥으로 내려간 죄악 된 인생이 있을지라도 그 사람을 정죄할 수 없습니다. 그런 사람이 자신의 자리에서 다시 일어나는 것이 복음이기 때문에 우리는 그를 더욱 격려하고 위로하며 하나님의 사랑을 나눌 수 있어야 합니다. 이 말을 다르게 이야기한다면 우리가 최고의 소망을 지닌 사람이라 하더라도 가슴 한쪽에 도사리고 있는 죄의 요소가 있습니다. 하지만 믿음의 사람은 그런 불안한 요소가 있다고 해도 그 상황에 머무르지 않고 그것을 기회로 더 크신 하나님을 바라봅니다. 불신자는 상황에 좌우되지만 성도는 어떤 상황에 처할지라도 소망을 가지고 일어섭니다. 이것이야말로 성도와 불신자의 차이점입니다.

위대한 신학자들은 극한 상황에서 오히려 하나님을 더욱 가깝게 느낀 사람들이었습니다. 어떤 사람은 많이 배우고 공부했지만 하나님이 멀리 계신다고 느낍니다. 그러나 배운 것이 없다 하더라도 자신이 처한 절망적인 상황에서 하나님을 느끼며 바라보며 동행하는 사람이 있습니다. 그런데 우리는 그 사람이야말로 위대한 신학자라고 생각합니다.

사람이 극한 상황에 처하면 모두 시인이 된다고 합니다. 그것은 힘든 상황에서 하나님을 가장 가깝게 느끼기 때문입니다. 우리가 본문에서 요나의 아름다운 모습을 보게 된 것은 그가 극한 상황에서 최고이신 하나님을 바라보게 되었기 때문입니다.

우리 삶이 밑바닥까지 떨어지더라도 상황에 매몰되지 말고 그것을 새로운 시각으로 극복해야 합니다. '내게 괴로움과 고통이 있을지라도 내가 처한 상황은 영원하지 않기 때문에 나는 주 하나님의 품에서 감사하며 기뻐하겠습니다' 라고 하나님을 바라보며 소망을 키워 나가야 합니다.

소망의 길로 나아가려면

본문의 기도는 두 가지 면이 교차되고 있습니다. 그것은 회개의 기도와 소망의 기도입니다. 회개의 기도를 통해 요나는 자신의 잘못을 뉘우치고 이어서 새로운 결단을 합니다. 그런 가운데 자신의 모습을 새롭게 조명하고 그 속에서 구원의 하나님께 나아갑니다. 다시 말해서 그의 회개는 최고의 소망을 바라볼 수 있게 하는 디딤돌입니다.

그렇다면 요나를 비롯한 그리스도인들은 그 소망을 어떻게 만나야 합니까?

첫째, 성도 각자가 소망을 품고 키워 나가야 합니다. 목회자가 하나님을 향한 소망에 대해 설교할 수 있지만 그것을 억지로 느끼고 품게 할 수는 없습니다. 말씀을 통해서 최고의 하나님을 개인적으로 느끼고 '내가 말하기를' 이라고 고백하는 것은 우리 성도 각자에게 주어진 몫입니다.

둘째, 하나님이 허락하신 소망은 환경에 좌우되지 않습니다. 우리가 어떤 상황에 처해 있든지 하나님이 함께 하심을 느끼고 반응할 수 있는 것이 바로 소망입니다.

셋째, 소망은 하나님으로부터 옵니다. 그래서 요나는 '주께서' 라고 말합니다.

넷째, 소망은 회개로부터 출발해야 합니다. 자신의 모든 죄를 하나님께 고백하십시오. '하나님, 저는 죄인입니다' 라고 하면서 모든 죄를 세리처럼 고백하면 그동안 보이지 않았던 하나님을 보게 됩니다. 지루하게 느껴졌던 성경이 새로운 느낌으로 다가올 것입니다.

지금 우리가 고통의 순간을 만나고 있다면 그것은 바로 우리의 상황을 재점검함으로써 하나님의 사랑을 체험하고 그분이 주시는 소망으로 승화시킬 수 있는 기회입니다. 그 기회를 놓치지 말고 일어나십시오. 다시 힘을 내어 하나님이 주시는 소망을 느끼고 품으며 키워 가십시오. 바로 이것이 복음의 능력입니다.

10장

구원받은 백성답게

내 영혼이 내 속에서 피곤할 때에 내가 여호와를 생각하였삽더니 내 기도가 주께 이르렀사오며 주의 성전에 미쳤나이다 무릇 거짓되고 헛된 것을 숭상하는 자는 자기에게 베푸신 은혜를 버렸사오나 나는 감사하는 목소리로 주께 제사를 드리며 나의 서원을 주께 갚겠나이다 구원은 여호와께로서 말미암나이다 하니라 여호와께서 물고기에게 명하시매 요나를 육지에 토하니라 (욘 2:7-10).

피곤한 인생

본문은 요나서 2장의 마지막 부분입니다. 요나서 1장에 불순종한 요나가 등장했다면, 2장에는 기도하는 요나가 등장합니다. 여기서 요나가 기도한다는 것은 불순종한 그가 순종의 길로 돌아왔다는 의미입니다.

하나님은 말씀하시는 분이고 인간은 그 말씀을 들어야 하는 자인데, 요나가 이제 2장에서 듣는 자의 위치로 돌아왔습니다. 따라서 2장의 요나의 행동은 불신의 태도에서 믿음의 태도로 전환한 것입니다.

성도와 불신자는 기도, 고난, 회개와 소망, 구원의 유무에 따라 구별됩니다. 그리고 이 장에서는 네 번째 구별 요소인 구원에 대해 살펴볼 것입니다.

우리는 요나서 2장이 '기도의 장'이라는 사실을 잘 알고 있습니다. 그런데 요나의 기도에는 뚜렷한 특징이 있습니다. 그의 기도는 인간의 나약함과 강함, 인간의 처절한 현실과 소망이 동시에 나타나 있습니다. 다시 말해서 2장이 기도의 장이라고 해서 요나가 모든 것을 기쁘고 즐겁다고 표현하고 있지는 않습니다. 그렇지만 기도를 통해 그는 어려운 현실을 극복하는 신앙의 새로운 도약을 보여 주고 있습니다. 그래서 2장을 자세히 보면 처절한 현실적 상황과 그 상황에 대처하는 장면들이 함께 묘사되어 있습니다.

성도는 자신에게 닥친 어려움 속에서도 그 역경을 새로운 관점으로 바라봐야 합니다. 바로 이것이 성도와 불신자의 근본적인 차이입니다. 다시 말해서 성도가 만나게 되는 현실적인 상황은 불신자와 결코 다르지 않습니다. 불신자가 경험할 수 있는 어려움, 고통, 갈등, 괴로움은 성도에게도 동일하게 일어날 수 있습니다. 그렇지만 성도가 불신자와 다른 점이 있다면, 그것은 자신에게 닥친 어려움을 극복해 나가는 방식입니다.

　우리는 기쁨을 이야기할 때 슬픔을 이야기하고, 의를 이야기할 때 죄를 이야기하고, 믿음을 이야기할 때 불신을 이야기합니다. 만일 이런 상대성이 없으면 우리가 현재 누리는 것은 진실이 아닙니다.

　우리는 슬픔을 알기 때문에 기쁨을 더 크게 체감합니다. 새생명을 얻은 우리는 이미 죽음을 경험했기 때문에 그 생명을 더 크게 느끼게 됩니다. 다시 말해서 진정한 기쁨은 슬픔과 고통으로부터 해방될 때 찾아옵니다. 왜냐하면 그 사람은 슬픔과 아픔의 속성을 잘 알기 때문입니다. 믿음도 불신에서 해방될 때 진정한 신앙이 무엇인지 느낄 수 있습니다. 불신의 고통을 아는 사람이야말로 믿음의 소중함을 느낄 수 있기 때문입니다. '나는 죽을 수밖에 없고 더 이상 살 가망이 없다. 정말로 괴롭고 비참한 것이 꼭 죄인의 모습이구나' 하고 죄인 된 자신의 모습을 깊이 깨닫게 될 때 우리는 구원의 은혜에 대해 감격하는 것입니다.

　죄로 고통을 받아 본 사람이 아니면 구원의 감격을 모릅니다. 오늘날 교회의 비참한 모습은 죄의 문제로 더 이상 고민하지 않는다는 것입니다. 죄의 문제를 고민하지 않는 사람에게는 구원의 기쁨과 감격이 있을 수 없습니다.

　인간의 공통점 가운데 하나는 숨을 쉰다는 것입니다. 자연스럽게 호흡하고 누구나 숨쉬고 있기 때문에 우리가 살아 있다는 것이 별로 실감나지 않을 것입니다. 그런데 갑자기 어떤 사람이 뇌사 상태가 되거나 의식불명으로 쓰러졌다고 합시다. 이제 그는 죽을지 살지 모르는 상황이라 가족들은 그가 다시 숨쉬고 눈 뜨길 바랄 것입니다.

　그렇다면 그 순간에 그들이 무엇을 생각하겠습니까? 산다는 것이 얼마나 중요한 일인지 다시 한번 느끼게 될 것입니다. 지금은 살아 있으니까 심각하게 생각하지 않지만 죽음 직전의 상태에 있다면 삶이 얼마나 귀한지 깨닫게 될 것입니다.

물고기가 물 속에 있으면 기압을 모르지만 밖으로 나오면 알 수 있듯이, 우리가 죽음의 고통에 깊이 빠져 있으면 삶의 의미를 더욱 실감하게 될 것입니다. 그런데 우리가 그런 것을 실감하지 못하는 이유는 살아 있기 때문입니다. 많은 사람들이 교회에 가면 구원을 받았다고 말하고 진리가 자신을 자유케 했다고 말하지만 그 사실을 뼈저리게 실감하지는 못합니다. 왜냐하면 우리가 죄인이라는 사실과 죽음의 문제를 깊이 생각하지 않기 때문입니다.

그래서 요나는 2장에서 영적인 깊은 기도를 하면서도 현실적인 아픔을 계속 토로하고 있습니다. 그 모습은 "내 영혼이 내 속에서 피곤할 때에"(욘 2:7)라는 말씀에 잘 나타납니다.

여기서 요나가 말하는 피곤이 무엇입니까? 그는 육체적으로 피곤하다고 말하지 않고 '내 영혼이 내 속에서' 피곤하다고 이야기합니다. 물론 요나가 물고기 뱃속에 있음으로 해서 육체적인 피로가 있을 수 있습니다. 하지만 그는 외형적인 상황이 주는 고통이 어떤 육체적인 피곤으로만 한정되는 것이 아니라 자신의 영혼에 고통과 갈등과 피곤함을 준다고 했습니다.

아마 요나는 물고기 뱃속에서 많은 일들을 생각했을 것입니다. 그는 먼저 1장에서 하나님을 배반했던 자신의 모습을 떠올리며 '내가 이 정도밖에 되지 않는가? 선지자로서 내가 이렇게 행동할 수밖에 없었는가?' 하는 생각으로 영혼의 피곤을 느꼈을 것입니다. 즉 하나님께 불순종하고 원망한 자신이 한심하게 느껴졌을 것입니다.

그는 자신이 느끼는 그런 괴로움을 있는 그대로 표출합니다. 우리는 어떤 사람이 자신의 고통이나 나약함을 토로하면 믿음이 약해졌다고 생각합니다. 또 어느 정도 믿음이 든든하게 선 사람이 자신의 연약함을 고백하면 믿음이 약해졌다고 생각하고 교회에서도 그 일을 금기

시할 때가 많습니다. 하지만 그것은 올바른 관점이 아닙니다. 아플 때는 아프다고 말하고 괴로울 때는 괴롭다고 말하는 것이 성도의 올바른 자세입니다.

이런 점에서 성도도 불신자와 동일한 괴로움과 아픔을 가지고 있습니다. 예수를 믿는다고 해서 언제나 찬양이 흘러나오는 것은 아닙니다. 예수를 믿는다고 해서 깡패에게 맞으면 안 아픕니까. 그가 성도든 아니든 누구나 상처를 입으면 동일한 아픔을 느낍니다. 하지만 성도에게 불신자와 다른 점이 있다면 그것이 '잠시' 라는 것입니다. 불신자는 고통에 매몰되어 계속 아파하지만 성도는 고통에 오래 머무르지 않고 그 자리에서 하나님을 바라봅니다.

요나가 자신이 피곤하다고 말하는 것은 자기의 아픈 현실을 그대로 고백한다는 의미도 있지만, 다른 관점에서는 인간에게 있어서 영적인 피곤함은 구원을 사모하는 동기가 된다는 차원에서 의미가 있습니다. 그는 피곤으로 인해 여호와를 생각하게 되었다고 말합니다. 그렇다면 피곤함은 여호와를 생각하게 하는 동기를 부여합니다.

저는 입안이 자주 헐곤 합니다. 그 상처로 제가 힘들어할 때 아는 의사는 그것이 오히려 좋다고 조언해 주었습니다. 왜냐하면 입안이 헐게 되면 몸이 피곤한 상태라는 것을 알고 쉴 수 있기 때문입니다. 즉 입안이 헐지 않았다면 자신이 피곤한 줄도 모르고 열심히 일하다가 더 큰 고통을 당할 수 있다는 것입니다.

그러므로 믿음의 사람은 피곤할 때 피곤이 주는 의미를 생각해야 합니다. 또 우리가 피곤하기 때문에 완성된 하나님의 나라가 필요하고, 영원한 그 나라가 내 삶의 전부이며, 그때가 와야만 진정한 평안을 누릴 수 있다는 사실을 깨달아야 합니다. 이런 의미에서 피곤은 성도에게 아름다운 선물이 될 수 있습니다.

주님께 이르는 기도

우리가 피곤함을 느끼는 것은 하나님을 바라보게 한다는 점에서 유익합니다. 본문에서 요나는 자신이 피곤하다고 외쳤지만 곧바로 2장 7절에서 다음과 같이 고백합니다. "내 기도가 주께 이르렀사오며 주의 성전에 미쳤나이다."

요나가 이렇게 고백하는 것은 이전에 "내 영혼이 내 속에서 피곤할 때에"라고 고백한 말씀과는 대조를 이룹니다. 앞에서는 피곤하다고 말하지만 뒤에서는 금방 내가 주의 앞에 도달하였고 주의 성전에 미쳤다고 합니다. 이와 같은 대조는 앞의 사건으로 인해 뒤의 사건이 더 큰 뜻이 있고 진가를 발휘한다는 의미입니다. 흰색이 검은색과 대조를 이루듯이 피곤함이 있기 때문에 그 기초 위에서 주님께 이른 일이 더 빛을 발하는 것입니다.

운동경기에서 승리가 불가능하다고 생각했을 때 승리하면 한층 더 빛을 발합니다. 예전에 우리 나라와 스페인의 축구 경기를 본 적이 있습니다. 2 대 1로 지고 있는 상황에서 종료 5분을 남겨 두고 두 골을 넣어 역전하게 되었습니다. 이때 느꼈던 기쁨은 말로 표현할 수 없었습니다. 패배 의식에 젖어 있다가 오히려 완전한 승리로 역전되었을 때 그 기쁨은 무난히 이긴 것보다 훨씬 더 큰 승리의 만족감을 안겨 주었습니다.

지금 요나도 영적으로 피곤한 가운데 있습니다. 하지만 그 순간 하나님을 바라보고 주의 성전에 미쳤다는 사실은 평상시 주님의 앞에 있는 것보다 더욱 빛을 발하고 있는 것입니다. 다시 말해서 그의 피곤이 주님께 이르는 중요한 계기가 되었다는 의미입니다.

이것은 성도가 특별히 누리는 신앙의 원리 가운데 하나입니다. 불신자는 피곤을 곧 재앙이라고 생각합니다. 하지만 성도는 피곤을 하나님께 이르는 계기로 삼고 다시 주님을 바라보게 하는 하나님의 섭리로 받아들입니다.

우리는 기도하지 않고 자기 중심으로 살아갈 때 영혼의 피곤을 느끼고 그로 인해 기도하게 되고 하나님을 깊이 생각하게 될 때가 많습니다. 그것은 하나님이 우리를 사랑하신다는 증거입니다.

그런데 성도라고 해서 모두 이 사실을 깨닫는 것은 아닙니다. 어떤 사람은 늦게 깨닫기도 하고, 또 어떤 사람은 온갖 인간적인 방법으로 대처하다가 실컷 두들겨 맞고서야 정신을 차리고 하나님의 이름을 부를 때도 있습니다. 요나서 1장이 바로 그런 예라고 할 수 있습니다.

요나서 1장을 보면 하나님이 요나를 일깨우기 위해서 사공과 대풍과 제비를 통하여 말씀하셨음에도 그는 이 사실을 깨닫지 못했습니다. 하지만 2장에 와서 요나가 영적으로 민감해지면서 기도하는 사람으로 변하게 됩니다. 그러므로 하나님의 말씀에 민감한 사람은 영적인 피곤을 쉽게 느끼며, 어떤 문제를 만났을 때 상황 속에서 바라보지 않고 하나님의 존재를 생각합니다.

그렇다면 요나의 영혼이 피곤하게 된 상태에서 그가 드린 기도가 주의 성전에 미치게 된 연결 고리는 무엇입니까? 그것은 바로 '여호와를 생각한 것'(욘 2:7)입니다. 성도가 여호와를 생각한다는 것은 기본적인 일이며 성도와 불신자를 구분하는 시금석입니다. 여호와를 생각하면 성도이고, 여호와를 생각하지 않으면 불신자입니다. 그러므로 성도가 여호와 하나님을 생각한다는 것은 필수적이고 기본적이며 절대적인 것입니다.

그러나 실제로 어렵고 힘든 상황을 만났을 때 우리의 태도는 어떻습니까? 갑자기 빚쟁이가 돈을 갚으라고 한다면 그 순간 갚을 돈만 생각합니까, 아니면 여호와를 생각합니까? 아이들이 말썽을 피울 때 종아리 때릴 생각만 하십니까, 아니면 여호와를 생각합니까? 우리가 여호와를 생각하는 사람임에도 불구하고 실제 상황에서는 인간적인 생각을 할 때가 많다는 뜻입니다.

여호와를 생각하는 일은 간단한 것 같지만 어떻게 보면 가장 어려운 일입니다. 그것은 하나님이 멀리 계시다고 생각하기 때문입니다. 사실 멀리 계신 분이 아님에도 우리의 내면에서는 하나님을 멀리 계신 분으로 생각합니다. 그리고는 여호와를 생각하는 일보다 더 손쉽고 빠른 일이 있다고 생각합니다.

사실 우리는 항상 하나님은 뒷전에 계신 것으로 생각하고 극한 상황에 가서야 그분을 생각할 때가 많습니다. 그제서야 하나님을 생각한다면 그나마 다행이지만 그래도 불행한 일이 아닐 수 없습니다. 우리는 말씀을 묵상할 때와 기도할 때는 물론이고 실생활 가운데 언제나 하나님을 먼저 생각하며 살아가야 합니다.

우리가 생활 속에서 영혼의 피곤함을 느끼지 못한다면 하나님을 생각하는 일을 등한시한다는 뜻입니다. 그렇기 때문에 영혼의 피곤함은 나쁜 것이 아닙니다. 항상 여호와를 생각한다는 의미와 같기에 좋은 일입니다. 그리고 영혼의 피곤함을 느끼지 못한다는 것은 그 영혼이 안정된 상태가 아니라 마비되고 무감각하고 죽은 상태라는 것을 의미합니다.

우리의 영혼이 왜 피곤한 상태에서 살아야 하는가, 인생의 목표가 무엇인가, 무엇을 위해 이 자리에 있는가, 주어진 일을 제대로 하고 있는가를 생각하며 그 속에서 '나는 곤고한 사람이로다'라고 고백하는 것은 나쁜 일이 아닙니다. 오히려 영적인 안테나가 마비된 사람은 그런 생각을 할 수 없습니다.

여호와를 생각하는 구체적인 모습을 요나서에서는 기도로 제시합니다. 하나님에 대한 생각을 이루는 하나의 형태가 기도라는 것입니다. 하나님을 생각한다는 것이 단순하듯이 사실 기도하는 것도 단순합니다. 어느 때든지 무릎을 꿇으면 되는 것입니다. 그런데 기도가 단순하다고 하지만 그것만큼 힘든 일도 없습니다. 성도라면 당연히 하나님을 생각하고 기도해야 하지만 사실 기도는 어렵습니다. 기도는 습관이나 예의 차원에서 이루지는 형식이어선 안 됩니다.

또한 기도는 은사가 아닙니다. 은사가 있는 사람만 기도하는 것이 아니라 성도는 반드시 기도해야 합니다. 또 두세 명이 모이는 곳에서도 기도해야 합니다. 간절히 기도하는 성도와 교회의 모습은 아름답습니다. 개인적으로 골방에서 열심히 기도하기 때문에 교회에 와서는 기도하지 않아도 된다고 여긴다면 이것은 잘못된 생각입니다. 그리고 개인적으로 골방에서 기도하지도 않고, 성도들이 만나 친교하면서도 기도하지 않는다면 이것도 정말 심각한 일입니다. 모임에서는 상대방의 이야기를 들어주는 것으로 그치지 말고 함께 기도해야 합니다. 그래서 개인적으로 주변에 기도하는 선후배가 많이 생겨나야 합니다. 성도들이 기도의 중요성을 인식해 기도로 숨쉬고 그 속에서 살아 있음을 느낀다면, 그 교회는 건강한 교회입니다.

저는 『기도에 대한 바른 이해』라는 책을 썼습니다. 그러나 그 책은 기도에 대한 글이지, 그 글이 기도는 아닙니다. 만일 제가 그 책을 쓰고도 기도하지 않는다면 저는 기도를 모르는 사람입니다. 기도 모임을 할 때마다 기도하는 일이 힘들다고 생각하는 사람이 있다면, 그것은 자신의 영적 상태를 가시적으로 보여 주는 것이기에 자기의 모습을 점검하길 바랍니다. 우리는 모일 때마다 자연스럽게 기도가 흘러나오고 그 모습이 삶 속에 자연스럽게 드러나야 합니다.

제가 신학교에서 공부할 때 가장 인상 깊었던 것은 학생들이 하나님의 뜻을 알기 위해 정기적으로 모여 기도했던 일입니다. 이 기도 모임은 두 명도 되고 어떨 때는 세 명, 열 명, 스무 명이 모일 때도 있었습니다. 그러나 몇 사람이 모이든지 무릎을 꿇고 서로 돌아가면서 기도하는데 그 시간이 두 시간이 될 때도 있고 세 시간이 될 때도 있었습니다. 지금도 그렇게 기도하던 모습이 잊혀지지 않습니다. 눈물을 흘리며 간절하게 부르짖으면서 우리의 믿음과 사명이 무엇인가, 우리가 하는 공부의 목적이 무엇인가에 대해 고민하던 그 감동이 제 가슴에 아직도 그대로 남아 있습니다.

우리가 기도의 바른 정신과 교리를 알고 있다면 그 기초 위에서 실제로 기도해야 합니다. 우리가 진정으로 영적인 피곤함을 의식하지 못하면 결코 기도하지 못하고 그 필요성도 느끼지 못할 것입니다.

죄의 문제를 잊지 말라

그렇다면 여호와를 생각하는 것은 구체적으로 무엇을 생각하는 일입니까? 그 생각하는 형태가 기도의 모습으로 나타난다고 했지만 그것을 통해서 우리는 무엇을 추구해야 합니까? 사람들은 문제가 생기면 그 해답만을 얻고자 합니다. 그래서 하나님께 자신의 문제를 해결해 달라고 기도합니다. 그런데 자신이 간구하는 해결책이 하나님을 생각하는 것과는 거리가 멀 때가 있습니다. 뿐만 아니라 어떤 문제에 대해서는 자신의 죄와는 아무 상관없다고 생각할 때도 많습니다.

본문에서 여호와를 생각한다는 것과 그 형태로 기도한다는 것은 기도하면서 죄의 문제를 생각한다는 의미입니다. 그런데 우리는 죄의 문제를 교리적인 차원에서만 생각하는 경우가 많습니다. 또 어떤 상황에 처해 있을 때 그 문제의 원인이 자신의 죄와는 상관없다고 여기는 경우도 많습니다. 그러나 죄의 문제를 함께 고민해야 합니다.

한 가지 예를 들어 봅시다. 어떤 사람들은 행복해지려면 긍정적인 사고를 가져야 한다고 말합니다. 그들은 '내가 잘되고 행복해질 수 있다'고 생각하면 행복해질 수 있다고 확신합니다. 하지만 죄의 문제가 해결되지 않는다면 아무리 긍정적인 사고를 가져도 행복해지지 않습니다. 세상 사람들은 세계 평화, 사회 안정, 사회 질서 회복과 같은 문제는 법으로만 해결 가능하다고 생각합니다. 그러나 먼저 인간의 죄의 문제를 먼저 해결하지 않으면 그런 문제들을 해결할 수 없습니다.

그러므로 사회에서 교회의 역할이 크고 전도가 필요한 것입니다. 이 세상이 평화를 이루어 간다고 생각하십니까? 절대 그렇지 않습니다. 이 세상의 진정한 평화는 예수 그리스도가 오심으로써 완성됩니다. 그런데 그리스도가 오시기까지 성도의 사명은 불신자들에게 복음을 전해 그 안에서 진정한 자유와 평화와 아름다운 세계가 무엇인지 알게 하는 것입니다. 그 역할을 교회가 맡은 것입니다. 이런 관점에서 교회의 중요성을 인식하지 못하면 교회를 나 자신이 종교 생활하는 곳으로 국한시키게 되어 결국 교회는 하나의 취미 생활하는 단체로 전락하고 맙니다. 헌금을 내는 일을 극장에 갈 때 표를 사는 것처럼 여기고, 예배도 표를 내고 들어와서 한두 시간 있다가 가는 것으로 여긴다면 그곳은 교회가 아닙니다.

하나님이 왜 교회를 지으셨는가, 성도에게 주어진 사명이 무엇인가, 교회의 일원이 된다는 것이 무슨 의미인가 하는 것들을 아주 신중하게 생각해야 합니다. 하나님의 궁극적인 목적은 죄인을 의롭게 만드는 일입니다. 그리고 의롭게 된 성도는 하나님 안에서 하나님의 방법으로 거룩하고 흠 없이 자라가야 합니다. 이것이 성도에게 주신 소명이고 인생의 목표입니다.

이 일을 생각하면 죄의 문제를 무시할 수 없습니다. 하나님은 죄의 문제를 해결하기 위해서 교회를 주셨습니다. 우리 개개인도 모두 교회입니다. 그러므로 우리는 복음을 전하는 사람이 되어야 합니다. 그 사실을 깨닫지 못하면 우리의 신앙 생활은 목표를 잃어버리고 단순히 취미 생활하는 것으로 그치고 맙니다.

외국에 있는 한인교회들의 문제가 무엇인지 아십니까? 외국에 나가면 불교를 믿는 사람이나 무신론자나 성도나 모두 교회로 모이게 된다고 합니다. 그러나 그들이 한국에 오면 다시 예전처럼 교회에 나오지 않게 됩니다. 왜냐하면 그곳에 모이는 목적이 한국에 관한 정보를 얻고 친교할 수 있는 분위기로 교회가 만들어졌기 때문입니다.

그러나 교회는 그런 친교 집단이 아닙니다. 하나님을 느끼고 경배하며 소명 받은 성도의 모습을 생각하는 모임입니다. 그것이 바로 교회입니다. 그러므로 우리는 바른 교회관을 세우고, 교회를 통해서 죄의 문제를 생각하고, 구원이 어떤 사람에게 필요한가를 생각해야 합니다.

구원의 문제를 생각하라

여호와 하나님을 생각하는 일은 무엇보다 구원의 문제를 생각하는 것입니다. 요나서 2장 9절에는 "나는 감사하는 목소리로 주께 제사를 드리며 나의 서원을 주께 갚겠나이다 구원은 여호와께로서 말미암나이다"라고 기록되어 있습니다.

지금 선지자는 구원의 문제를 이야기하고 있습니다. 자세히 보면 여기에는 세 가지 요소가 나열되어 있습니다. 먼저 제사가 나오고, 다음에 서원이 나오고, 이어서 구원이 나옵니다. 오늘날로 말하면 제사는 감사를, 서원은 희생을, 구원은 찬양을 일컫는 것으로 볼 수 있습니다. 여호와를 생각하는 사람의 특징은 죄의 문제를 생각하는 동시에 감사와 희생과 구원에 대한 찬양이 있습니다. 이것이 구원받은 사람의 특징입니다.

우리의 관심이 하나님 나라라면, 우리는 하나님 나라의 백성입니다. 하나님 나라의 백성은 그 나라의 백성다운 삶을 살아갑니다. 그리고 하나님 나라의 백성의 삶은 그 나라 주인을 생각하며 살아가는 것입니다. 또한 그 생각의 열매는 감사와 희생과 찬양입니다. 즉 죄의 문제를 생각하는 사람은 구원의 문제를 생각하는 사람이며 동시에 감사와 희생과 찬양으로 열매 맺는 삶을 살아갑니다.

그것은 우리의 관심사를 통해 잘 드러납니다. 자녀의 교육 목표와 우리의 관심은 어디를 향해 있습니까? 바로 그 모습이 우리가 가장 소중히 여기는 것일 겁니다. 우리는 구원에 감격해야 하고 그 감격은 다른 사람들도 느낄 수 있도록 우리 삶에서 구체적으로 나타나야 합니다. 그리고 그 힘이 결집되는 장소가 바로 교회입니다.

그러나 교회가 그 사명을 수행하지 못하고 일주일에 한 번 얼굴 보는 곳으로 인식된다든지, 마음의 위로를 얻는 종교적인 안식처로 여겨진다면 그것은 심각한 문제입니다. 교회는 하나님을 바라보며 죄의 문제를 생각하고, 그 속에서 구원의 감사와 찬양이 울려 퍼지고, 구원의 역사가 확장되도록 모든 사람들이 소명을 받은 곳이기 때문입니다.

여호와 하나님을 바라보라

하나님은 교회를 통해서 하나님의 일을 하게 하십니다. 우리가 구원의 문제를 생각하고 구원을 통해서 이뤄지는 하나님 나라를 깊이 인식할 때 우리 삶의 진정한 목표와 방향이 확실하게 정해집니다. 그리고 우리는 그것을 소명으로 알고 느끼게 됩니다.

2장 10절에 "여호와께서 그 물고기에게 명하시매 요나를 육지에 토하니라"라고 기록된 것처럼 우리는 요나가 물고기 뱃속에 있다가 밖으로 나오게 된 모습을 보게 됩니다. 그런데 여기서 요나가 바깥으로 나오게 된 것은 하나님이 그렇게 하셨기 때문입니까, 아니면 요나가 열심히 기도했기 때문입니까? 저는 두 가지 다 맞다고 생각합니다. 하나님은 항상 우리의 기도에 의해서만 움직이시지는 않습니다. 그러나 하나님은 우리의 기도를 통해서 움직이는 것처럼 행하십니다. 그리고 우리가 기도하길 원하십니다.

이미 하나님은 요나를 훈련시키셔서 니느웨로 보낼 생각을 하시고, 그 일을 위해 물고기를 예비하셨습니다. 또한 물고기를 예비하신 하나님은 요나를 기도하게 하셨습니다. 하나님의 계획은 제대로 이루어졌습니다. 그래서 요나가 기도하고 물고기 뱃속에서 나올 수 있게 된 것입니다.

하나님은 요나를 훈련시키고 때가 되었을 때 그를 밖으로 나오게 하셨습니다. 그렇다면 모든 구원은 하나님으로부터 이뤄진 것입니다. 즉 하나님으로 말미암아 그 구원이 이뤄진 것입니다.

자신이 계획한 구원을 이루기 위해서 하나님은 물고기에게 명령하셨습니다. 이 말씀은 단순한 이야기가 아니라 물고기도 하나님의 명령을 받고 순종할 수밖에 없는데, 인간이 왜 물고기가 하는 것을 못하느냐는 의미가 담겨 있습니다.

요나는 하나님의 선지자이며 하나님의 백성입니다. 물고기가 순종하는 것을 요나도 순종할 수밖에 없습니다. 그러나 예전의 요나는 순종하지 않았습니다. 하나님은 바람을 불어 대풍이 일어나게 하시고 대풍도 하나님 앞에 순종했습니다. 그러나 소위 만물의 영장인 인간이 순종하지 않는다면 우리는 대풍이나 물고기보다 못한 존재입니다. 요나는 이 글을 쓰면서 자신이 하나님 앞에 불순종할 때 사공보다, 대풍보다, 물고기보다 못한 모습을 나열하고 있습니다.

그런데 우리는 여기서 하나님께서 '물고기에게 명하사' 자신의 일을 이루시는 모습을 봅니다. 하나님은 때에 따라 물고기를 도구로 사용하셔서 자신의 구원의 계획을 완성하십니다. 1장에서 요나가 하나님을 등질 때 그는 선가를 주고 배에 올랐고 자신의 계획이 완성되었다고 생각했습니다. 그러나 하나님은 요나에게 선가도 받지 않고 물고기를 통해서 하나님이 일하고자 하는 니느웨를 향해서 한걸음 한걸음 걸어가게 만드셨습니다.

우리는 죽을 수밖에 없는 죄인이기 때문에 구원이 필요합니다. 요나서의 표현대로 하면 영혼의 피곤이 있기 때문에 우리에게 구원이 필요한 것입니다. 영혼의 피곤함 속에서 구원을 필요로 하는 사람은 그 구원의 핵심을 알게 되며 여호와를 생각합니다.

요나서 2장 8절에서 요나는 자신이 죄인이라는 것을 "무릇 거짓되고 헛된 것을 숭상하는 자는 자기에게 베푸신 은혜를 버렸사오나"라고 표현합니다. 하나님 앞에 '나는 죄인이로소이다'라고 고백하는 것입니다. 그러나 이렇게 진심으로 자신의 죄를 고백하는 사람에게 하나님은 구원을 이루십니다. 그리고 구원을 얻은 사람은 2장 9절에서 요나가 한 것처럼 "나는 감사하는 목소리로 주께 제사를 드리며 나의 서원을 주께 갚겠나이다 구원은 여호와께로서 말미암나이다"라고 고백할 것입니다.

구원은 하나님이 이루신 것입니다. 그 구원에 우리는 감격해야 하고 기뻐해야 합니다. 우리의 모든 삶의 초점을 구원의 관점에 두고 생활 가운데 찾아오는 모든 문제를 생각해 보십시오. 그러면 상황 가운데서 문제를 푸는 것이 아니라 하나님 나라의 관점으로 바라보게 됩니다. 그리고 우리가 죄인이라는 사실과 구원의 관점에서 생각한다면 우리는 보다 근본적인 사실을 알고 세상 사람들의 일반적인 행복이 아닌 하나님이 주신 영원한 행복을 누리며 진정한 구원의 은혜를 깨닫고 감격해하며 기뻐하게 될 것입니다.

그러기 위해서 우리는 삶 속에서 끊임없이 여호와를 생각해야 합니다. 어떤 상황에 있든지 여호와 하나님을 생각하십시오. 여호와를 생각하면 길이 있습니다. 여호와를 생각하면 희망이 있고 평안이 있습니다. 여호와를 생각하면 삶의 모든 짐이 가볍고 아무 것도 아니라는 것을 알게 됩니다. 왜냐하면 우리에게는 영원한 나라가 있기 때문입니다. 그 나라의 주인이 우리 아버지인 여호와 하나님이시기 때문입니다.

영혼의 피곤함을 느끼고 여호와를 생각하게 되었다면 이제 하나님께 기도합시다. 그리고 하나님이 우리에게 허락하신 구원에 대해 감사하면서 개인적인 상황 속에 매몰되지 말고 하나님의 나라를 생각하며 그분의 뜻을 우리 삶 속에서 구체적으로 이루어 나갑시다.

3부

11장 인생의 광야 생활을 하고 있다면(요나서 3장 1-2절)

12장 종이 한 장 차이, 순종과 불순종(요나서 3장 3-4절)

13장 참된 회개의 열매는?(요나서 3장 5-8절)

14장 심판의 하나님, 자비의 하나님(요나서 3장 9-10절)

11장

인생의 광야 생활을 하고 있다면

여호와의 말씀이 두 번째 요나에게 임하니라 이르시되 일어나 저 큰 성읍 니느웨로 가서 내가 네게 명한 바를 그들에게 선포하라 하신지라(욘 3:1-2).

바깥 세상으로 나온 선지자의 현실

3장에 돌입하기까지 1장과 2장이 있었으며, 그리고 3장이 끝나면 4장으로 들어가게 됩니다. 이 이야기는 초등학교 학생들에게나 어울리는 초보적인 상식일지 모르지만 다른 한편으로 생각하면 매우 중요한 이야기입니다. 왜냐하면 우리가 이런 사실을 다 알고 있다 하더라도 실제로 성경 본문을 살펴볼 때는 그저 3장 자체로만 만족하고 그 안에서 해석할 때가 많기 때문입니다.

2장과 3장은 요나서 전체에서 영적인 깊이를 더해 주는 '부흥의 장'입니다. 물론 2장의 현실적인 분위기는 매우 어둡습니다. 꼭 무대 뒤에서 일어난 사건 같습니다. 그 무대가 바로 물고기 뱃속이기에 답답하고 침침한 느낌을 줍니다. 그러나 그 상태를 영적인 시각으로 바라볼 때 상당히 편안한 이야기라고 할 수 있습니다. 마치 골방에서 기도하는 분위기를 우리에게 보여 주고 있는 듯합니다. 그렇습니다. 요나가 골방 속에서 하나님과 일대일로 기도하는 장면이 바로 2장입니다.

그런데 3장의 장면은 요나가 어둠 속에 있다가 밖으로 나오게 되어 보다 밝고 환하게, 또 활동 무대가 보다 넓게 주어진 것을 볼 수 있습니다. 3장은 회개 운동, 그것도 나라 전체의 영적 부흥을 다루고 있습니다. 그래서 3장의 내용은 '회개의 장'이라고 할 수 있습니다. 요나가 니느웨 성에 가서 외칠 때 많은 사람들이 하나님을 믿고 그동안의 모든 잘못을 회개합니다. 그것도 국가적으로 이루어지는 큰 사건입니다. 그렇다면 요나서 2장과 3장은 부흥의 장이며, 하나님을 만난 장이고, 그분의 사랑과 은혜가 가득한 장으로 볼 수 있습니다.

그러나 요나서 1장과 4장은 이와는 반대로 불행한 장입니다. 1장은 요나의 불순종의 장이고, 4장은 그가 불평하고 자신에게 왜 이런 일이 생겼는가 하며 그 한을 토로하는 장이라고 볼 수 있습니다. 그래서 1

장과 4장 사이에 끼어 있는 2장과 3장은 더 영적이고 은혜로 충만한 장처럼 느껴집니다.

이 사실에서 우리는 무엇을 느낄 수 있습니까? 우리의 신앙에도 기복과 굴곡이 있다는 것입니다. 요나서가 2장과 3장의 내용으로 마무리되면 그 분위기가 훨씬 아름다울 텐데 다음에 4장이 있는 것을 보면, 지금은 충만하지만 다음 시대에 영적인 침체가 다시 올 수 있다는 사실을 보여 줍니다. 그러므로 우리가 신앙 생활을 할 때는 2장의 상태만 계속되는 것이 아니라 2장 다음에 3장이 오고, 그 다음에 4장이 올 수 있다는 사실을 기억해야 합니다.

지금 우리가 다뤄야 하는 것은 3장의 내용입니다. 3장은 아름다운 기도와 영적인 분위기가 더욱 화려하게 드러나는, 다시 말하면 꽃을 피우는 분위기를 가지고 있습니다. 왜냐하면 하나님이 처음부터 요나가 니느웨 성으로 가기를 원하셨던 대로 실제로 그 일이 이루어지고, 생각지도 못했던 영적 대각성 운동이 온 나라에 일어나기 때문입니다.

하지만 우리는 화려한 꽃이 피는 복음의 대각성 운동이 일어나기 전에 벌어진 한 가지 짤막한 사건을 기억해야 합니다. 바로 선지자의 고독을 다루고 있는 부분입니다. 요나서 3장 1-2절을 다시 보십시오.

"여호와의 말씀이 두 번째 요나에게 임하니라 이르시되 일어나 저 큰 성읍 니느웨로 가서 내가 네가 명한 바를 그들에게 선포하라 하신지라."

여기에 선지자의 고독이 드러납니다. 그 자체로 보면 선지자의 고독이 없다고 생각될 수도 있습니다. 요나서 3장 1-2절은 1장 1절과 비슷합니다. 그러므로 선지자의 고독과 외로움이 있다고 생각되지 않을 것입니다. 하지만 성경 말씀을 자세히 들여다보면 선지자의 고독이 담겨 있습니다.

잘 생각해 보십시오. 이전에 요나는 물고기 뱃속에 있었습니다. 그 속에서 하나님과의 깊은 영적인 교제가 있었다 할지라도 분명 어렵고 고통스러웠을 것입니다. 그러다가 물고기가 하나님의 명령을 받고 요나를 밖으로 토해 냈습니다. 영적으로 깊은 상태에 있다가 바깥 세상으로 나온 것입니다. 그래서 3장을 영적인 충만함이 외적으로, 현실적으로 드러난 장이라고 할 수 있습니다.

우리가 깊이 기도하고 영적인 눈을 뜬 뒤 실제로 바깥 생활을 하는 것과 같은 상황입니다. 그때 우리는 무엇을 느끼게 될까요? 기도할 때는 성령 충만했지만 내 생활 가운데서는 현실과 다르다고 느낄 때가 있습니다. 기도원에 가서 열심히 기도하고 내려왔는데 가장 먼저 아내의 잔소리라든지, 부모의 꾸지람이라든지 전혀 예상치 못한 소리를 듣게 되어 영적인 침체를 겪을 수 있습니다.

마찬가지로 육지로 토해진 요나의 환경은 깊은 영적 상태에 있을 때처럼 하나님이 그랜저를 보내서 '이제는 네가 새로운 것을 깨달은 사람이니 이 차를 타고 니느웨 성으로 가라' 는 분위가 아니었습니다. 지금 요나가 토해진 곳은 니느웨 성읍이 아닙니다. 이스라엘의 한 지역일 것입니다. 그런데 그곳은 뜨거운 기도의 장면과는 달리 아무도 반기는 사람이 없는 외로운 장소였습니다. 그는 온몸에서 비린내가 진동하고 수중에 돈 한푼 없는 상태였습니다. 아마도 요나는 기도했을 때와는 전혀 다른 분위기 속에서 자신이 무엇을 해야 하며, 어디로 가야 하는지 수많은 생각들을 떠올렸을지 모릅니다. 그 속에서 요나는 혼자라는 고독함과 인생의 막막함을 느꼈을 것입니다. 다시 말해서 기도의 순간에는 하나님과 깊은 관계에 있었다고 생각했지만 막상 기도가 끝났을 때는 현실적으로 보이는 일은 아무 것도 없고 홀로 외로운 상태에 놓여 있었을 것입니다. 그러므로 우리도 영적인 체험을 현실적인 삶과 일치시키면 실망하게 됩니다.

선지자의 광야 생활

요나서 2장 10절부터 3장 1절 사이에는 상당한 시간 간격이 있습니다. 물론 이 의견에 동의하지 않는 학자들도 있지만, 대부분이 동의하고 있습니다. 요나서 2장 9절을 보면 요나의 기도에 이런 말이 있습니다. "나는 감사하는 목소리로 주께 제사를 드리며 나의 서원을 주께 갚겠나이다 구원은 여호와께로서 말미암나이다 하니라."

여기서 요나가 '제사를 드린다'고 하는데, 그가 어떻게 했을지 생각해 보십시오. 그 당시 제사는 예루살렘 성에서 드렸는데, 요나가 물고기 뱃속에서 나와 곧바로 니느웨로 간 것이 아니라 예루살렘 성으로 갔을 것이라는 의견이 많습니다. 그리고 예루살렘 성에서 제사를 드린 뒤에 자기 고향인 가드헤벨로 내려갔을 것입니다.

그렇다면 요나는 고향에서 무엇을 했을까요? 아마도 침묵의 시간을 보냈을 것입니다. '하나님이 나의 죄를 용서하셨고 나를 구원하셨다. 하지만 나의 죄를 생각하면 이제 선지자의 사명은 끝났다' 라고 생각했을지 모릅니다. 그에게는 선지자로서의 사명이 끝났다는 절망감과 고독이 있었을 것입니다.

우리가 신앙적으로 타락했다가 회개하고 돌아왔을 때 하나님께 대한 감사가 있지만, 이제부터 내 인생은 끝났다고 생각하는 경우가 있지 않습니까. 많은 사역자들이 그런 고통을 겪기도 합니다.

고든 맥도날드가 『내면세계의 질서와 영적 성장』이라는 유명한 책을 쓰게 된 동기가 있습니다. 그는 여자 문제로 하던 사역을 중단하고 많은 어려움을 겪는 중에 다시 하나님을 깊이 인식하게 되어 글을 쓰게 되었다고 합니다. 그런 처지에서 그가 경험한 어떤 영적인 고통과 갈등이 있었을 것입니다. 그런 영적인 갈등이 있을 때 그 심정을 한번 생각해 보십시오.

성경에도 그런 인물들이 많습니다. 모세는 궁전에서 사십 년 동안 화려한 생활을 하면서 이스라엘 백성을 자기 손으로 구하겠다는 의욕이 있었지만 그것이 뜻대로 이루어지지 않았습니다. 그리고 나서 모세가 미디안 광야에서 사십 년의 세월을 보내게 되었을 때 그 생활이 어디 즐거웠겠습니까. 영적인 패배감으로 인해 '하나님이 나를 용서하셨고 사랑하시는 줄은 알지만 내 모든 사역과 희망은 끝났다. 나는 이대로 살다가 죽을 것이다' 라고 생각했을 것입니다. 그때 모세의 마음을 헤아려 보십시오.

요셉의 생애는 어떻습니까. 요셉이 감옥에서 생활했을 때 나중에 총리가 되는 삶을 생각할 수 있었겠습니까. 감옥에서 지내는 요셉의 생애야말로 고통스러운 삶이었을 것입니다. 처음에는 분노도 있었을 테지만 그것도 잠깐이고 고독을 맛보았을 것입니다. 감옥 생활을 한 사람들은 보통 처음에는 분노로 가득 차 있지만 시간이 지나면 그 마음이 사라지고 자기 자신을 포기하게 된다고 합니다.

베드로도 마찬가지입니다. 베드로는 의기에 찬 사람이지만 예수님을 부인했을 때 그는 모든 것을 포기하고 고기나 잡으며 생활하기 위해 고향으로 내려갑니다. 그때의 베드로의 심정을 헤아려 보십시오. 그 속에서 느끼는 인생의 고통과 처절함과 패배감 등이 그를 슬프게 만들었을 것입니다. '내가 예전엔 예수님을 따라다니며 사람 낚는 어부가 된다고 했지만 어림도 없지. 내 분수를 알아야지. 나는 고기를 낚는 어부로 족해' 라고 생각했을 것입니다.

이런 심정을 요나가 가지고 있었을 것입니다. 요나는 예루살렘에서 제사를 지내고 고향으로 내려가 이제는 선지자의 사명은 끝났다고 생각했을 것입니다. 그리고 선지자로 사역했던 시절을 떠올리며 추억과 그리움 속에 살고 있었는지 모릅니다. 그 속에서 요나는 '아 옛날엔 하나님이 나를 선지자로 사용하셨지만 이제 내 사명은 끝났다' 라고 조용히 자기 인생을 생각하며 세월을 보내고 있었을 것입니다.

그렇다면 요나서 2장과 3장 사이의 시간적인 간격이 있습니다. 즉 하나님은 니느웨 성이 회개하고 돌아오는 일이 중요하셨지만, 니느웨의 회개를 위해서 한 사람에게 고독의 시간을 보내게 하셨습니다. 하나님은 어느 때는 시간이 급하지만, 어느 때는 여유를 두고 한 사람이 고독의 시간에 깊이 들어가서 그 속에서 두 번째 사역을 위한 준비를 하게 하십니다.

그 사역의 대상이 우리 자신일 수도 있습니다. 하나님은 우리를 일하게 하시기 위해 때로는 혼자만의 고독한 시간을 보내게 하십니다. 요나도 마찬가지로 지금 홀로 시간을 보내고 있습니다. 그러나 그 시간은 희망이 예견된 것이 아닙니다. 개인에게는 그것으로 모든 일이 끝났다고 생각할 수도 있습니다. 하나님이 언제 요나를 사용하실 것인지 말씀하지 않으셨습니다. 예측할 수 없는 시간과 장소에서 그는 자신의 인생은 끝났다고 생각했을지 모릅니다.

다시 찾아오시는 하나님

그런데 그런 외로운 시기에 하나님은 깊은 사랑과 은혜로 다가오셨습니다. 요나서 3장 1절을 보십시오. "여호와의 말씀이 두 번째 요나에게 임하니라."

요나서 1장 1절에 "여호와의 말씀이 요나에게 임하니라"고 기록되어 있었던 것을 기억하십니까. 그 말씀과 비교해서 3장 1절에서는 여호와의 말씀이 '두 번째'로 임했다고 합니다.

지금 요나가 자기 인생을 포기하고 자신의 사역은 끝났다고 모든 것을 내려놓고 있는 상황에서 여호와께서 임하신 것입니다. '두 번째'로 임했다는 말씀에는 하나님의 깊은 사랑이 담겨져 있습니다. 하나님이 두 번째로 임하시지 않는다면 요나는 그곳에서 모든 생을 마쳐야 할 것입니다. 그러나 요나가 다시 일어설 수 있는 것은 하나님의 말씀이 두 번째로 임했기 때문입니다.

하나님의 두 번째 말씀이 없다면 모든 인간은 희망이 없습니다. 미래를 바라보며 앞으로 전진할 수 있는 모든 희망이 사라질 수밖에 없습니다. 그래서 우리가 하나님의 은혜를 입었다는 것은 여호와의 두 번째 말씀이 있기 때문이며, 바로 그것에 희망이 있습니다.

이 사회에서도 한 번 신의를 저버린 사람은 다시 상대하지 않습니다. 그래서 신의가 중요한 것입니다. 그런데 불순종한 요나에게, 기도하고 하나님의 은혜를 깨닫기는 했지만 자신의 사역은 끝났다고 생각하는 요나에게 하나님이 친히 다시 다가오셔서 말씀하셨습니다. 그 하나님이야말로 진정 우리의 아버지이십니다. 그분께서 한 번 잘못했다고 버리시지 않고 다시 '두 번째' 말씀하시기 때문에 우리에게 소망이 있는 것입니다.

그런데 하나님이 두 번째 다가오실 때 우리의 모든 과거를 들춰 내십니까? 아닙니다. 그분은 '예전에 네가 이랬지. 너는 정말 몹쓸 사람이었지만 내가 너를 용서해 주마'라고 하시며 다가오시지는 않습니다. 오히려 과거가 전혀 없는 것처럼 첫 번째 임하셨던 모습과 똑같이 다가오십니다. 마치 처음처럼 임하십니다.

하나님의 깊은 사랑과 은혜를 느낄 수 있는 대목입니다. 그런데 우리가 하나님의 말씀 속에 감추어진 사랑의 의미를 인식하지 못하면 똑같이 반복된 이야기에 지루함을 느낍니다. 부모가 공부하라고 말하면 자녀들이 지겨워하는 모습을 볼 수 있습니다. 왜 그런 줄 아십니까? 공부하라고 말하는 부모의 사랑을 자녀들이 인식하지 못하기 때문에 자꾸 반복되는 행위에 지루함을 느끼는 것입니다. 그래서 부모의 충고가 자녀에게 잔소리로 들립니다.

물론 반복된다고 모두 지루한 것은 아닙니다. 결혼한 부부 사이에서 아내가 남편에게 정말 듣고 싶어하는 말이 무엇인지 아십니까? '사랑한다'는 한마디 표현입니다. 남편이 그 말을 해 주면 아내들이 상당히 기뻐한다고 합니다. 매일 아침마다 표현해 주고 오늘 한 이야기를 내일 또 반복한다고 해도 그 말은 자꾸 들어도 항상 처음 듣는 것처럼 사랑의 감미로움으로 다가온다는 것입니다. 왜 그렇습니까? 사랑이 담겨 있기 때문입니다. 사랑이 담겨 있는 말은 듣고 또 들어도 항상 새로운 것입니다. 결국 듣는 사람이 사랑을 느끼지 못하면 반복의 메시지가 잔소리 같지만, 사랑을 인식하면 희망과 사랑을 전달하는 메시지가 되기에 지루하지 않습니다.

요나서 3장 1절의 말씀은 1장 1절의 말씀과 반복됩니다. 이것이 반복되는 잔소리입니까? 아니면 하나님의 깊은 사랑이 담겨 있는 것입니까? 인생의 고독과 괴로움과 고통 속에서 하나님의 은혜를 사모하는 사람에게 이 말씀은 잔소리가 아니라 새로운 용기와 격려를 주는 말씀일 것입니다. 하지만 사랑을 느끼지 못한다면 그것은 지겨운 잔소리일 뿐입니다.

처음처럼, 그러나 달라져야 한다

그러나 우리가 조심해야 할 점이 있습니다. 하나님이 과거를 묻지 않는다고 해서 우리의 모순된 부분을 그냥 간과하시는 분은 아니라는 사실입니다. 다시 말해 우리의 그릇된 행동을 무조건 덮어 주시는 하나님이 아니십니다. 하나님은 처음 임하시는 것처럼 우리에게 다가오시지만 우리의 잘못되고 모순된 부분들을 개선하고 궤도 수정을 해 주십니다. 그래서 요나서 1장 1-2절과 3장 1-2절이 다른 점이 있습니다. 이 말씀들을 다시 살펴보십시오.

"여호와의 말씀이 아밋대의 아들 요나에게 임하니라 이르시되 너는 일어나 저 큰 성읍 니느웨로 가서 그것을 쳐서 외치라 그 악독이 내 앞에 상달하였음이니라 하시니라"(욘 1:1-2).

"여호와의 말씀이 두 번째 요나에게 임하니라 이르시되 일어나 저 큰 성읍 니느웨로 가서 내가 네게 명한 바를 그들에게 선포하라 하신지라"(욘 3:1-2).

1장의 명령이 3장에서는 '내가 네게 명한 바를' 이라고 기록되어 있는데, 이는 하나님께서 이 부분을 강조하신다는 말입니다. 그 이유가 무엇입니까? 사실 요나는 불순종한 전과가 있는 사람입니다. 물론 하나님은 요나를 사랑하시기 때문에 그를 용서하시고 여러 가지 과정을 통해 그를 하나님의 사람으로 만들어 가십니다. 그리고 하나님은 그에게 깊은 사랑을 가지고 처음 대하시는 것처럼 다가오십니다. 하지만 그분은 요나의 약점을 개선하십니다. 즉 하나님은 요나의 그릇된 행동을 변화시키시기 위해서 그에게 "내가 네게 명한 바를 그들에게 선포하라"(욘 3:2)는 새로운 명령을 주시는 것입니다.

'내가 네게 명한 바' 가 무엇인지에 대해 학자들마다 의견이 분분합니다. 그러나 대부분의 학자들이 '40일이 지나면 니느웨가 무너질 것이다' 라는 예언을 구체적으로 주셨을 것이라고 생각합니다.

그렇다면 왜 이런 말씀을 주셨을까요? 하나님은 요나에게 어떤 일이 있을 것인지 말해 주심으로써 그가 예전에 범했던 잘못을 다시 범하지 않도록 하기 위한 것이라고 볼 수 있습니다. 그 얼마나 섬세하신 하나님이십니까. 하나님은 우리의 실수를 용서해 주시지만 그냥 막연하게 덮기만 하시는 것이 아니라 우리의 약점을 아시고 개선하도록 이끄시는 분이십니다. 그런 의미에서 하나님의 사랑은 너무도 섬세한 것입니다.

실패한 사람에게 주어진 기회

　섬세하신 하나님은 실패한 사람에게 다시 한번 기회를 주십니다. 어느 성도에게나 인생의 광야 시대가 있습니다. 우리가 요나처럼 이런 시기를 보낸다면 우리는 인생에서 패배한 것처럼 생각되기도 할 것입니다. 그러나 인생에서 패배를 많이 겪어 보지 않은 사람은 하나님의 은혜가 얼마나 큰지 인식하지 못합니다. 이런 패배를 통해서 우리는 내가 어떤 존재인지, 얼마나 보잘것없는 존재인지 생각하게 됩니다.

　왜 하나님은 우리에게 고난을 주십니까? 고난을 통해서 우리를 성숙시키기 위해서입니다. 이처럼 신앙적으로 고통과 갈등을 겪고 처절한 현실에 처한다 해도 요나서 2장의 기도가 있는 사람은 진정한 신앙이 무엇인가를 더 깊이 느끼게 됩니다.

　어느 나라 국민들이 너무 힘들어 '우리에게 빵을 달라'고 데모를 하자 윗자리에 계신 분은 '왜 그들은 빵만 달라고 하는가. 빵이 없으면 우유나 치즈를 먹으면 되지 않는가'라고 생각했다고 합니다. 그들은 인생의 깊은 경지에 들어가 보지 않아서 국민들이 하는 말의 뜻을 알지 못하는 것입니다.

　우리는 인생의 패배를 맛보았을 때 하나님을 더 깊이 생각할 수 있습니다. 하나님은 우리가 그 사실을 깨닫도록 사막과 같은 광야 생활로 내몰 때가 있습니다. 우리의 광야 생활은 패배처럼 보일 수 있지만 결코 패배가 아닙니다. 우리의 삶이 하나님으로부터 정복당해 하나님의 사람으로 거듭나고 있는 시간입니다. 즉 인생의 광야 생활은 패배감 속에서 진정한 신앙을 배우는 때입니다. 그래서 토저 목사는 이렇게 말했습니다. "하나님께 철저히 정복을 당할수록 인간은 행복해진다."

　이 말은 역으로 말하면 우리가 하나님을 정복하려고 하면 할수록 불행해진다는 뜻입니다. 그런데 우리는 하나님을 정복하려고 할 때가 많고, 하나님을 정복해 소원을 이루는 것을 신앙이 좋다고 착각합니다. 그러나 하나님을 정복하려고 하면 안 됩니다. 내가 하나님으로부터 정복당해야 합니다.

신앙의 경지는 내가 손들고 하나님께 나아가는 것입니다. 그런데 도리어 우리는 하나님이 손들고 우리에게 나아오길 원합니다. 인간은 낮은 곳에 있을 때 하나님의 큰 소망을 맛볼 수 있습니다. 그러므로 우리는 하나님으로부터 정복당해야 합니다. 우리 자신을 의지하지 않고 우리를 살리신 하나님을 의지하는 것이 구원의 지혜입니다. 하나님을 떠난 모든 인간은 무기력할 수밖에 없습니다. 예수 그리스도와 더불어 죽어야 한다는 진리가 사라지고 다 죽어 빠진 인간의 힘으로 살려고 한다면 불행한 일입니다. 그리고 그런 사람은 참된 신앙인이 아닙니다.

하나님 앞으로 나아가서 인정받으려고 노력하십니까? 그러나 우리는 인정받으려고 노력할 것이 아니라 하나님께 순종하고 그분을 바로 아는 데 힘써야 합니다. 그리고 생명으로 나아가기 위해서는 죽음의 길을 반드시 거쳐야 한다는 사실을 기억하십시오.

예수 그리스도를 잘 따르던 사람이 간혹 실패하는 경우가 있습니다. 그들이 낙오하는 이유는 십자가의 어두운 측면을 이해하지 못하기 때문입니다. 우리도 십자가를 생각할 때 낭만적이고 긍정적인 부분만을 떠올립니다. 그러나 햇빛 뒤에 어두운 그림자가 있다는 사실을 기억해야 합니다. 한마디로 죽음의 문제를 생각해야 합니다. 십자가를 진다는 것은 쉽게 말하면 죽으러 가자는 이야기입니다. 그러므로 우리가 십자가의 어두운 죽음의 측면을 이해한다면, 살아 있다는 것과 하나님을 믿고 있다는 것과 하나님의 이름을 부를 수 있다는 것이 얼마나 큰 행복인지 느낄 수 있을 것입니다.

우리가 진정 죽음과 짝해 살길 원하지 않는다면, 우리의 신앙은 자라지 않을 것입니다. 우리의 생명은 죽음의 문제가 달려 있는 십자가로부터 오기 때문입니다.

그렇게 될 때 우리는 요나의 심정을 이해할 수 있습니다. 요나의 가드헤멜에서의 시간은 고통스러웠지만, 그것은 패배가 아니었습니다. 그것은 니느웨의 회개 각성 운동을 일으킬 수 있는 위대한 준비의 시간이었습니다. 그때 절망하지 않고 하나님과의 관계를 잘 유지하는 사람이 나중에 큰 일을 할 수 있는 것입니다. 그러나 그 시간을 잘 보내지 않는 사람이라면 그 신앙은 결코 발전되거나 자랄 수 없습니다.

세 가지 교훈

큰 의미에서 보면 우리 인생의 시간도 마찬가지입니다. 인생의 시간에 우리만의 시간, 광야의 시간, 골방의 시간이 필요합니다.

그렇다면 요나서 3장 1-2절이 우리에게 주는 교훈이 무엇입니까?

첫째, 하나님은 실패한 요나를 끝까지 사랑하신다는 사실을 기억해야 합니다. 우리는 실패하면 그것으로 모든 게 끝났다고 생각하지만 하나님은 실패한 사람에게 찾아오셔서 생각하게 만들고 끝까지 사용하십니다.

사회에서는 최선을 다해도 능력이 없으면 인정받지 못합니다. 그러나 하나님은 그렇지 않습니다. 영국 어느 호텔은 직원을 채용하는 기준이 일반적인 상식과는 약간 다릅니다. 어떤 사람이 두 사람의 몫을 다할 정도로 능력 있고 일을 잘한다면 그는 대우를 잘 받을 것입니다. 그러나 그 호텔은 두 사람 몫의 일을 한다고 해도 그가 성실하지 않다면 오히려 해고시킵니다. 또 열심히 해도 능력이 부족해 한 사람 몫의 일도 못하는 사람이 있다면 그를 어느 회사든지 오랫동안 채용하지 않을 것입니다. 그러나 그 호텔에서는 한 사람을 더 채용할지언정 그가 최선을 다한다면 계속 일하게 한다고 합니다. 아무리 능력이 있어도 성실하지 않다면 해고시키고, 능력은 없지만 최선을 다한다면 채용하는 것입니다. 물론 이 회사를 합리적이라고 생각할 수는 없습니다.

그러나 이런 합리적이지 않은 일을 하시는 분이 하나님이십니다. 하나님은 우리의 커다란 재능과 능력을 원하지 않습니다. 오히려 우리가 하나님께 순종하며, 그분과 우리의 관계를 생각하길 원하십니다. 하나님은 우리를 그렇게 키워 가십니다. 그런 하나님의 마음을 느낄 수 있길 바랍니다.

둘째, 하나님께서 우리가 인생에서 어떤 패배를 하길 바라시는지 생각해야 합니다. 우리 나라의 수많은 순교자를 생각해 보십시오. 그들이 우리 나라 교회에 끼친 성과와 열매는 대단한 것입니다. 그래서 순교자들을 생각할 때 우리는 그들을 높이 찬양합니다.

그러나 일제시대에 신사참배를 한 사람들을 생각해 보십시오. 얼마 전 돌아가신 한경직 목사는 일평생 신사참배를 한 사실을 마음에 지니며 괴로워했다고 합니다. 그는 그 사건으로 인해 늘 자신은 죄인이며 빚진 자라고 말했습니다. 그리고 자신을 드러내거나 교만하지 않고 항상 낮은 자의 위치에서 살아야 한다고 생각했고 마치 성자처럼 자신의 일생을 보냈습니다.

그렇다면 신사참배를 하지 않아서 항상 자신감을 가지고 사는 사람과 비록 신사참배는 했지만 평생토록 그 빚을 가지고 자신을 살피며 사는 사람이 있다면 어떤 사람이 더 위대합니까. 물론 누가 더 위대하다고 점수를 매기는 것은 쉽지 않습니다. 그러나 후자의 인생을 볼 때 우리는 그에게 결코 낮은 점수를 줄 수 없습니다. 어찌 보면 그가 그런 이유로 우리에게 더 많은 것을 가르쳐 주고 있는지 모릅니다.

셋째, 하나님이 요나에게 두 번째 임하셔서 다가오신 것처럼 우리도 그런 사건이 있을 때 다시 상대방을 부를 수 있어야 합니다. 이것이 우리에게 주는 세 번째 교훈입니다.

한 번 신의를 저버리고 배신한 사람이라면 다시는 상대하지 않는 게 우리의 속성입니다. 하지만 우리가 진정 하나님을 생각하는 사람들이라면, 두 번째 찾아오신 하나님을 인식한 사람들이라면 우리도 다른 사람에게 다시 한번 나아갈 수 있는 마음을 가져야 합니다.

12장

종이 한 장 차이, 순종과 불순종

> 요나가 여호와의 말씀대로 일어나서 니느웨로 가니라 니느웨는 극히 큰 성읍이므로 삼일 길이라 요나가 그 성에 들어가며 곧 하룻길을 행하며 외쳐 가로되 사십일이 지나면 니느웨가 무너지리라 하였더니(욘 3:3-4).

순종은 모양으로 알 수 없다

먼저 요나서 3장 1-2절을 보십시오. "여호와의 말씀이 두 번째 요나에게 임하니라 이르시되 일어나 저 큰 성읍 니느웨로 가서 내가 네게 명한 바를 그들에게 선포하라 하신지라."

이 말씀이 어떤 분에겐 새롭게 다가갈 수도 있고, 또 어떤 분에겐 예전에 들은 것과 같은 친숙한 느낌으로 다가갈 수도 있을 것입니다. 아마 새롭게 느껴지신 분은 그 말씀을 예전엔 들었지만 자꾸 잊어버렸기 때문일 수도 있겠지만 말씀에 감동되어 늘 새롭게 다가오는 경우도 있을 것입니다. 그런데 요나서 3장이 예전에 들었던 것처럼 느껴지는 까닭은 실제로 성경 본문이 1장의 내용과 거의 같기 때문입니다.

요나서 1장 1절에는 "여호와의 말씀이 아밋대의 아들 요나에게 임하니라 이르시되 너는 일어나 저 큰 성읍 니느웨로 가서 그것을 쳐서 외치라 그 악독이 내 앞에 상달하였음이니라 하시니라"고 기록되어 있습니다.

이렇게 3장 1-2절을 살펴보면 1장을 복사해 놓은 것 같습니다. 우리가 외형적으로 볼 때는 비슷해 보이지만 그 의미를 살펴보면 여기에는 공통점과 차이점이 있습니다. 이 두 본문이 반복된다는 것은 공통점이 있다는 뜻이고, 또 공통점이 있어 보인다는 것은 분명한 차이가 있음을 시사해 줍니다.

그러면 공통점과 차이점을 살펴봅시다. 1장은 하나님이 처음 요나에게 니느웨로 가라고 말씀하신 내용입니다. 물론 그전에도 말씀하셨겠지만 니느웨로 가라고 실제적으로 명령하고 계십니다. 그런데 3장은 불순종하고 자기 길을 갔다가 여러 가지 역경을 겪은 요나에게, 물고기 뱃속에서 기도한 요나에게, 고향으로 내려가 인생의 광야 시간을 보내고 있는 요나에게 하나님께서 두 번째로 말씀하시는 내용입니다.

그렇다면 두 번째 말씀하신 의미는 하나님이 요나에게 다시 한번 기회를 주신 것이라고 볼 수 있습니다.

요나는 첫 번째 말씀에 대해서 불순종했고, 두 번째 말씀에 대해서 순종했습니다. 말씀 그 자체는 같지만 이것이 두 번째 말씀의 차이점입니다.

요나의 순종과 불순종의 차이를 본문은 어떻게 표현하고 있습니까? 1장 3절에는 "그러나 요나가 여호와의 낯을 피하려고 일어나"라고 기록되어 있습니다. 즉 하나님의 말씀에 '그러나'의 반응을 보였습니다. 그런데 3장 3절에는 "요나가 여호와의 말씀대로"라고 되어 있습니다. '그러나'와 '여호와의 말씀대로'는 확연한 차이를 보입니다. 불순종은 '그러나'로 표현되었지만, 순종은 '여호와의 말씀대로'라고 표현되었습니다. 이것이 차이점입니다.

그러나 1장과 3장은 차이점만 있는 것이 아니라 공통점도 있습니다. 본문을 자세히 살펴보면 하나님의 말씀이 임한 것도 공통점이고, 요나의 반응에 있어서도 어떤 공통 분모가 있습니다. 첫 번째 공통점을 찾기 위해서 요나서 1장 3절을 다시 보십시오. "그러나 요나가 여호와의 낯을 피하려고 일어나." 여기에 '일어나'라는 표현은 불순종의 차원에서 이루어진 행동입니다. 그리고 요나서 3장 3절을 보십시오. "요나가 여호와의 말씀대로 일어나서." 여기의 '일어나'는 1장과는 반대로 순종의 상황입니다. 이처럼 1장과 3장의 '일어나'는 다른 상황에서 나온 것이지만 그래도 그 행위는 동일합니다.

'일어나'라는 것이 그저 가볍게 지나가는 말로 보일 수도 있겠지만 성경을 자세히 보면 이 단어가 어떤 의미를 가지고 쓰였는지 확실히 드러납니다. 성경에서 '일어났다'는 표현은 대부분 하나님이 우리에게 영적 각성을 요구하실 때 사용되었습니다. 신앙의 많은 선배와 위인들에게 하나님은 '일어나'라고 말씀하셨습니다. 하지만 그 일어난 사실이 순종할 때만이 아니라 불순종할 때도 똑같이 사용되는 것은 흥미롭습니다.

두 번째 공통점은 다음과 같습니다. 1장에는 요나가 일어날 뿐 아니라 니느웨로 '가기' 위해서 했던 그의 행동의 흐름이 나타나 있습니다. 불순종의 행동이었지만 한 발자국 한 발자국 앞으로 전진하면서 나가는 모습이 확연하게 나타납니다. 그런데 3장에는 요나가 다시스로 가는 것이 아니라 하나님이 원래 계획하셨던 니느웨를 향하고 있습니다. 요나서 3장 3절에는 "요나가 여호와의 말씀대로 일어나서 니느웨로 가니라"고 기록되어 있습니다. 1장에서는 요나가 니느웨가 아닌 다시스로 가려고 했고, 3장에서는 요나가 스스로 니느웨로 갔습니다. 어쨌든 장소는 틀리지만 가려고 했다는 사실은 공통적인 요소입니다. 따라서 1장과 3장에서 '일어나' 와 '갔다' 는 말이 동일하게 쓰였습니다.

그렇다면 행동한다는 것, 즉 '일어나서 갔다' 는 모습이 있다고 해도 그것이 순종과 불순종을 구분하는 시금석은 아닙니다. '일어났다' 고 해서 그것이 순종이고, '일어나지 않았다' 고 해서 불순종이라고 말할 수 없는 것입니다. 순종하는 사람에게도 일어남이 있을 수 있고, 불순종하는 사람에게도 일어남이 있을 수 있습니다. 또 순종하는 차원에서도 어떤 봉사를 하고 열심을 낼 수 있지만, 하나님과 거리가 전혀 먼 사람에게도 '일어나' 가 있고 그 일을 실천하는 행동이 있을 수 있습니다. 그러므로 '일어나서 갔다' 는 행동이 곧 순종을 드러내는 기준이 될 수는 없습니다.

하지만 많은 사람들이 이와 같은 기준을 가지고 순종과 불순종을 구분할 때가 많습니다. 교회도 마찬가지입니다. 열심히 교회에 나오고 기도하고 봉사하며 뭔가 외형적으로 드러나는 행동을 하게 되면 '아, 저 사람이야말로 진실한 그리스도인이다' 라고 대접을 합니다. 그래서 직분을 받을 때도 이 기준으로 모든 심사를 하게 됩니다.

물론 그 평가가 맞을 수도 있습니다. 하지만 틀릴 수도 있습니다. 왜냐하면 외형적으로 드러난 행동의 뿌리에 담긴 마음이 진심으로 하나님과 관계된 기초 위에서 일어난 열매일 수도 있고, 반대로 그런 기초 없이 일어난 모습일 수도 있기 때문입니다. 많은 사람들이 겉으로 나타나는 현상만을 가지고 판단하기 때문에 실수를 하고, 또 스스로 자기 자신에게 속을 수 있습니다.

사단이 우리에게 가장 큰 속임수를 쓰는 것이 바로 이 점입니다. 불순종의 선상에 있는 사람은 자기가 순종하지 않고 있다는 전제가 분명하기 때문에 '나는 뭐 그렇지'라고 하며 자신의 불순종을 생각합니다. 그렇지만 '일어나'가 있고 '가서 외치는' 행동 양식이 있는 사람은 스스로 자신은 잘하고 있다고 생각합니다. 하나님을 잘 믿고 있다고 생각합니다. 그런데 사실은 그렇지 않을 수도 있습니다.

이처럼 신앙인이 행동을 중시하는 것처럼, 시험에 든 사람들 대부분은 스스로 신앙이 좋다고 자부하는 이들입니다. 말로는 신앙심이 적다고 하고 자신이 부족하다고 하지만 은연중에 자신의 의를 드러내는 측면이 있습니다.

1장에서 요나의 '그러나', 즉 불순종의 행동에도 이와 같은 열심과 체계적인 행동 양식이 있다는 사실을 우리는 기억해야 합니다. 어떻게 보면 3장보다 1장의 요나의 행동이 더 체계적입니다. 3장 3절에는 요나가 니느웨로 가는 것이 간단히 나와 있지만, 1장 3절의 불순종의 길을 보면 그렇지 않습니다. 요나는 '다시스로 도망하여'라는 계획을 세우고, '욥바로 내려갔더니'라는 실천을 합니다. 그리고 '마침 다시스로 가는 배를 만난지라'는 상황이 되자 그 일을 합리화시킬 수 있는 구실을 만들고, '여호와의 낯을 피하여 함께 다시스로 가려고 선가를 주고'라는 행동을 통해 그 일을 완성시킵니다. 불순종의 길이 상당히 체계적으로 진행되는 모습을 볼 수 있습니다.

하지만 3장의 순종의 길은 아주 간단합니다. 다시 말해 우리의 불순종의 행동도 순종의 형태를 띨 때가 많습니다. 그리고 체계적으로 보일 때가 있습니다. 불순종이라고 해서 엉망일 것이라고 생각한다면 그것은 큰 착각입니다. 차라리 불순종이 엉망진창의 모습으로 노골적으로 드러난다면 우리의 근원적인 문제를 살펴서 나아질 수 있는 계기를 마련할 수 있을 것입니다. 하지만 순종의 형태를 띤 불순종은 우리 자신을 속이고 교회를 속이는 것이기 때문에 더 위태롭습니다. 이 점에 대해 우리는 항상 경각심을 가져야 합니다.

사람이 잘못된 길에 서게 되면 바리새인으로 변합니다. 바리새인의 눈에는 모든 것이 잘못돼 보이고, 자기만 옳다고 생각하는 성향이 있습니다. 개혁적이고 의를 위해 일어선 행동을 내세우는 사람일수록 자칫 더 나쁜 곳으로 빠지기 쉽습니다. 다시 말해 신앙에 있어서는 한 점 부끄러움이 없다고 생각하는 바리새인과 같은 사람들은 스스로의 행동을 합리화시키기 위해 율법도 왜곡하고 축소시키는 일이 많습니다.

바리새인들이 율법을 자신들에게 맞게끔 얼마나 합리화시키고 축소시키고 있는지 산상수훈을 살펴보십시오. 그들은 율법을 다 지킨다고 합니다. 하지만 실제로 지키기 힘들기에 율법을 축소시킵니다. 예를 들어 '살인하지 말라'는 계명 중에는 많은 명령들이 포함되어 있지만 바리새인들은 그 뒤에 '살인하게 되면 심판을 받을 것이다'라고 덧붙입니다. 심판을 받는다는 것이 앞의 내용에 아무 영향을 주지 않는 것 같지만 그렇지 않습니다. 그것은 살인만 안 하면 심판을 면하게 된다는 의미로 이해됩니다. 이런 논리는 율법의 정신을 축소시켜 버립니다. 하지만 예수님은 단순히 살인만 금한 것이 아니라 그 말씀 속에 남을 미워하는 일도 살인이라는 풍성한 논리와 개념이 있음을 가르쳐 주셨습니다.

그런데 예수님이 말씀하신 논리는 당시에만 적용되는 것이 아니라 주님이 오시기 전인 구약 시대에도 해당되는 논리였습니다. 그럼에도 바리새인들은 자기들의 모든 행위를 합리화시키기 위해서 그 부분을 축소해 버립니다. 오늘날 우리가 하나님의 백성으로서 의롭게 살기 위해서 무엇이 나쁘고 옳은지를 판단하려고 할 때 바리새인들처럼 내 입장에서 모든 문제를 합리화시키고 축소시킬 수 있는 여지가 많이 있습니다. 왜냐하면 모든 것이 자기 자신이 기준이 되고 주체가 되기 때문입니다.

하나님은 우리가 생각하는 것보다 크신 분이십니다. 그러나 우리는 자신이 생각하는 좁은 틀 속에 하나님을 가둬 놓고 하나님이 원하시는 것은 여기까지라고 선을 긋습니다. 그리고 그것에 도달하지 못하는 사람들을 쉽게 정죄합니다. 그러나 하나님은 우리가 생각하는 것보다 훨씬 크십니다. 바리새인들의 관점에서 보면 예수님이 세리들과 식사하는 모습을 도저히 용납할 수 없었지만 주님은 그들과 기꺼이 함께 하셨습니다.

그런 의미에서 우리가 하나님에 대해 더 많이 아는 것은 다행스러운 일입니다. 하지만 그럴수록 겸손해져야 합니다. 교만과 겸손의 차이는 그 주체가 누가 되느냐에 달려 있습니다. 그 주체가 나 자신이면 우리는 교만해집니다. 그러나 그 주체가 하나님이라면 우리는 겸손할 수 있습니다.

순종의 진실을 평가할 수 있는 시금석은 내 중심에서 일어났느냐, 내가 어디로 갔느냐가 아닙니다. 그렇다면 근본적인 기준은 무엇입니까? 요나서 3장 3절에는 "요나가 여호와의 말씀대로 일어나서"라고 기록되어 있습니다.

가장 중요한 부분은 '말씀대로' 입니다. 말씀대로 일어나고 가는 것이라면 그 행동은 하나님 앞에 순종하는 것입니다. 그러나 '말씀대로'가 없으면 순종이 아닙니다. 우리의 외형적인 순종 가운데 하나님의

'말씀대로'가 있는지 점검해 봐야 합니다. 진정으로 우리가 말씀을 듣는 자라면 '말씀대로'를 항상 간직하고 있는 사람이어야 합니다. 요나서 1장 1절에서 하나님은 말씀하시는 분이고, 우리는 말씀을 듣는 자라고 했습니다. 우리가 말씀을 듣는 자라면 우리의 모든 삶의 기준은 항상 하나님의 말씀이어야 합니다. 우리가 말씀을 듣는 자라는 것은 우리의 의지를 전적으로 하나님께 복종한다는 의미입니다. 그런데 그런 삶은 쉽지 않고 어렵습니다.

순종해도 어려워질 수 있다

사람들은 예수를 믿는 일이 쉽다고 말하지만 주님께서는 "아무든지 나를 따라 오려거든 자기를 부인하고 자기 십자가를 지고 나를 좇을 것이니라"(막 8:34)고 말씀하셨습니다. 즉 자기 자신이 죽는 것입니다. 자신이 죽지 않고서는 결코 하나님의 말씀을 따를 수 없습니다. 왜 그렇습니까? 우리 인간은 약간의 틈만 있으면 자기 의가 살아나게 되어 있습니다. 사람들은 누구를 막론하고 자기 잘난 맛에 산다고 합니다. 자기 '잘난 맛'이라는 것은 바로 자기 '의'입니다. 그래서 자기 '의' 속에 하나님을 가둬 놓습니다. 자기 의가 드러나면 그때부터 그는 겸손한 사람이 아니라 교만한 사람입니다. 그리고 그 의가 행동으로 부풀려지면 외형적으로는 봉사하며 착하게 사는 것 같지만, 기초가 하나님이 아닌 나이기 때문에 그것은 말씀대로 사는 삶이 될 수 없습니다.

신앙 생활을 하면서도 항상 점검해야 할 부분이 바로 이 점입니다. 우리가 '말씀대로'의 기초에서 우리의 열심과 찬송과 기도가 있는가, 아니면 1장의 '그러나'의 선상에서 내가 행동하고 있는가 하는 근원적인 문제를 살피지 않을 때 잘못하면 자신에게 속게 됩니다.

3장에서 요나의 모습은 순종의 길을 걷고 있습니다. 일어나 가는 것이 주체가 아니라 '여호와의 말씀대로' 가 주체가 됩니다. 그 기준에서 일어나서 가게 되면 아름다운 일이지만 그것 없이 일어나 가게 되면 불행한 일입니다. 이런 불행은 소위 잘하고 있다는 사람들에게 일어나고 있다는 사실을 기억하십시오. 잘 못한다고 생각하면 내가 으레 불순종하고 있다는 사실을 알기 때문에 재생의 가능성이 있는 것입니다. 탕자나 삭개오를 보십시오. 그러나 바리새인들은 이들과 대조되고 있습니다. 자기 자신의 문제점을 직시하지 못하기 때문입니다.

그런데 우리가 착각해서는 안 될 부분이 또 하나 있습니다. 즉 '순종하면 모든 환경이 보장된다' 는 잘못된 인식입니다. 우리가 순종하므로 이제는 하나님이 모든 일에 대답해 주시고 앞길이 열릴 것이라고 생각합니다. 그러나 이것은 맞는 이야기일 수도 있지만 틀린 이야기일 수도 있습니다. 다시 말해 절대적인 게 될 수 없다는 뜻입니다.

3장 3절을 보십시오. "요나가 여호와의 말씀대로 일어나서 니느웨로 가니라 니느웨는 극히 큰 성읍이므로 삼일 길이라."

요나가 니느웨로 간다는 말 다음에 그곳이 '극히 큰 성읍' 이라고 기록되어 있습니다. 니느웨가 얼마나 큰 곳이기에 이런 표현을 썼을까요. 니느웨는 앗수르 제국의 수도로 이스라엘(팔레스타인)에서 약 800킬로미터 떨어진 지역입니다. 그리고 당시 니느웨는 지름이 약 30킬로미터 안팎의 거대 도시였습니다. 30킬로미터라고 하면 차를 타고 한참을 가는 거리입니다. 그 둘레를 돌자고 하면 약 100킬로미터 정도 될 것입니다. 그렇지만 니느웨 성이 아무리 크다 하더라도 천지를 창조하신 하나님의 시각에서는 그리 큰 것이 아닙니다.

그런데 지금 요나가 요나서를 기록하면서 '극히 큰 성읍' 이라고 말합니다. 이 말속에는 두 가지 숨겨진 의미가 더 있습니다.

첫째, 니느웨가 회개하고 돌아오길 바라시는 하나님의 마음이 담겨 있습니다. 하나님의 마음으로 볼 때 니느웨는 큰 성읍일 수밖에 없습니다. 1장 1절에 보면 니느웨를 구원하시려는 하나님의 마음이 나타납니다. 하나님께 그 사람들은 작은 사람이 아닌 큰 사람입니다. 다시 말하면 하나님은 우리 개인들을 작게 보지 않으시고 크게 보신다는 것입니다.

우리는 스스로 작게 여길지 모르지만 하나님은 우리를 크게 보십니다. 우리를 크게 보시기에 다가오셔서 사랑을 베푸시고 구원의 반열에 서게 하십니다. 만일 하나님이 우리를 크게 생각하지 않으신다면 그냥 내버려두어도 상관없을 것입니다. 하나님은 우주의 하나님이시지만 우리 작은 개인들을 크게 보시고 사랑으로 말씀하십니다. 그런 의미에서 니느웨는 '극히 큰 성읍' 입니다.

둘째, 이 글이 기록될 때에 '극히' 라는 표현을 쓴 배경에는 성읍이 실제로 크다는 의미도 있지만 그곳이 요나에게 위압감을 주기에 충분하다는 뉘앙스를 풍기고 있습니다. 즉 요나가 하나님의 말씀을 듣고 순종하며 니느웨로 갈 적엔 부푼 마음을 지니고 갔지만, 막상 그곳에 도착하니 그가 마음속으로 가졌던 분위기나 계획과는 다른 점을 많이 느꼈을 것입니다. 거창한 계획을 세우고 선교지에 도착하면 자신이 생각했던 것과는 다른 현실을 보게 됩니다. 어렵고 힘든 일이 많은 곳이 선교 현장입니다. 그럴 때 우리는 니느웨를 극히 큰 성읍이라고 표현하게 됩니다.

처음 우리가 예수를 믿을 때는 모든 일이 쉬워 보이고 기쁨 속에서 날아갈 것 같지만 실제로 신앙 생활을 하다 보면 우리의 신앙의 흐름이 '극히 큰 성읍' 이 될 수 있습니다. 그래서 예수 믿는 것이 결코 쉬운 일이 아니라는 말을 하게 됩니다.

신앙 생활을 제대로 하려면 정말로 어려운 일들이 많습니다. 사람들은 그리스도인이 되면 모든 일이 다 잘될 것이라고 생각하는 성향이 있지만 실제로는 그렇지 않습니다. 그래서 신앙적인 면에서 보면 역설적인 말을 할 때가 많습니다. 우리가 그 역설을 이해해야 상처받지 않습니다. 다시 말해 극히 큰 성읆이 나타나는 것에 상처를 받지 않는다는 의미입니다.

저는 인간이 악하다는 사실을 종종 저 스스로를 보며 느낍니다. 요즘 저는 집에 모기가 많아 밤에 잠을 못 잡니다. 다른 사람에 비해 신경이 예민하기 때문입니다. 처음에는 모기에게 물리다가 화가 나면 그것을 잡으려고 합니다. 쉽게 잡히지 않아 더 화가 나서 씩씩거립니다. 그런데 모기를 어렵게 잡아도 피가 나와야 속이 조금 시원하고 피가 나오지 않으면 서운합니다. 왜냐하면 내 피를 먹은 모기를 잡아야 하기 때문입니다. 그런 모습 속에서 제게 참 잔인한 속성이 있다는 것을 새삼 느낍니다.

얼마 전에도 배가 두툼해 피를 먹은 모기 같아서 잡으러 다녔습니다. 그런데 신문지로 잡으려고 했지만 쉽게 잡히지 않았습니다. 어떨 때는 한 시간도 쫓아다닌 적도 있습니다. 한편으로는 '저놈이 피를 먹어서 저렇게 날쌔구나. 내 피를 먹어서 저렇게 지혜롭게 요리조리 피하는구나'라고 생각합니다. 그리고 역시 내 피는 지혜의 속성이 담겨 있는 것 같다는 등 별 생각을 다하게 됩니다. 모두 저의 교만의 산물입니다.

이런 마음은 남에게 쉽게 이야기하지 않고 제 속으로만 가지고 있는 생각입니다. 평상시에는 '제가 부족합니다'라고 말하지만 혼자서 약한 모기와 대면할 때는 스스로 똑똑하고 지혜롭습니다. 그리고 모기를 잡으면 만족감을 느껴 속이 후련해집니다. 이 모습에서 무엇을 느꼈냐 하면 비록 제가 상대하는 것은 모기지만 좀더 잔인해지면 사람이 될 수도 있겠구나 하는 생각이었습니다. 히틀러 같은 사람도 마찬가지입니다. 이것은 인간은 모두가 잔인하다는 사실을 증명합니다. 우리 자신도 마찬가지입니다.

그렇기 때문에 인간의 본성을 신뢰할 수 없습니다. 인간은 누구를 막론하고 다 악합니다. 하지만 인간이 악하고 신뢰할 수 없다는 전제가 있기에 저는 다시 인간을 신뢰할 수 있습니다. 왜 그렇습니까? 인간이 모두 악한 존재라는 사실을 알고 있기 때문입니다. 그리고 저 자신이 악하다는 것을 알고 있기 때문입니다. 서로 악한 사람끼리 만난 것입니다. 악한 사람들끼리 서로 이해되는 부분이 있지 않습니까. 다른 사람이 실수하고 부족하다고 해도 인간이 다 그렇기 때문에 이해할 수 있습니다.

그러나 그 이해라는 것이 악한 일을 합리화하고, 악한 마음에 위로를 받고, 더 악해져도 괜찮은 것으로 적용하면 문제가 됩니다. 다만 우리는 그 속에서 악한 사람들에게 찾아오셔서 우리를 구원하시는 하나님의 위대하심을 깨달아야 합니다. 그 위대함 속에서 우리가 죄인이라는 사실을 인정하고 서로를 이해하고 격려하고 위로하고 신뢰해야 합니다. 바로 이것이 그리스도인들이 가져야 할 시각입니다.

그래서 그리스도인이 되면 환경의 변화를 생각하지 않게 됩니다. 즉 어려운 환경은 그대로 있다 할지라도 그것을 대하는 시각이 바뀝니다. 지금 요나가 하나님을 순종하는 선상에 있다고 해서 그 모든 환경이 좋아지는 것은 아닙니다. 그가 기도하고 하나님께로 나아갔지만 니느웨는 극히 큰 성읍으로 남아 있습니다.

이 '극히 큰 성읍'이라는 것이 1장과 대조되는 부분입니다. 성경을 보면 요나가 불순종할 때는 "마침 다시스로 가는 배를 만난지라"(욘 1:3)고 하여 '마침'이라는 단어가 쓰였지만, 3장 3절에는 요나가 순종하면서 가지만 '극히 큰 성읍'이라고 표현됩니다. 불순종할 때 '극히 큰 성읍'이 나와야 하고 순종할 때 '마침 니느웨로 가는 배를 만난지라'가 있어야 할 것 같습니다. 하지만 반대 현상이 일어났습니다. 오히려 더 힘든 환경이 등장합니다.

이런 점은 무엇을 말해 줍니까? 하나님께 순종하는 위치에 있다 하더라도 모든 환경이 우리가 원하는 대로 이루어지는 것은 아니라는 사실입니다. 그러므로 그리스도인은 환경을 바라보고 의지하며 살 수 있는 사람이 아닙니다. 환경을 바라보는 것이 아니라, 그 속에 임재하시는 하나님의 뜻을 헤아려야 합니다. 그렇지 않으면 항상 불만을 갖고 살게 됩니다.

이런 시각을 가진 사람이 사도 바울입니다. 그는 감옥에 있을 때 자유롭게 되는 데 관심을 쓴 것이 아니라 감옥 자체를 복음의 도구로 사용한 사람입니다. 그리하여 빌레몬에게 쓴 편지를 보면 '갇힌 자 된 바울은'이라는 표현을 사용함으로써 감옥을 오히려 복음의 도구로 쓰고 있음을 이야기합니다. 우리도 바울처럼 여러 가지 어려운 현상, 즉 순종의 길에 보이는 극히 큰 성읍을 바라보면서 그 속에서 하나님의 뜻을 생각하는 사람이 되어야 합니다.

순종, 말씀대로 산다는 것

그렇다면 진정한 순종은 어떤 모습입니까? 물론 요나가 니느웨로 일어나 간 것, 큰 성읍에 들어가 하룻길을 헤맸다는 사실, 니느웨 사람들을 향해 하나님의 말씀을 선포했다는 행동이 순종의 주체가 될 수 없습니다. 순종의 주체는 오직 여호와의 말씀입니다.

요나서 3장 4절에는 "요나가 그 성에 들어가며 곧 하룻길을 행하며 외쳐 가로되 사십일이 지나면 니느웨가 무너지리라 하였더니"라고 기록되어 있습니다. 이 말씀의 의미를 잘 생각해 보십시오. 하나님은 3장 2절에서 요나에게 "내가 네게 명한 바를 그들에게 선포하라"고 하셨는데 그 부분에 '사십일이 지나면 성이 무너지리라'는 내용이 포함되어 있었을 것입니다. 그렇다면 이 말씀도 '여호와의 말씀대로'에 나타난 순종의 작은 모습입니다. 여호와의 말씀대로 순종한 것입니다.

그런 의미에서 우리는 하나님의 섬세한 말씀을 잘 감지하고 그대로 순종해야 합니다. 사십일이 지나 성이 무너진다고 하시면 그 말씀대로 해야 하는 것입니다. 큰 범위가 아닌 작은 부분에서 들려주시는 음성을 잘 감지하고 그대로 행해야 합니다. 이것은 매우 중요한 일입니다.

오늘날 그리스도인들은 이런 작은 일에 개입하시는 하나님의 말씀을 듣지 않고 소홀하게 생각합니다. 예를 들면 기독교 가치관이나 윤리를 우리와 관계없다고 생각하는 경우가 많습니다. 그래서 그리스도인들이 난폭 운전을 하고, 거짓말을 하며, 편법을 쓰는 등 세상 사람들이 하는 행동을 그대로 따라하며 그 일을 가볍게 생각하는 경향이 있습니다. 즉 은혜라는 큰 범위만을 생각하고 그런 행위들은 별것 아니라고 생각합니다. 물론 양심의 가책은 느낄지라도 그것이 구원의 절대적인 기준은 아니라고 생각합니다. 그런 부분은 사사롭게 생각합니다. 하지만 하나님은 그런 부분도 세심하게 말씀하십니다. 그 점을 잊지 말아야 할 것입니다.

이제는 좀더 큰 의미에서 "사십일이 지나면 니느웨가 무너진다"는 말씀을 생각해 보십시오. 요나가 하나님의 메시지를 전하자 니느웨 사람들의 반응은 대단했습니다. 회개의 운동이 크게 일어났습니다. 그리고 니느웨 성은 무너지지 않았습니다. 그렇다면 말씀이 잘못된 것입니까?

성경을 살펴볼 때 이런 부분이 참 혼란스럽습니다. 하나님은 요나를 통해 사십일이 지나면 니느웨가 무너진다고 말씀하셨지만 무너지지 않았습니다. 요나의 입장에서 보면 당시에 유명한 선지자였고 사람들에게 인기도 많았습니다. 그런 선지자가 이와 같은 메시지를 전할 때 그의 마음속에 약간 기쁜 마음이 있었을 것입니다. 즉 요나에게도 인간의 그릇된 속성이 있기 때문에 실제로 니느웨 사람들이 회개하고 돌아오기보다는 망해야 된다는 생각이 있었을 것입니다. 그러나 니느웨는 무너지지 않았고, 화가 난 요나는 하나님과 담판을 지으려고 합니다. 하나님의 말씀이 실현되지 않아서 요나는 자존심이 무척 상했기 때문입니다. 그 내용이 4장에 나옵니다.

그러면 하나님이 말씀을 잘못하신 것입니까? 물론 아닙니다. 사람들이 하나님의 말씀을 문자적으로만 이해하니까 잘못된 것처럼 보일 뿐입니다. 그 말씀 속에 숨겨져 있는 궁극적인 하나님의 마음을 읽어야 합니다. 하나님의 마음은 니느웨 성이 무너지는 것에 있지 않습니다. 니느웨가 회개하고 하나님의 품으로 돌아오길 바라십니다. 그래서 요나를 통해 그들에게 경고의 메시지를 보내신 것입니다. 즉 하나님이 심판의 메시지를 주시는 것은 하나의 경고입니다.

성경을 찾아보면 하나님은 이런 식으로 경고를 많이 하십니다. 그 이유는 하나님이 우리를 사랑하시기 때문입니다. 우리가 자녀에게 '너 말 안 들으면 밥 안 줄 거야'라고 경고하는 것처럼 말입니다. 그런데 자녀가 문자 그대로 이 말을 이해하고 '아, 나는 아버지의 말씀을 순종하는 차원에서 이제부터 밥을 안 먹겠다'라고 하는 것이 순종입니까. 그것은 부모의 의도를 파악하지 못한 행동입니다.

실제로 경고의 메시지는 니느웨가 무너진다는 말이 아니라 '너희는 빨리 회개하고 돌아오라'는 하나님의 깊은 마음이 담겨 있는 것입니다. 그렇다면 이 말씀 속에서 우리는 '하나님의 말씀대로' 라는 것과 그 속에 숨겨진 하나님의 마음을 인식할 수 있어야 합니다. 하나님 나라가 이 땅에 실현되는 일과 하나님의 뜻이 이 땅에 펼치는 것을 우리가 이해해야 합니다. 그리고 하나님의 뜻에 맞게끔 한걸음 한걸음 걸어가야 합니다. 이것은 우리가 하나님의 말씀대로 사는 길이고, 또 이렇게 사는 것이 우리에게 주어진 소명입니다. 이것이 순종의 절대 기준이 되어야 합니다. 이 기준을 외면한 채 사소한 일에 순종하는 것은 종교적인 사람들이 하는 행동에 지나지 않습니다.

이런 기초 위에서 행동하지 않고 때가 되면 교회 가고, 때가 되면 기도하고, 때가 되면 성도들과 어울립니다. 또 어쩌다 한 번 가족들과 가정 예배를 드리고 교회는 가야 되니까 간다고 하면 그 행동에 무슨 의미가 있습니까. 교회는 취미 생활을 하는 곳이 아닙니다. 하나님이 이 땅에 하나님 나라를 계획하시는 그 마음에 우리도 동참해야 합니다.

우리의 인생 목표는 바로 이런 하나님의 마음을 지니는 것입니다. 그리고 이 목표를 가지는 일이 진정한 의미에서 순종의 실체가 되는 것입니다. 우리는 큰 의미에서 하나님 나라가 실현되는 일에 요나처럼 이방인들에게 가라는 명령을 받았습니다.

그렇다면 말씀대로 사는 것은 무엇입니까? 큰 의미에서 하나님의 마음을 이해하는 것이고, 하나님의 말씀을 듣고 순종하는 것입니다. 우리가 구원받기를 원한다면 이 두 가지를 갖추고 있어야 합니다. 하나님은 어떤 분인가 하는 것은 결코 작은 질문이 아닙니다. 하나님이 누구신가에 대한 정의를 내리는 것이 아니라 그분의 큰마음을 내 영혼으로 감지하고 느껴야 하는 것입니다. 그것을 우리의 삶에 적용시켜야 합니다.

말씀이 사상적으로 적용되지 않았다면 상황에 따라 이럴 땐 이렇게 하고, 저럴 땐 저렇게 하는 것으로 여기게 됩니다. 우리 마음속에 하나님의 마음을 품지 않으면 종교적인 행위만 존재하게 됩니다. 그 속에 하나님의 나라가 기초하고 있어야 하며 우리는 그 나라의 백성으로서 하나님의 마음을 느껴야 합니다. 우리의 순종은 그래서 절대적입니다. 바로 이것이 그리스도의 삶이며, 생활이어야 합니다.

니느웨의 구원을 위하여

사람들은 순종한다는 말을 별로 좋아하지 않습니다. 그 말속에는 우리 자신이 왠지 비참하게 느껴지는 측면이 있기 때문입니다. 사람들이 무슨 일을 할 때는 혼자 하고 싶어합니다. 무슨 일을 계획했을 때도 누가 그 일을 시키면 금방 하기 싫어집니다. 인간의 속성에 남들로부터 간섭받기 싫어하는 마음이 있기 때문입니다. 자녀들에게도 무엇을 하라고 시키면 하려고 했다가도 싫어진다고 합니다. 마찬가지로 우리도 쓸데없는 신앙의 자존심을 가지고 있습니다. 신앙은 자존심으로 좌우되는 것이 아니라 그 일의 중심이 무엇인가를 바르게 알고, 그 일이 하나님의 일이라면 순종하는 것이 성숙된 그리스도인의 모습입니다. 같은 일이라도 하나님의 입장에서 생각하지 않으면 반대의 결정을 내리는 경우가 많습니다. 그러나 하나님의 일을 폭넓게 생각하면 순종의 자세는 한결 부드러워집니다.

생각해 보십시오. 하나님이 우리에게 순종을 요구하시는데 그 안에는 뭐가 있습니까? 바로 니느웨의 구원이 들어 있습니다. 우리 자신은 하나님께 순종만 하면 된다고 가볍게 생각하지만 요나를 순종케 하시는 하나님의 마음속에는 저 큰 성읍 니느웨가 자리잡고 있습니다. 그렇다면 우리의 순종은 결코 가벼운 일이 아닙니다. 하나님은 니느웨를 구원하시기 위해서 지극히 작은 우리를 외딴 섬에서 키우신 것입니다. 그리고 그곳에서 훈련시켜서 불순종했던 우리를 순종의 모습으로 만들어 가시는 것입니다.

그 과정 속에서 우리의 모습이 나약하다고 느낄지 모르지만 그 속에 니느웨의 회개가 달렸다는 것을 생각해 보십시오. 그러면 우리의 삶은 결코 간단하지 않습니다. 물론 우리가 그렇게 행동한다고 해서 니느웨가 회개하고 돌아오는 것은 아닙니다. 그러나 하나님의 계획 속에 우리가 포함되어서 실제로 그 일을 하는 것처럼 느껴지는 것도 얼마나 큰 행복입니까. 우리의 순종의 이면에는 니느웨의 구원이 있다는 사실을 기억하시길 바랍니다.

하나님은 니느웨의 회개를 위해서 작은 우리를 준비시키는 분이십니다. 우리는 스스로를 작게 생각할 때가 많습니다. 그러나 하나님은 우리를 결코 작게 보지 않으시고 큰 시각으로 바라보십니다. 우리가 작지만 크게 드러날 수 있는 이유는 바로 하나님이 크시기 때문이고, 우리가 그분께 순종함으로 혜택을 얻기 때문입니다. 물론 우리 스스로 크다고 교만해서는 안 됩니다. 그만큼 하나님이 크시다는 뜻입니다. 우리의 순종으로 하나님 나라가 실현되고 있다는 사실을 생각해 보십시오. 얼마나 큰 영광입니까.

순종의 자세는?

그러면 우리는 어떤 자세로 순종해야 합니까?

첫째, 항상 '하나님의 말씀대로'를 생각하십시오. 우리의 뜻과 의지를 하나님께 반영시키려고 하지 말고 오직 '하나님의 말씀대로'를 우리의 삶과 신앙의 기초로 생각하십시오. 자신을 반영하는 것은 순종이 아니라 자신의 만족을 충족시키려는 행위입니다. 하나님을 삶의 수단으로 생각하는 태도는 잘못된 것입니다.

둘째, 항상 우리의 '일어나'를 점검하십시오. '일어나'는 영적 각성이라고 말했습니다. 우리가 하나님께 순종하기 위해서 일어났느냐를 점검해야 합니다. 일어난 사람들이 가서 외치는 것은 좋은 일입니다. 그러나 '일어나' 없이 가서 외치면 그 일은 안 하는 것보다 못합니다.

셋째, 실천하십시오. 요나가 니느웨로 간 것처럼 우리의 순종은 실천에 있습니다. 우리가 이론적으로는 '일어나'와 '말씀대로'의 측면을 알고 있지만 실제로 행동하지 않으면 그것은 순종의 반쪽만을 이야기 하는 일입니다. 그것은 순종에 대해 진정으로 아는 일이 아닙니다. 그래서 순종은 처음과 끝이 잘 조화되어야 합니다.

넷째, 자기 자신의 자존심과 의지를 버리십시오. 그리고 니느웨에 대한 편견을 버리십시오. 하나님의 말씀을 우리의 생각과 마음으로 이해했으면 행동으로 옮기는 일이 필요합니다. 실천하십시오. 그리고 가십시오. 그러나 갈 때는 내 자존심과 의지를 다 버리십시오. 요나가 니느웨에 간다는 것은 실제로 자존심이 걸린 문제입니다. 니느웨에 가기 싫어한 사람에게 가라고 하니까 자존심이 상했을 것입니다. 하지만 하나님은 우리의 자존심이 상하는 곳에 가라고 말씀하십니다. 순종은 우리의 자존심이 기준이 되는 것이 아니라 하나님이 가라면 가는 것입니다. 나의 편견을 버리십시오. 그것이 순종의 기본 자세입니다.

다섯째, 순종은 힘들다는 것을 염두에 두십시오. 순종에는 항상 장벽이 있습니다. 큰 성읍 니느웨가 가로막고 있을 것입니다. 하지만 우리의 헌신이 없으면 그것은 순종이 될 수 없습니다.

여섯째, 열심을 내십시오. 요나는 들어가며 행하며 외쳤다고 합니다. 생각하는 사람일수록 그런 열심을 무시하는 경향이 있습니다. 우리가 올바른 말씀의 기초 위에 있다면 그것을 열심히 따라야 합니다. 하나님의 열심이 우리의 열심이 되어야 하는 것입니다.

일곱째, 가장 중요한 것은 하나님의 근본적인 마음을 읽는 일입니다. 하나님의 메시지를 이해하고 그 뜻을 생각하고 나아가는 일이 진정한 순종의 모습입니다. 또한 그 모습을 우리는 반드시 지녀야 합니다.

13장

참된 회개의 열매는?

니느웨 백성이 하나님을 믿고 금식을 선포하고 무론 대소하고 굵은 베를 입은지라 그 소문이 니느웨 왕에게 들리매 왕이 보좌에서 일어나 조복을 벗고 굵은 베를 입고 재에 앉으니라 왕이 그 대신으로 더불어 조서를 내려 니느웨에 선포하여 가로되 사람이나 짐승이나 소 떼나 양 떼나 아무것도 입에 대지 말지니 곧 먹지도 말 것이요 물도 마시지 말 것이며 사람이든지 짐승이든지 다 굵은 베를 입을 것이요 힘써 여호와께 부르짖을 것이며 각기 악한 길과 손으로 행한 강포에서 떠날 것이라(욘 3:5-8).

역사적 대사건, 니느웨의 대각성 운동

본문은 엄청난 사건을 다루고 있습니다. 그것은 하나님을 믿지 않던 니느웨 백성들이 자신들의 죄를 뉘우치고 하나님을 믿게 된 대각성 운동입니다. 이 대각성 운동은 개인은 물론 국가적으로 일어난 커다란 사건입니다. 이런 일은 역사적으로 쉽게 일어나는 사건이 아닙니다. 천지가 개벽할 만큼 큰 사건입니다. 강퍅함과 불신으로 가득 차 서로를 속이며, 자기의 위치를 지키기 위해서 안달이 나 있던 한 나라에서 소수의 사람들도 아닌 온 국민과 사회 인사들이 일어나서 잘못을 회개하고 이제는 자기의 모든 것을 버리겠다고 말합니다.

새로운 마음으로 살겠다는 자성의 눈물이 나라 전체에 가득한 모습을 한번 상상해 보십시오. 정치인들은 당리당략에 사로잡혀 자신의 인기나 이익에 집착했던 모습을 시인합니다. 언론인들은 스스로 상업적인 구조 안에서 행했던 거짓과 왜곡된 기사를 폭로합니다. 버스 기사들은 손님을 생각하지 않았던 자신들의 난폭 운전을 반성하고 기업가들은 그릇된 경쟁과 돈벌기에 혈안이 되었다고 고백하며, 교사들은 제사보다 젯밥에 관심이 많아 행한 비리들을 인정합니다. 그리고 술집과 성인 오락실과 러브 호텔을 비롯한 향락 업소들이 줄지어 문을 닫습니다.

실제로 이런 일들이 나라 곳곳에서 벌어집니다. 역사적으로 이런 일이 일어날 수 있겠습니까. 결코 쉽지 않을 겁니다. 그래서 많은 학자들은 이 일을 천년에 한 번 일어날까 말까 하는 역사적인 대사건이라고 이야기합니다.

요나서를 읽으면서 이 사건을 가볍게 지나칠 수 있지만, 이것은 참으로 대단한 사건입니다. 사람들은 이와 같은 일이 벌어지면 역사적인 사건이 벌어졌다고 말합니다. 그러나 이렇게 대규모 사건이 아닌 우리 생활 가운데 이루어지는 소소한 일들에 대해서는 역사적이라고 말하지 않습니다. 우리는 과거나 미래를 생각할 때는 역사 의식을 갖지만 현실 속에서 우리의 모습을 바라보며 자신이 역사의 한가운데 서 있다고 생각하지는 않습니다. 어떤 큰 사건이 발생하면 그때서야 그 일이야말로 역사적인 대사건이라고 말합니다. 그리고 역사 의식을 갖게 됩니다.

얼마 전에 남북정상회담이 있었습니다. 사람들은 그 모습을 보고 역사적으로 기억될 만한 사건이라고 말했습니다. 그 역사적인 사건을 우리가 요즘 피부적으로 실감할 때가 많습니다. 예전 같으면 감히 상상하지도 못했던 이야기를 하고 표현하는 등 많이 달라진 모습을 살펴볼 수 있습니다. 불과 몇 달 전만 해도 불가능하게 느껴졌던 북한에 대한 이미지와 태도가 급변했다는 뜻입니다. 또한 이런 역사적인 대사건이 일어나면 이 일이 어떻게 가능할 수 있었는가에 관심을 두게 되고, 그것을 주관하고 만든 공로자와 수훈자가 누구인지 찾게 됩니다. 그러면 관심의 대상이 밝혀지면서 그는 하루아침에 영웅이 되기도 합니다.

그리스도인들도 기독교 역사 속에서 역사적인 대사건을 찾을 때가 많습니다. 그중에서 가장 큰 사건을 찾으라면 종교개혁일 것입니다. 그러면 우리는 종교개혁에서 가장 중요한 인물로 마틴 루터를 꼽고, 그를 기독교 신앙을 지키고 교회를 이뤄 가는데 결정적인 역할을 한 사람으로 생각합니다.

요나서를 보면서 우리는 니느웨의 대각성운동 같은 놀라운 일이 어떻게 일어날 수 있었는지 궁금해합니다. 그렇다면 어떻게 해서 이와 같은 사건이 일어날 수 있었을까요? 그 사건의 전모를 3장 4-5절은 간단히 이야기합니다. "요나가 그 성에 들어가며 곧 하룻길을 행하며 외쳐 가로되 사십일이 지나면 니느웨가 무너지리라 하였더니."

그리고 요나가 그렇게 외친 것에 대한 니느웨 백성의 반응이 3장 5절에 나옵니다. "니느웨 백성이 하나님을 믿고 금식을 선포하고 무론 대소하고 굵은 베를 입은지라."

여기에 보면 니느웨가 무너진다는 말을 듣고 니느웨 사람들이 하나님을 믿게 됩니다. 하나님의 말씀을 전파했더니 니느웨 사람들이 그 말씀을 듣고 하나님을 믿었다고 말하는 것입니다.

'~했더니 ~되었더라'는 말이 실감나십니까. 저는 이 대목을 그냥 지나치지 않습니다. 니느웨 사람들은 이방 백성들입니다. 오늘날로 말하면 예수를 믿지 않는 사람들입니다. 예수를 믿지 않는 사람들, 교회하고 상관없는 사람들에게 하나님의 말씀을 증거했더니 그들이 믿게 되었다고 합니다. 우리 생활 가운데서 예수를 믿지 않던 사람들이 전도 받아 교회에 나오는 것이 어디 쉬운 일입니까.

미국의 어떤 교회에 다니는 성도들은 예전엔 불신자였지만 전도 받고 예수님을 영접한 사람들이 대부분이라고 합니다. 이 사실은 많은 사람들에게 강한 인상을 주고 있습니다. 왜냐하면 예수를 믿지 않던 사람들이 교회에 와서 믿음을 갖는 것이 결코 쉽지 않기 때문입니다.

그런데 요나서의 기록을 보면 요나가 말씀을 증거했더니 한 사람도 아니고 모든 백성들이 하나님을 믿었다고 합니다. 왜 이 사건과 우리 생활 속에서 일어나는 일은 다를까요? 실제로 열심히 전도해도 예수를 믿게 하기란 쉽지 않습니다. 너무나 힘든 일입니다. 그래서 전도가 어렵다기보다 불가능한 일처럼 느껴질 때도 있습니다. 분명 성경은 전도를 쉽게 이야기하고 있는데 왜 우리에게는 어려운 일일까요? 그 차이가 무엇입니까?

복음의 능력이 나타나려면

복음은 능력입니다. 하나님의 말씀은 사람을 변화시킵니다. 바울이 전도 여행을 하면서 복음을 전할 때 새신자들이 늘어나고 새로운 교회가 형성된 것은 복음의 능력 때문입니다. 성경은 복음의 능력으로 인한 새로운 생명의 탄생을 보여 주고 있습니다.

본문에서도 요나 선지자가 니느웨 성이 무너진다고 외치자 니느웨 사람들이 곧 하나님을 믿게 됩니다. 하지만 우리 생활 속에서는 이런 일이 쉽게 일어나지 않습니다.

그 이유가 무엇입니까? 말씀의 능력은 단순히 이론에 불과하고 실제로는 불가능한 것일까요? 성경은 말씀에 능력이 있다고 이야기하고 그 모습을 생생히 기록해 놓았는데, 왜 우리의 현실은 그렇지 못할까요?

여기에는 생각해 봐야 할 문제가 있습니다. 즉 하나님의 말씀이 실제로 능력이 없는 것인가, 아니면 우리에게 문제가 있는 것인가를 심각하게 고민해야 합니다. 아마 둘 중에 하나일 것입니다. 성경은 분명 말씀은 생동력 있고 사람을 변화시킨다고 이야기합니다. 또한 빛이 오나 어둠이 깨닫지 못하는 측면이 있지만 그 가운데서도 복음의 능력을 감지하고 하나님을 믿는 일이 일어난다고 합니다.

그렇다면 복음의 능력에 대해서 우리 각자에게 몇 가지 점검해야 할 사항이 있습니다.

첫째, 우리는 '나에게 말씀이 있는가?' 하는 것을 생각해야 합니다. 이것은 단순히 성경을 읽는 행동만으로 판명되는 것이 아닙니다. 믿지 않는 사람들도 성경을 읽을 수 있습니다. 요나서 1장을 보면 불순종한 요나에게도 말씀이 있었습니다. 즉 요나가 사공들에게 심문받을 때 "여호와는 바다와 육지를 지으신 여호와 하나님이시다"라고 말합니다. 요나는 하나님이 어떤 분이라는 말씀을 가지고 있었습니다. 그렇지만 요나가 듣는 자의 위치를 상실했을 때 말씀은 외적인 외침에 불과하게 되었습니다.

이런 외형적인 외침은 하나의 종교적인 틀일 뿐이며, 거기에는 감동도 생명력도 없습니다. 그리고 말씀에 감동이 없을 때 우리는 실제로 내 영혼 속에 생명력이 없다고 생각합니다.

우리가 성경을 읽기 때문에 말씀이 있는 것이 아닙니다. 말씀이 내 영혼을 사로잡고 하나님과 나의 관계 속에서 열정이 드러나야 합니다. 하나님에 대한 감격과 기쁨이 넘치는 것, 바로 그것이 말씀입니다. 요나서 1장 1절을 통해서 하나님은 말씀하시는 분이고, 인간은 그 말씀을 듣는 자라고 했습니다. 우리가 하나님과 이런 관계를 맺고 있다면 말씀의 소리가 들리게 됩니다. 그리고 말씀에 감동한다는 것은 단순한 느낌이 아니라, 하나님이 나를 지배하시는 일을 말합니다. 즉 모든 것의 중심에 하나님이 자리잡고 계심을 말합니다.

그런데 외형적인 말씀만으로는 생명력을 발휘하지 못합니다. 요나가 니느웨 사람들에게 말씀을 전했을 때는 나라 전체가 하나님께 돌아오는 능력이 나타났지만, 오늘날 우리에게는 실제로 그런 역사가 나타나지 않습니다. 왜 그렇습니까? 우리가 말씀을 가지고 있는데도 능력이 드러나지 않는 것입니까? 아니면 정말로 우리에게 말씀이 없기 때문입니까?

저는 스스로를 돌아보면서 이렇게 결론 내릴 때가 많습니다. 하나님의 말씀에 완전히 사로잡혀 있지 않기에 하나의 종교적인 형식과 틀 속에서 말씀을 전해야 한다는 강박관념만 남아 있기 때문이 아닐까 하고 말입니다.

둘째, 우리는 '말씀을 전하는 일에 관심을 가지고 있는가?' 하는 것을 생각해야 합니다. 말씀을 전하는 일은 우리 삶에 있어서 매우 중요한 부분입니다. 우리가 말씀을 전하지 않으면 믿지 않는 사람들이 복음을 들을 수 없고, 결국 그들이 하나님께 돌아올 기회를 막는 것입니다. 그래서 하나님은 요나에게만 소명을 주신 것이 아니라 우리에게도 '너는 저 큰 도시 니느웨로 가서 말씀을 증거하라'고 말씀하십니다.

그러나 실제로 우리는 말씀 전하는 일을 가볍게 생각할 때가 많습니다. 왜입니까? 하나님과 나의 개인적인 관계를 통해서만 내 신앙이 충족된다고 생각하기 때문입니다. 우리가 교회에 나가서 하나님의 은혜를 받아 감동하고 스스로 만족하는 일, 이것은 신앙 생활의 일부분에 불과합니다. 그것이 신앙의 모든 것은 아닙니다.

하나님은 우리의 생활 가운데 그분의 말씀을 전함으로써 믿지 않는 사람들이 새롭게 하나님을 만날 수 있도록 하는 사명을 주셨습니다. 그런데 우리가 말씀을 전할 때 특별한 역사나 변화가 없는 경우가 많습니다. 그 이유는 우리가 진정으로 말씀 전하는 일에 관심이 없기 때문입니다. 이 문제를 깊이 생각해 보십시오.

셋째, 우리는 '그것이 하나님이 명하신 말씀인가?' 하는 것을 생각해야 합니다. 즉 우리가 말씀 전하는 일에 관심을 가졌다 하더라도 그것이 실제적으로 하나님의 말씀인가를 고민해 봐야 한다는 뜻입니다. 하나님이 요나에게 사십일이 지나면 니느웨가 무너진다고 말씀하신 것처럼, 우리에게도 하나님의 명하심을 받고 전하는 말씀이 있어야 합니다. 물론 우리에게 주신 말씀을 명확하게 하기 위해서는 끊임없는 진리 탐구와 늘 하나님을 생각하는 마음이 있어야 가능합니다.

며칠 동안 경건의 시간을 가진다고 해서 하나님의 마음을 읽을 수 있는 것은 아닙니다. 하나님이 나에게 주신 말씀으로 주위 환경을 생각하고, 내 인생을 생각하고, 나의 역할을 생각하고, 하나님과 나의 관계를 생각해야 합니다. 또 교회와 나라와 민족과 역사를 생각하는 일이 하나님의 마음을 읽는 것입니다. 우리가 실제적으로 하나님의 마음을 읽지 못한 채 어떤 결과를 바란다는 것은 모순입니다. 니느웨 백성이 돌아온 이유는 분명한 하나님의 말씀이 전해졌기 때문입니다.

오늘날도 마찬가지입니다. 하나님의 말씀이 증거되고 전파되면 믿지 않는 사람들은 반드시 돌아오게 되어 있습니다. 이 일은 요나 당시에만 일어난 사건이 아닙니다. 예전이나 지금이나 하나님의 말씀이 분명하게 증거되면 사람들은 그 속에서 감동을 받고 하나님을 믿게 될 것입니다.

하나님은 능력 있는 분이고 복음에는 그런 힘이 있다고 성경에 기록되어 있습니다. 하지만 우리에게는 왜 그런 모습이 나타나지 않습니까? 이는 우리에게 실제로 말씀이 없기 때문이며, 또 우리가 말씀을 전하지 않기 때문입니다. 말씀을 전한다 하더라도 하나님이 말씀하시고 명하신 것이 아니라 우리의 습관과 종교적인 관습대로 전한다면 그런 역사가 일어나지 않습니다. 그런 의미에서 본문은 우리에게 외형적인 현상으로만 하나님의 말씀에 사로잡혀 있는 것이 아니냐고 도전합니다.

회개할 수밖에 없었던 이유

니느웨 사람들이 하나님께 돌아온 데는 하나님의 말씀을 들은 것이 직접적인 계기였지만 간접적인 계기도 있습니다. 그것이 무엇인지 아십니까? 누가복음 11장 30절에는 "요나가 니느웨 사람들에게 표적이 됨과 같이 인자도 이 세대에 그러하리라"고 기록되어 있습니다.

이 말씀은 요나의 불순종의 과정과 물 속에 빠진 사건이 니느웨 사람들에게 표적이 되었다는 뜻입니다. 다시 말하면 그들은 요나가 니느웨에 들어가기 전에 그에 관한 소식을 들었습니다. 사공들이나 다른 사람들을 통해서 요나라는 선지자가 하나님께 불순종함으로 당한 사건들을 이미 들었습니다. 배가 파손되기 직전에 요나가 바다에 빠지자 큰 물고기가 그를 삼키고 모든 것이 잠잠해진 사건 말입니다. 그래서 니느웨 사람들은 자신들이 하나님께 순복하지 않으면 큰 위기를 겪게 될 것이라고 두려워하고 있었습니다.

다시 말해 요나가 니느웨에 들어가기 전에 발생한 일들이 니느웨 백성들에게 전달되어 하나님의 복음을 받아들일 준비가 형성되었던 것입니다. 그런 준비를 유발시킨 동기가 바로 요나에게 있었습니다.

요나의 행동은 아름답지 못했습니다. 그러나 하나님은 그의 부끄러운 행동을 통해서 세상 사람들이 자신을 두려워하게 만드셨습니다. 그분은 나약한 인간, 그것도 불순종한 선지자를 통해서 이와 같은 일을 하셨습니다.

하나님은 참 신기한 분이십니다. 우리의 불순종도 복음의 도구로 쓰시는 분이니까요. 물론 하나님이 인간의 불순종으로 손해 보는 일은 결코 없습니다. 그런 행동도 역이용하시는 위대하신 하나님이시기 때문입니다.

그렇다면 요나가 니느웨 사람들에게 어떤 말씀을 증거했습니까? 사십일이 지나면 니느웨가 무너져 망할 것이라는 내용의 말씀입니다. 그들에게 선포된 말씀은 무서운 심판의 메시지였습니다. 그래서 니느웨 사람들은 다음과 같이 행동합니다.

"니느웨 백성이 하나님을 믿고 금식을 선포하고 무론 대소하고 굵은 베를 입은지라"(욘 3:5).

역사에 한 번 있을까 말까 한 그런 사건이 일어났습니다. 이 일은 근본적으로 하나님이 하신 일이지만, 하나님은 요나를 통해서 그 역사를 이루셨습니다. 불순종한 요나였습니다. 그가 외치는 것이 대단한 일 같지만 따지고 보면 별것 아닙니다. 한 사람이 하룻길을 걸으면서 하나님이 명하신 대로 사십일이 지나면 니느웨가 무너진다고 외친 일입니다.

이렇게 요나의 사역 범위는 크지 않습니다. 지극히 작은 사역입니다. 그러나 그의 사역이 역사적인 대사건을 만들었습니다. 즉 니느웨 백성 전체가 회개하고 돌아오는 대각성 운동이 일어나게 된 것입니다.

하나님이 일하시는 방법, 작은 자를 통해 큰일을 이룬다

그렇다면 이 사건이 우리에게 주는 교훈은 무엇입니까? 우리는 지극히 작은 존재이지만 우리의 작음을 통해서 하나님은 큰일을 이루실 수 있다는 것입니다. 그런데 사람들이 생각할 때는 우리의 작음으로 인해 하나님의 일을 이룰 수 없다고 생각합니다. 우리 자신이 너무 나약하다고 생각합니다. 하지만 복음은 그런 것이 아닙니다. 우리가 믿음을 이야기할 때 겨자씨 만한 믿음을 예로 듭니다. 겨자씨란 아주 작은 씨앗을 말하는 것이 아닙니까. 그러나 이 겨자씨가 풍요로운 하나님 나라를 이루어 갑니다.

우리의 작음, 연약함, 부족함, 불순종한 행동이 우리를 지배할 때가 많습니다. 그리고 우리는 그럴 때마다 좌절합니다. '내가 무엇을 할 수 있는 존재인가? 그냥 나 혼자만 하나님께 회개하고 신앙을 유지하는 것에 만족하자'고 생각할 때가 많습니다. 그러나 이것은 하나님이 원하시는 바가 아닙니다. 하나님은 내 신앙이 성숙할 때까지 기다렸다가 사용하시는 분이 아닙니다. 그리고 신앙은 단계가 있어서 1단계가 끝나면 2단계, 2단계가 끝나면 3단계로 이동하는 것이 아닙니다. 하나님은 우리가 부족하지만 그 속에서 우리의 부족함을 도구로 사용하시는 분입니다. 극단적으로 우리의 불순종까지도 사용하시는 분입니다.

그렇다고 해서 우리의 부족함과 불순종을 통해서 자신의 뜻을 이루시는 하나님이 우리와 똑같이 작은 일을 이루시는 것은 아닙니다. 요나서에 나와 있듯이 니느웨 성을 회개하게 하는 큰 역사를 만드십니다.

만일 지금 마틴 루터가 살아 있어서 인터뷰를 한다면 어떨까요? 아마도 루터는 종교개혁을 하기 위해 엄청난 계획을 세운 것이 아니라, 시대적인 흐름에 끌려가면서 자신에게 주어진 일을 하나하나 성실하게 했던게 결국 좋은 결과를 이루었다고 말할 것입니다. 역사가 그렇게 이야기합니다. 마틴 루터가 대단한 일꾼이 아닙니다. 그러나 하나님은 그를 통해서 큰일을 하셨습니다.

우리가 별것 아닌 존재로 여겨지십니까. 그러나 이것은 우리의 생각일 뿐입니다. 하나님은 그 가운데서도 큰일을 이루어 가십니다. 그렇기 때문에 우리는 비록 작은 존재이지만 크신 하나님을 생각하면서 한걸음 한걸음 나아가야 합니다. 이것이 믿음의 사람이 걸어가야 하는 길입니다.

믿음의 사람은 나의 작은 일도 하나님의 큰일로 생각하는 사람입니다. 내가 원하는 큰일이 아니라, 하나님의 일이 크다는 사실을 인식하는 사람들입니다. 그 일을 위해 살아가는 사람이 바로 믿음의 사람입니다. 그것이 인생 최고의 목표가 되어야 합니다. 그리스도인에게는 이런 목표와 방향이 있어야 합니다. 인생의 목표와 삶의 방향이 있는 사람과 없는 사람의 차이는 큽니다. 우리 자신을 너무 비하하지 마십시오.

왜 그렇습니까? 우리는 스스로에게 큰 사람이 아니지만 하나님은 우리를 크게 보십니다. 하나님께서 우리를 크게 보시는데 왜 자꾸 작다고 생각하십니까. 그것은 하나님의 마음을 무시하는 일입니다. 물론 우리 자신이 교만해져 자기 도취에 빠져선 안 될 것입니다. 그러나 우리는 작은 존재지만 이런 작음을 통해서 역사하시는 하나님이 크시기 때문에 그 속에서 좀더 뻔뻔해질 필요가 있습니다. 즉 인간적으로 볼 때는 결코 자랑할 것이 없지만 하나님의 시각으로 바라볼 때 우리는 자랑할 것이 있다는 뜻입니다. 따라서 우리는 겸손과 담대함으로 하나님께 나아가야 합니다.

진정한 회개의 모습은?

이렇게 작은 인간을 통해서 큰일을 이루시는 하나님과 역사의 흐름을 살펴보십시오. 본문을 보면 니느웨 백성과 왕이 회개를 합니다.

"니느웨 백성이 하나님을 믿고 금식을 선포하고 무론 대소하고 굵은 베를 입은지라"(욘 3:5).

여기서는 니느웨 백성이 회개하는 장면이 보입니다. 먼저 그들은 하나님을 믿었으며, 그리고 나서 금식을 선포했습니다. '금식'을 행동으로 옮긴 것입니다. 다음에 베옷을 입었습니다. 자신들이 평상시 가졌던 관습을 다 벗어 버린 것입니다. 또한 그 일에 모든 사람이 함께 참여하는 것을 볼 수 있습니다. 지위의 높고 낮음이 없습니다. 죄인이 회개할 때는 청소부와 장관이 따로 있는 게 아니라는 것입니다. 다 똑같은 죄인이므로 위아래를 따지지 않고 모든 사람들이 회개하는 모습을 보여 주고 있습니다.

다음엔 3장 6절을 보십시오. "그 소문이 니느웨 왕에게 들리매 왕이 보좌에서 일어나 조복을 벗고 굵은 베를 입고 재에 앉으니라."

이 말씀은 왕이 회개하는 장면입니다. 먼저 그는 백성의 소리를 듣고 자신을 살피게 되었습니다. 즉 화려한 옷을 벗고 백성들처럼 베옷을 입었습니다. 그리고 그 위에서 모든 사람들에게 회개하고 금식할 것을 선포했습니다.

우리는 이 사건 속에서 진정한 회개의 모습이 어떤 것인지 생각해 볼 수 있습니다. 첫째, 회개하기 위해서는 먼저 하나님의 말씀을 들어야 합니다. 많은 사람들이 회개하기 이전에 어떤 행동을 보입니까? 그들이 먼저 들었다고 합니다. 3장 4절에는 "니느웨가 무너지리라 하였더니"라고 기록되어 있습니다. 이것은 하나님의 말씀이 선포됐다는 얘기입니다. 그리고 3장 6절에도 "그 일이 니느웨 왕에게 들리매"라고 되어 있습니다.

다시 말해서 니느웨 백성과 왕이 회개하기 위해서는 각성하게 하는 메시지가 들려야 한다는 말입니다. 그래서 성경은 이렇게 이야기합니다. "믿음은 들음에서 나며 들음은 그리스도의 말씀으로 말미암았느니라"(롬 10:17).

그러면 니느웨 백성들과 왕이 들은 내용은 무엇입니까? 그것은 사십일이 지나면 니느웨가 무너진다는 심판의 메시지입니다. 3장 9절을 보면 "우리로 멸망하지 않게 하시리라"고 기록되어 있습니다. 이 말씀은 그들이 심판의 메시지를 제대로 들었다는 뜻입니다.

회개하는 사람의 첫째 관문은 자신이 죄인이라는 사실과 죄인은 결국 죽는다는 심판의 메시지를 깨닫는 일입니다. 이 깨달음이 있어야 진정한 회개의 행동이 나타날 수 있습니다. 또한 그렇게 하기 위해서는 인간의 죄에 대한 분명한 메시지가 전해져야 합니다. 이런 말씀이 제대로 전해질 때 세상 사람들은 죄에 대한 물음과 갈등을 하게 됩니다. 많은 사람들은 죄로 인한 갈등과 물음이 없기 때문에 죄를 별로 의식하지 못하고 삽니다. 죄의식 없는 사람에게 예수를 믿으라고 하면 별 의미가 없지 않습니까.

마찬가지입니다. 우리가 듣는 사람의 입장이라면 그런 메시지를 들어야 하고, 또 주위에 그 메시지를 들어야 할 사람이 있으면 그에게도 전해야 합니다. 물론 메시지의 내용은 우리가 죄인이라는 사실과 그 죄의 결과는 사망이라는 것입니다.

우리가 누군가에게 메시지를 전하는 일도 중요하지만, 스스로 끊임없이 '나는 죄인이며, 죄의 결과는 사망이다'라고 되새겨야 합니다. 죄와 심판에 대한 분명한 내용이 우리 마음을 사로잡고 있지 않으면 우리의 신앙 생활은 추상적일 수밖에 없습니다.

신앙 생활을 할 때 우리는 이 일은 이렇게 대처하고 신앙적으로 이것은 되고 저것은 안 되고 하는 얘기만 합니다. 그러나 그런 이야기들이 오간다 하더라도 비어 있는 마음을 충족시키지 못합니다. 왜냐하면 죄의 문제를 배제하고 나타나는 모든 문제는 근본적으로 우리의 마음을 치유하지 못합니다. 즉 목마를 때 냉수 한잔을 마시는 것처럼 임시방편에 불과합니다.

그 까닭에 성경은 우리에게 예수 그리스도의 십자가를 지라고 합니다. 우리의 모든 신앙 생활 가운데 예수 그리스도의 십자가가 없으면 그것은 신앙의 형태만 있는 것이므로 본질적인 치유는 하지 못합니다.

그렇다면 이런 핵심적인 치유를 위해서 우리는 무엇을 인식해야 합니까? 무엇보다 우리가 죄인이라는 사실을 깨달아야 합니다. '죄의 삯은 사망' 이라는 말씀은 실제로 우리가 죽는 것을 말합니다. 영적으로 죽는 것이 현실적으로 드러나지 않으니까 별로 실감나게 느껴지지 않지만 우리의 인생을 한번 생각해 보십시오. 우리가 무엇을 위해서 살고, 우리의 최종 종착지는 어디며, 우리가 무엇 때문에 일하고 밥 먹고 자녀를 키우고 사람들을 만나고 교회를 다닙니까? 이런 근원적인 문제를 죄와 연결해 생각하지 않으면 우리는 항상 껍데기만 지니고 자기만족으로 살게 됩니다. 그럴 때는 우리의 영혼 속에 흐르는 하나님의 평강을 만끽할 수 없습니다. 또 이웃의 평안을 위한다면 그들에게도 죄의 문제를 분명히 전해야 합니다. 사람들에게 심각한 죄의 문제를 전하지 않으니까 예수를 믿어도 피상적으로 믿는 것입니다.

우리는 죄의 문제를 영혼으로 느껴야 합니다. 우리는 니느웨 백성들의 입장과 같이 죄와 심판에 대한 분명한 인식을 가지고 구원을 사모해야 합니다. 그리고 나서 하나님 앞에 나아가야 합니다. 또한 우리가 요나의 입장이라면 주님 앞에 사람들이 나오도록 복음을 들려주어야 합니다. 물론 복음을 전할 때 반드시 죄의 문제를 거론해야 합니다.

전도하면서 느끼는 것은 사람들이 죄에 대해서 상당히 둔하다는 사실입니다. 제 주위에는 예수 믿는 사람들도 많고, 저도 예수를 믿는 집안에서 자랐기 때문에 죄의 문제를 심각하게 생각하지 못했습니다. 그런데 얼마 전 예수를 믿지 않는 사람들에게 전도하면서 그들의 생활방식이 우리와 다르다는 것을 느꼈습니다. 날마다 술독에 빠져 있고, 서로 나누는 이야기도 그저 그런 안 좋은 것들뿐입니다. 그리고 그런 생활을 즐깁니다.

물론 그들도 고민하고 혹자는 제가 목사라는 사실을 알고 먼저 고민거리를 꺼내기도 합니다. 하지만 말만 그렇게 할 뿐이지 진심으로 그 일을 고민하고 해결할 방법을 찾지는 않습니다. 그런 의식만 가지고 있는 것입니다. 그래서 요즘 저는 그들이 일부러 고민하게끔 만듭니다. 즉 그들에게 죄의 삯은 죽음이라고 말해 줍니다.

'인생이 무엇입니까? 당신은 왜 그렇게 살고 계십니까? 또 돈은 그렇게 벌어 무엇하십니까?' 하는 질문을 받을 때 우리는 자신의 인생에 대해 심각하게 고민합니다. 그러나 무엇보다 인생의 근본적인 문제를 죄와 연결해서 생각해야 합니다. 다른 사람들에게 이 사실을 알 수 있도록 전하는 일이 우리의 사명이며, 그 때문에 교회가 존재하는 것입니다. 그런데 교회가 이런 일을 하지 않고 성도들끼리 모여 만족하고 있다면 그것은 바른 모습이 아닙니다.

성경은 우리에게 니느웨로 가라고 말씀하십니다. 사도 바울의 표현을 빌리자면 우리는 복음을 위하여 택정함을 입은 사람들입니다. 우리의 삶의 자세와 각오가 그 일을 향해 있어야 합니다. 그러기 위해서 우리는 들어야 하고, 심판의 메시지를 제대로 전해야 합니다.

둘째, 진정한 회개는 하나님을 믿는 것입니다. 물론 니느웨 백성들처럼 베옷을 입고 금식하는 행위도 중요합니다. 그러나 먼저 하나님을 믿는 일이 필요합니다. 회개는 단순히 자신의 잘못을 후회하고 시인하는 것이 아닙니다. 그런 행실이 나타나지만 그것이 회개의 전부라고 말할 수는 없습니다. 회개는 죄악 된 세상에서 하나님의 세계를 전하는 것입니다.

하나님을 믿는 행동이 없는 회개는 진정한 모습의 회개가 아닙니다. 외형적으로 베옷을 입고 보좌에서 일어나 금식하는 행동이 하나님을 믿는 일에서 출발하지 않는다면 그것은 회개가 아니라 잘못을 후회하는 인간적인 반성에 불과합니다. 누군가 우리의 잘못을 지적해 주면 우리는 잘못했다고 말합니다. 그러나 그런 고백을 했다고 해서 내 영혼으로 모든 것을 시인하고 회개하는 것입니까? 그렇지 않을 때가 더 많습니다.

인간이 악하고 죄인이라는 사실은 하나님을 등졌다는 뜻입니다. 반대로 하나님을 믿는다는 것은 그 등짐에서 돌아선다는 것입니다. 즉 진정한 회개란 하나님을 믿는 행위입니다. 하나님을 믿는 일도 말로만 '하나님, 믿습니다' 하는 것이 아닙니다. 내 모든 인간적인 그릇된 가치관과 삶에서 완전히 돌아서는 행위입니다. 다시 말해 자신의 모든 것을 벗어 버리고 오직 하나님만 의존한다는 뜻입니다. 이제는 하나님 나라의 백성으로서 하나님 나라의 가치관과 삶의 방식으로 살아야 하기 때문입니다.

하나님의 사람은 그분의 백성다운 분위기가 세상에 드러나야 합니다. 그것이 하나님을 믿는 사람의 특징이 아니겠습니까. 다시 말해서 믿음의 특성이 드러나야 한다는 뜻입니다. 만일 그렇지 않다면 여전히 우리는 회개해야 할 모습을 가지고 있는 것입니다. 하나님께 '나는 죄인이로소이다. 나의 모든 것을 버리게 해주십시오'라고 고백해야 합니다.

그리스도인으로서 어떤 것에 관심을 두고 살아가야 합니까? 사실 따지고 보면 우리는 하나님을 믿는 일에 관심을 두기보다 하나님을 믿는 행동을 하나의 취미 생활 정도로 여기고 우리가 쌓아 놓은 삶의 울타리 속에서 하나님은 그저 부수적인 수단으로 생각하는 경우가 많습니다. 그렇기 때문에 진정한 회개가 필요합니다. 하나님을 나의 구주요 주인으로 모시고 그분이 원하는 대로 내 인생을 헌신하는 것이 바로 진정한 회개입니다. 이런 일 없이 나타나는 감상적인 눈물이나 윤리나 도덕은 회개와 무관한 것들입니다. 이 점에서 우리는 진심으로 하나님을 믿고 있는지 점검해 봐야 합니다.

셋째, 하나님을 진정으로 믿으면 회개의 행동이 뒤따릅니다. 따라서 우리는 항상 그런 믿음에서 나의 행동이 열매로 드러나고 있는가를 점검해야 합니다. 하나님을 믿으면 그분을 믿는 삶의 형태가 열매로 나타나야 합니다. 행동 없는 회개는 관념만 있는 것입니다.

말로만 하는 신앙은 주로 이론적인 판단에 매달립니다. 단지 옳고 그른지 따지기만 하다가 끝나 버립니다. 그리고 영혼이 메말라 하나님으로 충만하지 않고 그로 인해 기쁨의 열매를 맺지 못합니다. 다시 말해 이론으로는 하나님이 좋고 귀하며 그분을 믿어야 한다는 것을 알지만, 그 행동은 다르게 나타납니다.

생각과 행동이 다른 것은 복음의 원리가 아닙니다. 내가 바른 복음의 위치에 서 있다면 우리의 행동은 복음의 흐름 속에서 자라게 됩니다. 내가 복음을 심으면 복음으로 열매를 맺게 되는 것입니다. 그런데 복음으로 씨앗을 뿌렸는데 복음과 관계없는 세상의 열매를 맺고 있다면, 뭔가 잘못된 것입니다.

우리가 이론으로만 믿는 신앙인이라면 정죄와 배타주의와 이론적인 논리의 범주를 벗어나지 못할 것입니다. 믿음 안에 거하면 하나님과 이웃에 대한 사랑이 생기고, 그 안에서 고통을 나누게 됩니다. 그리고 우리가 무엇을 위해서 어떤 행동을 해야 하는지를 하나님 앞에서 구체적으로 점검받게 됩니다.

물론 우리의 모든 행동이 완벽할 수는 없습니다. 저도 마찬가지입니다. 그러나 예수를 믿은 지 5년이 되고, 10년이 되고, 더 많은 시간이 갈수록 삶의 실천과 행동에 변화가 없다면 내가 진정으로 믿고 있는가를 점검해 봐야 합니다. 예전보다 행동에 있어서 나아지고 있는지 살펴봐야 합니다. 믿음의 사람은 그리스도의 장성한 분량만큼 자라야 하기 때문입니다.

율법을 무엇이라고 생각하십니까? 흔히 율법을 은혜의 반대 개념으로 생각하는데, 사실 그렇지 않습니다. 우리가 은혜 안에 있다는 것은 율법의 정신을 이해하고 그 속에서 그리스도의 법으로 자라는 일입니다. 나의 행동과 가치관이 변함없다면 나의 믿음과 연관해서 그 문제를 생각해 봐야 합니다.

우리는 종교적인 느낌과 삶의 스타일로 얼마든지 그리스도인의 흉내를 낼 수 있습니다. 그리고 믿음이 있는 것처럼 자기 자신을 속일 수 있습니다. 그렇게 종교적인 느낌 속에 사는 사람은 관념적이고 이론만 있습니다. 매일 옳고 그른지의 여부만 따지려 듭니다. 그러나 막상 자기 스스로는 변화되지 않습니다. 그에게는 오직 정죄 의식만 남아 있습니다. 행동으로 신앙이 평가될 수는 없지만 믿음과 회개가 있는 사람에게는 반드시 행동이 따릅니다. 니느웨 백성들이 굵은 베옷을 입고, 왕이 보좌에서 일어나 왕복을 벗고 재 위에 앉고 금식을 선포하듯이 말입니다. 즉 이렇게 악한 행위에서 떠나는 것입니다.

넷째, 회개하는 사람의 모든 생각의 초점은 자신에게만 있지 않습니다. 다른 사람을 생각하게 됩니다. 니느웨 왕이 회개할 때의 행동을 잘 살펴보십시오. 백성의 소리를 듣고 회개하여 먼저 자기 자신을 돌아봅니다. 왕복을 벗어 버리고 붉은 베옷을 입고 재 위에 앉은 왕의 모습을 생각해 보십시오. 그리고 다른 사람들이 죄의 그늘에서 벗어나도록 행동합니다. 다시 말해 니느웨의 모든 백성들에게 금식을 선포합니다.

진정으로 회개한 사람이라면 자기 자신만 생각하는 것이 아니라 이웃을 생각하고 나라와 교회를 생각합니다. 그리고 교회가 바른 회개의 가치관이 있는지 생각합니다. 이런 분들이 오늘날 정치를 하면 이 땅에 부정과 부패는 지금보다는 덜 할 것입니다.

니느웨 사람들의 행동을 보면 참 재밌습니다. 특히 왕은 소문을 듣고 회개했다고 합니다. 먼저 백성들이 회개하고 나서 소문이 왕에게 들려와 그가 자신을 살피고 다른 사람들에게 회개할 것을 선포합니다. 이 분위기가 너무 좋습니다. 니느웨 왕은 백성의 소리에 귀기울였습니다. 그 소리를 듣고 먼저 자기 자신을 살핀 것입니다. 그런데 우리는 이와는 반대의 행동을 할 때가 많습니다. 우리는 항상 자기 자신의 문제보다 다른 사람의 문제를 먼저 생각할 때가 많습니다. 그러나 다른 사람들이 우리에게 어떤 얘기를 하면 관심을 갖고 그것이 부정적이든, 긍정적이든 그 속에서 우리 자신의 모습을 살피는 일이 회개하는 사람의 모습이라고 할 수 있습니다.

놀랄 만한 회개의 영향력

진정한 회개가 일어날 때 그 영향력은 대단합니다. 니느웨가 구원받았고, 니느웨 백성들의 삶에 변화가 일어났습니다. 회개의 결과는 구원입니다. 회개하기 때문에 구원이 있는 것이 아니라, 구원받은 사람에게는 분명히 회개가 따른다는 것입니다.

그래서 구원은 사람들을 완전히 바꾸어 놓습니다. 왜냐하면 소속이 달라지기 때문입니다. 예전에는 자기 자신이 삶의 주인이었지만 지금은 하나님이 주인이십니다. 이제는 하나님을 두려워하고 그분 안에서 자신의 위치를 생각하는 것입니다. 다시 말하면 하나님은 말씀하는 분이고, 우리는 말씀을 듣는 자라는 본래의 자리를 찾은 것입니다. 그런 삶에 나타난 것이 바로 회개의 열매입니다.

본문에서 니느웨 사람들이 베옷을 입었다는 것은 간단한 행동이 아닙니다. 당시 베옷은 슬픔의 징표였습니다. 지도자가 죽거나 나라에 우환이 생기면 온 백성이 베옷을 입었습니다. 따라서 이것은 니느웨 백성의 슬픔을 보여 주는 행동입니다.

또한 베옷을 입었다는 의미는 평상시의 관습을 깨고 자기 자신의 참 모습을 조명해 보는 것입니다. 특히 왕의 경우 자신의 조복을 벗고 베옷을 입는 행위는 자신의 마음을 비웠다는 의미입니다. 그러므로 베옷을 입었다는 것은 단순히 슬픔의 표현일 뿐 아니라, 자신의 속마음을 극적으로 드러낸 행위입니다.

이런 각성이 없으면 우리는 교만하게 됩니다. 죄인은 하나님 앞에 항상 무릎을 꿇고 그분의 크신 사랑에 감격합니다. 그래서 겸비와 자신감을 겸하게 됩니다. 이것이 회개한 사람이 드러낼 수 있는 행동의 열매입니다.

이렇게 하나님을 믿는 진정한 회개만이 사람을 변화시킬 수 있는 것입니다. 사람을 사회적인 제도나 규율로 조금은 변화시킬 수 있을 것입니다. 제도가 좋으면 사람을 좀더 순하게 만들 수 있습니다. 그렇지만 이 세상이 악하고 죄로 범람한 이유는 근본적으로 그리스도인들이 적기 때문입니다. 물론 교회 다니는 사람은 많습니다. 하지만 진정한 그리스도인들이 적기에 세상은 악해질 수밖에 없는 것입니다. 세상이 악하지 않고 바른 회개의 터전 위에서 질서와 평화의 아름다운 세계를 이루기 위해서는 근원적으로 그리스도인들이 많아야 합니다.

성경은 노예제도나 빈부의 격차나 인종간의 갈등 등 사회적인 구원에 대해 주안점을 두지 않습니다. 개인의 구원이 소극적이고 시대와 역행하는 것처럼 보일지 모르지만 오히려 이것이 큰일입니다. 개인적으로 거듭난 사람으로서 회개의 열매가 드러난다면 사람들은 그 속에서 진정한 아름다움을 맛볼 수 있을 것입니다.

그렇다면 우리에게 주어진 소명이 무엇입니까? 교회가 할 일이 무엇입니까? 하나님이 요나에게 '너는 니느웨로 가라'고 말씀하신 것처럼 우리가 낯선 땅으로 가서 복음을 증거하고 그 속에서 나 자신을 살피고 복음이 무엇을 위해 존재하는지 바로 인식시키는 것입니다. 교회의 존재 의미도 바로 여기에 있습니다.

진정한 회개가 있는 곳에는 많은 변화가 있습니다. 변화가 없다면 회개가 없는 것입니다. 만일 회개가 없다면 우리는 어떻게 해야 합니까? 다시 말하지만 말씀을 들어야 합니다. 그냥 듣는 것이 아니라 그 말씀 속에서 하나님과 자기 자신의 모습을 인식해야 합니다. 우리가 경건의 시간을 갖는 것을 자랑하기보다는, 경건의 시간을 어떻게 갖느냐가 더 중요하다는 사실을 기억해야 합니다.

그 속에서 하나님을 바라보고 자기 자신을 보십시오. 말씀을 듣게 되면 그것으로 우리 자신을 엄밀하게 살피십시오. 근원적인 차원에서 내 인생이 무엇이고 내가 무엇을 위해서 살고 있는지, 내 삶의 존재 의미가 무엇인지 고민하십시오. 우리가 죄인이라는 사실을 다시 한번 점검하면서 인생의 흐름과 영혼을 생각하십시오. 그리고 하나님을 믿으십시오.

교회에서는 믿는다는 말을 너무 많이 남발합니다. 그러나 관념적으로 믿는 일말고 하나님을 나의 구주, 나의 아버지로 또 나를 위해 십자가를 지신 예수님의 십자가와 부활의 의미를 생각하면서 진정으로 믿는 것이 무엇인지 생각해 보십시오. 그리하여 믿음의 사람으로 행동하십시오. 사도행전에 나오는 사람들처럼 정말로 복음에 도취되어서 모이면 기도하십시오. 그리고 기도의 열매를 드러내면서 '이것이 신앙생활의 극치구나, 이것이 믿음의 사람의 삶이구나, 내 이상형을 찾았다'고 말할 수 있어야 합니다. 이를 위해 믿는 사람들이 스스로 헌신해 생동감을 갖는 일이야말로 회개한 사람들의 삶의 열매가 아니겠습니까.

14장

심판의 하나님, 자비의 하나님

> 하나님이 혹시 뜻을 돌이키시고 그 진노를 그치사 우리로 멸망치 않게 하시리라 그렇지 않을 줄을 누가 알겠느냐 한지라 하나님이 그들의 행한 것 곧 그 악한 길에서 돌이켜 떠난 것을 감찰하시고 뜻을 돌이키사 그들에게 내리리라 말씀하신 재앙을 내리지 아니하시니라(욘 3:9-10).

하나님을 어떻게 인식하고 있는가?

사람에게 첫인상은 중요합니다. 첫인상이 좋으면 계속해서 긍정적으로 보려는 마음이 생기기 때문에 큰 잘못을 저지르지 않는 한 그 사람은 좋은 평가를 받습니다. 그러나 첫인상이 좋지 않으면 그에 대해서 자꾸만 나쁜 쪽으로 생각합니다. 다시 말하면 좋아하게끔 하는 점이 크게 부각되지 않는 이상 그는 무슨 일을 해도 나쁘게만 평가됩니다. 이런 선입관이 인간에게 있기 때문에 연애를 하는 젊은이들에게 나이 드신 분들은 상대방을 사귈 때 첫인상에 속지 말고 두고두고 관찰하라고 충고합니다. 즉 사람을 신중히 살펴보지 않으면 속을 수 있으니 상대방을 정확하게 파악하라는 것입니다.

사람을 처음 만나면 가장 먼저 접하는 것이 사람의 외모이기에 이것으로 사람을 판단하기 쉽습니다. 그래서 외모가 출중한 사람은 다른 사람에 비해서 점수를 따고 들어갑니다. 그러나 처음에는 외모로 사람을 평가하지만 시간이 지날수록 인생에 대한 새로운 가치관이 형성됩니다. 외모보다 더 중요한 무엇이 있다는 생각과 함께 상대방을 바라보는 기준이 달라집니다. 즉 세상을 살다 보면 사람 보는 시각이 달라지고, 그러다 보면 첫인상의 기준도 사람에 따라 달라지게 됩니다. 이제는 사람을 외모로 보고 좋아하는 것이 아니라 내면의 아름다움에 의미를 부여하게 되고 감동을 받게 되는 경우가 생깁니다.

각 사람이 가지는 평가 기준이 그의 가치관이라고 할 수 있습니다. 이 가치관의 차이는 같은 사람을 서로 다르게 평가할 수 있습니다. 따라서 각 개인이 지닌 가치관은 서로 다른 생활 태도를 갖게 합니다. 신앙 생활도 마찬가지입니다. 같은 교인이라 하더라도 가치관의 차이는 다른 형태의 신앙관을 드러냅니다.

다시 말해 그리스도인들도 하나님에 대한 인상을 어떻게 가지느냐에 따라서 신앙의 형태가 달라질 수 있습니다. 그 달라진 모습을 우리는 본문에서 찾을 수 있습니다. 본문은 니느웨 백성들이 요나가 외친 메시지를 듣고 회개하는 모습을 그리고 있습니다. 그런데 그 내용이 상당히 절박합니다.

3장 9절을 보십시오. "하나님이 혹시 뜻을 돌이키시고 그 진노를 그치사 우리로 멸망치 않게 하시리라 그렇지 않을 줄을 누가 알겠느냐."

지금 니느웨 사람들이 절박하다는 것은 그들에게 놓여진 현실이 구원보다는 멸망 쪽에 가깝다는 의미입니다. 9절의 '그렇지 않을 줄을 누가 알겠느냐'라는 말은 구원을 바라는 마음을 드러내지만, 그렇게 하기에는 자신들의 죄가 너무 크고 많기 때문에 스스로 구원받기에는 불가능한 존재임을 염두에 두고 있습니다. 살길 바라지만 과연 그 일이 가능한지 토로하는 것입니다. 즉 그들은 구원의 가능성이 희박하다고 생각합니다. 이런 태도는 하나님을 신뢰하지 못하는 태도가 아니라 자신들의 문제의 심각성을 드러내는 것입니다.

이처럼 그들이 구원에 대해서 비관적인 이유는 무엇입니까? 그것은 이 문맥이 3장 4절부터 이어지기 때문입니다. "요나가 그 성에 들어가며 곧 하룻길을 행하며 외쳐 가로되 사십일이 지나면 니느웨가 무너지리라"(욘 3:4).

니느웨 사람들은 요나 선지자에게 심판의 메시지를 들었습니다. 이런 메시지를 하나의 통보로 받았다면 국가적으로도 생사의 문제가 달린 것입니다. 니느웨 사람들이 볼 때 이것은 사형선고나 다름없습니다. 이제 그들의 국가 수명은 사십일밖에 남지 않았습니다. 사십일이 지나면 국가의 모든 것이 끝나게 됩니다.

이 사실이 어떻게 느껴지십니까? 먼 나라의 이야기이므로 깊이 있게 다가오지 않을지 모르지만, 이것이 오늘날 우리에게 일어나는 사건이라고 생각해 보십시오. 우리의 수명이 사십일밖에 남지 않았다면 어떤 반응을 보이겠습니까? 사람마다 다르게 반응할 것입니다. 어떤 사람은 '이제 사십일밖에 남지 않은 인생, 그동안 하고 싶었던 일이나 실컷 하고 죽자'고 할 것입니다. 어떤 사람은 차분히 인생을 정리하면서 남은 시간이라도 의미 있게 보내고자 할 것입니다. 어떤 사람은 시한부 인생을 인정하지 않고 분노와 비관으로 시간을 보낼는지 모릅니다. 또 어떤 사람은 더 살 수 있는 길을 찾기 위해서 여러 가지 노력을 기울일 것입니다.

그런데 니느웨 사람들은 살 수 있는 방안을 찾기 위해 나라 전체가 금식하며 베옷을 입습니다. 하지만 그 전제는 사십일이 지나면 망한다는 하나님의 메시지를 그대로 믿고 구원의 가능성을 소망하고 있는 것입니다. 그들은 절박한 상황 속에서 한 줄기 구원의 빛을 소망합니다. 그 소망의 표현이 3장 9절에 기록되어 있습니다. "하나님이 혹시 뜻을 돌이키시고 그 진노를 그치사 우리로 멸망치 않게 하시리라." 그런 의미에서 '혹시'는 그들의 절박성을 드러내는 단어입니다.

이렇게 그들은 사십일이 지나면 망한다는 심판의 메시지를 분명히 인식했습니다. 마치 사형선고를 받은 것처럼 남은 기간을 어떻게 보낼 것인지 하는 문제가 그들에게 주어졌습니다. 다만 살 수만 있으면 얼마나 좋겠는가 하는 삶에 대한 바람이 조금 있을 뿐입니다. 사는 것이 아니라 죽는다는 전제가 깔려 있습니다. 이런 배경에서 다시 3장 9절을 살펴봅시다.

"하나님이 혹시 뜻을 돌이키시고 그 진노를 그치사 우리로 멸망치 않게 하시리라 그렇지 않을 줄을 누가 알겠느냐 한지라."

자연스럽게 '그렇지 않을 줄을 누가 알겠느냐'에 눈길이 머물게 됩니다. 정말 절박한 니느웨 백성들의 심정을 보여 주고 있습니다. 그런데 이 심판의 메시지에 대한 확신은 요나 선지자도 가지고 있었습니다.

어쩌면 요나는 하나님께서 니느웨를 반드시 망하게 할 것이라는 강한 믿음이 있었기 때문에 더욱 열정적으로 외쳤을지 모릅니다. 그리고 마음속으로 '하나님이 진작 이런 말씀을 하실 줄 알았다면 내가 불순종하지 않고 좀더 일찍 메시지를 전달했을 것이다'라는 생각을 했을지 모릅니다. 또한 홀로 고독하게 기도할 때도 하나님이 이런 메시지를 전하라고 할 것을 알았다면 얼마나 신났겠습니까. 그래서 요나는 삼일 길인데도 하룻길로 걸었습니다. 니느웨가 사십일이면 무너진다는 사실에 무척 신이 났을 것입니다.

이런 요나의 마음은 4장 1절에 "요나가 심히 싫어하고 노하여"라고 기록된 것을 보면 알 수 있습니다. 니느웨가 회개하고 돌아온 것을 보고 그는 분노합니다. 요나 선지자는 '하나님은 이스라엘 백성만 사랑하시므로 이방 백성인 니느웨는 무너져야 한다'는 어떤 당위성을 주장하고 있었던 것입니다.

그렇다면 두 종류의 사람들, 즉 니느웨 백성들과 요나는 모두 심판하시는 하나님을 인식하고 있었습니다. 차이점이 있다면 니느웨 사람들은 이 메시지가 이루어지지 않길 바랐고, 요나 선지자는 이루어지길 기다렸습니다. 하지만 이들이 어떤 차원에서 메시지를 이해하고 있었든지 '하나님은 심판하시는 분'이시라는 생각을 모두 가지고 있었습니다.

니느웨는 맑음, 요나는 흐림

이런 생각을 가진 사람들 앞에서 하나님은 어떤 행동을 보이셨습니까? 3장 10절을 보십시오.

"하나님이 그들의 행한 것 곧 그 악한 길에서 돌이켜 떠난 것을 감찰하시고 뜻을 돌이키사 그들에게 내리리라 말씀하신 재앙을 내리지 아니하시니라."

사람들이 예상하지 못했던 반응이 나타났습니다. 하나님은 니느웨에 재앙을 내리지 않으셨습니다. 이 일에 대해 니느웨 사람들은 '아멘, 할렐루야' 했을지 모르지만 요나는 '이건 아닌데' 라는 불쾌감을 내비쳤습니다. 한쪽은 기뻐하고 다른 한쪽은 슬퍼합니다.

사실 요나도 하나님이 재앙을 내리지 않으신 일에 대해 기뻐해야 했습니다. 그런데 선지자 요나는 이러한 상황에 대해 몹시 분개했습니다. 어쩌면 그는 이 일을 자신과 니느웨 사람들과의 게임이라고 생각했을지 모릅니다. 그래서 요나는 니느웨가 망해야 한다고 생각했지만 결국 니느웨가 승리하고 그는 패배했습니다. 어느 누구라도 패배자가 되면 기분이 좋지 않은 법입니다. 물론 요나가 처음부터 대결하자고 하며 경기를 시작한 것은 아니지만 니느웨는 당연히 망해야 한다고 생각했기 때문에 기분이 안 좋은 것입니다.

두 얼굴의 하나님

그런데 요나가 분개하는 타당한 이유가 있습니다. 단순히 하나님이 재앙을 내리지 않으신 일에 불쾌함을 느낀 것이 아니라 뜻을 돌이킨 사실에 기분이 나쁜 겁니다. 우리도 아마 몇 가지 의문점을 공유할 수 있을 것입니다.

첫째는 그들이 행한 것을 보고 뜻을 돌이키셨다면, 하나님의 구원하심은 인간의 행동에 따라 좌우되는 것인가 하는 의문입니다. 둘째는 하나님은 불변하시는 분이신데, 그 뜻을 돌이키시고 말씀하신 내용을 번복할 수 있는가 하는 점입니다. 셋째는 하나님이 스스로 재앙을 내린다고 하고서 그렇게 하지 않으셨다면 결국 하나님은 거짓말하시는 것인가 하는 의문입니다.

그러나 하나님은 결코 변함이 없으십니다. 말라기 3장 6절에는 "나 여호와는 변역지 아니하나니"라고 기록되어 있습니다. 또한 야고보서 1장 17절에는 "그는 변함도 없으시고 회전하는 그림자도 없으시니라"고 되어 있습니다. 사무엘상 15장 29절에는 "이스라엘의 지존자는 거짓이나 변개함이 없으시니 그는 사람이 아니시므로 결코 변개치 않으심이니이다"라고 했습니다.

이처럼 성경은 하나님이 변함 없으시고 뜻을 돌이키지 않으신다고 말씀하고 있습니다. 그런데 본문에서 하나님은 뜻을 돌이키셔서 재앙을 내린다고 했다가 내리지 않습니다. 그렇다면 근본적인 하나님의 속성과 본문에 나온 하나님의 행동과는 어떤 차이가 있습니까? 말씀에 모순이 있는 것입니까?

성경은 결코 모순이 없습니다. 모순된다고 이해했다면 우리가 100퍼센트 잘못 이해한 것입니다. 그런데 모순처럼 느껴지는 이유는 하나님에 대해 잘못 인식했기 때문입니다. 다시 말해 하나님에 대한 잘못된 이해를 가지고 있으면 본문이 성경에 나오는 하나님의 속성과 모순되는 것처럼 보일 수 있습니다.

처음 요나서를 시작할 때 우리는 하나님의 관심에 대해서 생각해 보았습니다. 하나님은 어디에 관심을 쏟고 계십니까? 그분은 요나에게도 관심을 가지시고, 니느웨 사람들에게도 관심을 가지십니다. 하나님은 니느웨 사람들이 회개하고 돌아오게 하기 위해서 요나 선지자를 보내시기로 작정하셨습니다. 그러나 요나는 불순종했습니다. 이런 하나님의 마음이 싫었기 때문에 도망친 것입니다. 다시 말하면 하나님의 기본적인 마음은 니느웨를 심판하시려는 게 아닙니다. 그들을 사랑하셔서 용서하시는 일에 관심이 있으십니다. 바로 용서, 사랑, 자비가 하나님의 마음입니다.

그러나 하나님이 니느웨를 용서하시는 방법은 기계적이지 않습니다. 니느웨 사람들의 사고에 근거해 움직이십니다. 즉 하나님은 그들이 돌아오게 하기 위해서 전략을 사용하십니다. 그 전략이 바로 심판의 메시지였습니다. 쉽게 말해 하나님은 사십일이 지나면 니느웨가 무너지리라는 말씀으로 그들에게 겁을 주신 것입니다.

특별히 하나님이 사십일이라는 기간을 설정하신 이유는 악한 니느웨를 돌아오게 하시려는 극약 처방이었는지 모릅니다. 이런 처방을 문자적으로 이해하면 하나님이 변하시는 것처럼 보입니다. 그러나 하나님이 변하시는 것처럼 보일지라도 이 전략을 쓰시는 이유가 있습니다. 그것은 하나님의 자비가 우리가 생각하는 것보다 더 크시기 때문입니다. 하나님은 높은 보좌에 앉아서 명령만 내리시는 분이 아니라, 인간들을 찾아오셔서 함께 어울리시며 그분의 뜻을 이루어 가십니다.

예수님이 이 땅에 오셔서 우리를 구원하시는 과정을 생각해 보십시오. 하나님의 말씀 한마디로 인간을 구원하시는 것이 아니라 실제로 자신이 십자가를 친히 지고 인간의 대열 속에서 고통과 괴로움을 당하시고 구원을 이루셨습니다. 이것이 하나님의 방법입니다. 하나님은 인간들 속에 어울려서 구원의 역사를 이루어 가십니다.

그래서 하나님은 니느웨 사람을 구원하시기 위해서 사십일의 심판 카드를 이용하십니다. 우리는 이 카드에 함축된 하나님의 마음을 읽어야 합니다. 이런 마음을 읽지 못하고 그저 문자적인 수준에서 하나님을 생각하면 그분은 가혹하고 변하시는 것처럼 이해됩니다.

하나님의 마음을 이해하면 우리의 시각은 달라질 수밖에 없습니다. 요즘 많이 읽혀지는 책들 중에서 『오체불만족』이 있습니다. 이 책은 오토다케 히로타다라는 청년에 대한 이야기입니다. 그는 팔다리가 없는 장애인이지만 세상을 누구보다 당당하게 살아갑니다. 오토다케가 학교에 들어간 것도 놀랍지만 그는 주로 농구부나 야구부 때론 미식축구부 활동을 했다고 합니다. 그런 몸으로 어떻게 운동을 할 수 있겠습니까. 그러나 그는 농구선수로 시합까지 나갔다고 합니다. 우리로서는 상상도 할 수 없는 일입니다.

그런데 그가 참으로 위대하게 느껴지는 까닭은 무엇보다 생각이 건전하고 당당하다는 것입니다. 이런 사고를 갖도록 도와준 주위 사람들과 부모도 참 대단합니다. 절대로 그들은 오토다케를 장애인으로 취급하지 않았습니다.

예를 들면, 많은 사람들이 장애인이라는 이유로 그의 손발이 되어 주려고 했지만 담임 선생님은 그렇지 않았습니다. 그가 스스로 할 수 있도록 했습니다. 학교에서 체육대회가 벌어졌을 때의 일입니다. 보통 장애인이면 100미터 달리기를 구경만 할 텐데 선생님은 그를 대회에 참가시켰습니다. 대신에 다른 사람과 똑같이 할 수 없기에 새로운 벌칙을 만들었습니다. 그는 50미터 앞에서 뛰고 다른 사람들은 100미터 선에서 뛰기 시작한 것입니다.

오토다케는 발이 없기 때문에 엉덩이로 뛰었습니다. 그 속도가 얼마나 느렸겠습니까. 보통 사람이 100미터를 달려가려면 아무리 늦어도 20초가 걸리지만 그는 50미터를 가려면 2분 정도 걸린다고 합니다. 자연히 다른 선수들은 모두 경주를 마치고 골인하게 되었고 사람들의 시선은 오토다케에게 집중되었습니다. 그는 열심히 뛰어서 결승점에 다다르게 되었지만 10미터를 남겨놓고 정말로 지치게 되었습니다. 그러자 오토다케를 지켜보던 사람들이 박수를 치고 그의 이름을 부르며 응원했습니다. 그리하여 결국 그는 자신의 힘으로 골인해 여섯 명이 달린 경기에서 6등을 할 수 있었습니다.

일반적인 사고의 논리로 보면 그는 꼴찌를 했습니다. 그러나 그는 1등으로 생각한다고 말했습니다. 그를 100미터 달리기에 참여시켰던 선생님의 계획은 가혹한 것처럼 느껴질지 모릅니다. 하지만 그는 자신을 진정으로 배려하는 선생님의 마음을 읽었습니다. 그래서 그는 꼴찌를 한 것이 아니라 승리한 것입니다. 오토다케가 선생님의 마음을 읽지 못하고 자신을 학대한다고 생각했다면 골인은 고사하고 아마 심한 패배감에 휩싸이게 되었을 것입니다.

우리가 하나님을 심판하시는 분으로만 생각한다면 그 메시지가 가혹해 보이지만, 사실 그 속에는 니느웨를 구원하시려는 하나님의 자비가 가득 차 있습니다. 그 마음을 읽지 못하면 하나님은 뜻을 돌이키시고 거짓말하시는 분으로 인식될 수밖에 없습니다. 그러나 하나님의 마음을 읽는 차원에서 '뜻을 돌이키시는' 그분의 자비로운 마음을 생각해 보십시오.

하나님은 우리를 구원하시기 위해서 인간의 언어를 사용하고 계십니다. 마치 그분이 변하는 것처럼 표현하십니다. 그러나 하나님이 뜻을 돌이키셨다는 의미는 인간의 변덕과는 차원이 다른 것입니다. 하나님의 끔찍한 심판 선언은 가장 풍성한 은혜를 시사합니다. 그렇기 때문에 하나님이 뜻을 돌이키셨다는 의미는 자신이 길을 잃고 하나님으로부터 멀어진 사실을 깨달은 사람들로 하여금 예수 그리스도 안에서 용서와 새생명을 얻어 그 삶을 돌이킬 수 있도록 도와주는 격려의 메시지임을 기억해야 합니다.

그래서 예레미야 18장 8절에는 "만일 나의 말한 그 민족이 그 악에서 돌이키면 내가 그에게 내리기로 생각하였던 재앙에 대하여 뜻을 돌이키겠고"라고 기록되어 있습니다. 우리가 하나님의 이런 마음을 읽어야 하지 않겠습니까. 그렇다면 요나서 3장 10절에 대한 해석이 달라질 수 있습니다.

하나님의 마음을 읽으라

하나님의 마음을 어떻게 알 수 있습니까? 선지자와 니느웨 사람들을 비교해 보십시오. 요나는 하나님이 니느웨를 망하게 하지 않은 것을 보고 불쾌하게 생각했습니다. 그가 하나님의 반응에 불쾌했던 이유는 하나님의 마음을 이해하지 못했다는 의미입니다.

물론 외형적으로는 하나님을 잘 이해하는 것처럼 보입니다. 1장에서 그가 내린 하나님에 대한 정의를 살펴보십시오. "바다와 육지를 지은 하늘의 하나님을 경외하는 자로다"(욘 1:9). 그는 하나님에 대한 정의를 누구보다 잘 알고 있습니다. 그리고 2장에서 요나의 기도를 보면 하나님의 교리와 속성을 너무나 잘 이해하고 있습니다. 또한 그는 3장에서 열정적으로 하나님의 말씀을 전파했습니다. 그런데 4장 2절 상반부에는 "여호와께 기도하여 가로되 여호와여 내가 고국에 있을 때에 이러하겠다고 말씀하지 아니하였나이까"라고 기록되어 있습니다.

요나는 고국에 있을 때부터 이럴 줄 알았다고 합니다. 하나님이 니느웨 백성을 구원하실 줄 알았다고 이야기합니다. 물론 그가 정말로 알고 있었던 것은 아닙니다. 하나님께 불만을 토로하는 비꼬는 말입니다. 그는 한 번 꼬이면 엄청나게 꼬이는 사람인 것 같습니다. 4장 2절 하반부를 보십시오.

"주께서는 은혜로우시며 자비로우시며 노하기를 더디하시며 인애가 크시사 뜻을 돌이켜 재앙을 내리지 아니하시는 하나님이신 줄을 내가 알았음이니이다."

이것이 요나의 고백입니다. 시편에 나오는 말을 다시 한번 비꼬고 있습니다. 누구보다도 하나님을 잘 아는 듯합니다. 이론상으로 손색이 없습니다. 하지만 요나서 4장의 분노는 3장의 강렬한 메시지의 선포가 진실이 아님을 보여 줍니다. 니느웨가 망하기를 바랐기 때문에 요나의 목소리는 힘이 솟았던 겁니다.

그렇다면 요나는 하나님의 자비의 마음을 몰랐던 겁니다. 그는 사십일이 지나면 니느웨가 무너진다는 외형적인 말씀에만 초점을 맞추고 있었던 것입니다. 실제로 요나 자신은 하나님을 잘 아는 것처럼 생각했지만 사실은 모르고 있습니다.

하지만 니느웨의 경우는 어떻습니까? 요나 선지자처럼 신학적인 이론이 있는 것이 아니었습니다. 또한 하나님이 뜻을 돌이키실 것이라는 확신도 없었습니다. 단순히 그들은 심판이 두려웠던 것입니다. 자신들이 죽음의 마지막 장에 와 있다고 생각했습니다. 그러나 하나님이 뜻을 돌이켜 주시길 소망하는 죄인의 작은 바람이 있었습니다. 그들의 바람이 희박하게 여겨지는 것은 자신들의 죄와 심판을 크게 생각했기 때문입니다. 그들에게는 자존심도 없었습니다. 희박한 바람만이 어렴풋이 있었을 뿐입니다.

이런 행동은 하나님 앞에서 자신들의 작은 모습을 바르게 본 것입니다. 그들은 아무 것도 모르지만 하나님이 하신 말씀을 듣고 '아, 우리는 죄인이다'라고 고백합니다. 요나서 3장에 보면 그들이 하나님을 믿었다고 말합니다. 3장 5절에는 "니느웨 사람들이 하나님을 믿고 금식을 선포하고"라고 기록되어 있습니다. 그들이 요나의 메시지를 듣고 하나님을 믿은 것입니다. 이 사실에는 많은 뜻이 함축되어 있습니다.

하나님은 니느웨 사람들에게 재앙을 내리지 않으셨습니다. 그런데 하나님은 그들이 행한 것, 즉 니느웨 사람들이 악한 길에서 떠난 것을 보시고 뜻을 돌이키시고 재앙을 멈추셨습니다.

그렇다면 니느웨 백성들은 하나님의 마음을 이론적으로는 몰랐지만, 그들의 행동은 진정으로 안 것입니다. 하나님이 재앙을 멈추기로 한 그 마음을 이론적으로는 몰랐지만 그 속에서 자기의 모든 자존심을 버리고, 자신이 죄인이며 죽을 수밖에 없고 이제는 살길이 없다고 생각합니다. 하지만 예수 그리스도를 바라보면서 뜻을 돌이킬 수만 있다면 그렇게 해 달라는 간절한 소망이야말로 하나님의 마음을 가장 잘 안 것이라고 말할 수 있습니다.

하나님의 마음을 읽은 니느웨 사람들에게 하나님은 재앙을 내리지 않으셨습니다. 재앙을 내리지 않으셨을 때 그들은 그제야 더 높고 깊은 차원에서 하나님의 마음을 읽을 수 있었을 것입니다. '아, 하나님은 우리를 심판하기 위해서 이 메시지를 전한 것이 아니었구나. 우리를 사랑하시고 구원하시기 위해서 이 메시지를 우리에게 선포하셨던 거야. 하나님께 이런 사랑이 있었구나. 이 사랑이 있기 때문에 가혹한 메시지를 우리에게 전한 것이구나' 라고 깨닫고 하나님의 자비의 마음을 더 잘 알 수 있었을 것입니다. 심판의 하나님일 뿐만 아니라 자비의 하나님이라는 사실을 알게 되고, 예전에 가졌던 그 인상이 모두 사라지고 달라졌을 것입니다.

우리는 이런 자비의 하나님을 어떻게 인식하고 있습니까? 지금 이 순간에도 하나님을 무서운 심판의 하나님으로 인식하고 있다면 우리의 모든 삶은 두려움으로 가득 찰 것입니다. 그리고 우리의 모든 어려움을 하나님의 심판과 연결해 생각할 것입니다. 하지만 우리가 하나님의 자비의 마음을 이해하고 있다면 우리에게 더 큰 고통과 슬픔이 있더라도 그 속에 숨겨진 사랑을 인식하고 보다 높은 차원에서 하나님을 인식하게 될 것입니다. 그런 차원에서 우리가 하나님의 자비의 마음을 인식해야 하지 않겠습니까?

15장 분노의 감정에서 벗어나려면(요나서 4장 1-3절)
16장 동전의 양면, 사랑과 미움(요나서 4장 4-5절)
17장 삶의 푯대를 바로 세우라(요나서 4장 6-8절)
18장 하나님의 마음(요나서 4장 9-11절)

15장

분노의 감정에서 벗어나려면

> 요나가 심히 싫어하고 노하여 여호와께 기도하여 가로되 여호와여 내가 고국에 있을 때에 이러하겠다고 말씀하지 아니하였나이까 그러므로 내가 빨리 다시스로 도망하였사오니 주께서는 은혜로우시며 자비로우시며 노하기를 더디하시며 인애가 크시사 뜻을 돌이켜 재앙을 내리지 아니하시는 하나님이신 줄을 내가 알았음이니이다 여호와여 원컨대 이제 내 생명을 취하소서 사는 것보다 죽는 것이 내게 나음이니이다(욘 4:1-3).

요나서 4장, 없으면 좋을 이야기

성경을 읽다 보면 지금 시점에서 이야기가 끝났으면 좋겠다고 생각하는 경우가 종종 있습니다. 앞부분은 좋았지만 뒷부분에 가면 우리가 예상치 않고 원치 않는 내용이 나오기 때문입니다. 요한복음을 보더라도 20장 마지막 부분을 보면 이 책을 기록한 것은 영생과 믿음을 얻게 하기 위함이라고 말합니다. 그러나 21장을 보면 예수님께서 베드로를 만나서 아침 식사를 드시는 장면이 나옵니다. 웅장한 20장의 내용 다음에 왜 사사롭게 밥 먹는 내용이 나오는가 하는 의문을 제기할 수 있습니다.

마태복음에도 보면 예수님의 탄생을 축하하는 동방 박사들이 찾아와 경배하고 예물을 드립니다. 그러나 나중에는 헤롯 왕이 어린아이들을 죽이는 비극적인 사건이 나옵니다. 이것 또한 앞의 사건만 있고 뒤의 사건은 없었으면 좋겠다고 생각되는 부분입니다.

복의 장이라고 알려진 신명기 28장도 예외는 아닙니다. 앞부분에는 복의 내용으로 가득합니다. 들어가도 복을 받고 나가도 복을 받습니다. 하지만 뒷부분에 가면 들어가도 저주를 받고 나가도 저주를 받는다고 하며 저주에 관한 내용으로 가득 차 있습니다. 이 경우도 우리는 앞에 제시된 복의 내용만을 바랍니다.

요나서도 마찬가지입니다. 3장의 마지막은 하나님께서 니느웨 백성을 구원하시는 사건이 등장하지만 4장에서는 분노하는 요나가 등장하면서 인간의 나약한 측면이 노출됩니다. 그래서 차라리 3장까지만 기록되어 있었으면 하고, 그랬으면 좀더 아름다운 책으로 남아 있지 않을까 생각합니다. 그런데 이런 심리는 우리에게 신앙의 고정 관념이 있기 때문입니다.

신앙의 고정 관념은 한마디로 좋은 게 좋은 것이라는 생각입니다.

즉 우리에게 유익한 일을 바라고 싫어하는 일은 없었으면 하는 것입니다. 그런 생각으로 우리는 성경에 선을 그을 때가 많습니다.

그러나 성경은 우리의 생각에 제한되지 않고 우리가 바라지 않는 내용도 많이 나옵니다. 예를 들어 악인의 오만함이라든지, 그리스도인의 패배라든지, 성도가 실족하고 불평하는 모습을 다룹니다. 시편에도 하나님을 찬양하는 시보다 원수에 대해 분노하고 그들의 패배를 위해 기도하는 내용이 더 많습니다. 그래서 우리는 성경이 왜 이런 비극적인 사건들을 다루고 있는가에 대해 의문을 가지게 됩니다.

이런 기록들을 다른 각도에서 바라보면 우리는 참된 위로를 받을 수 있습니다. 하나님은 높은 데서 호령하시는 분이 아닙니다. 인간의 나약함을 아시고 우리의 생활 가운데 일어나는 작은 부분들을 아주 섬세하게 다루십니다. 그만큼 하나님은 인간에 대한 이해가 깊으신 분입니다.

성경에는 단순히 큰 교리만 제시되는 것이 아니라, 인간에게 일어나는 구체적인 삶의 이모저모도 기록되어 있습니다. 다시 말해 하나님이 우주를 창조하시고 구원의 드라마를 연출하셨다는 큰 이야기만 다루는 것이 아니라 어린아이처럼 사소한 일에 토라지고 삐지는 인간의 작은 이야기도 한 편의 드라마처럼 다루고 있습니다.

하나님의 본심을 이해하라

그렇다면 신앙의 고정관념을 벗어나 성경을 제대로 이해하려면 어떤 자세를 가져야 합니까? 한마디로 말해서, 하나님의 본심을 정확하게 이해하려고 노력해야 합니다. 요나서 3장 10절에는 "하나님이 그들의 행한 것 곧 그 악한 길에서 돌이켜 떠난 것을 감찰하시고 뜻을 돌이키사 그들에게 내리리라 말씀하신 재앙을 내리지 아니하시니라"고 기록되어 있습니다.

여기서 우리는 이방 백성 니느웨를 향해 사랑을 표현하시는 하나님을 만나게 됩니다. 하나님은 이방인도 사랑하십니다. 그 마음은 요나서 1장 2절, "너는 일어나 저 큰 성읍 니느웨로 가서 그것을 쳐서 외치라 그 악독이 내 앞에 상달하였음이니라 하시니라"에서도 잘 나타납니다.

하나님께서는 요나에게 니느웨로 가라고 말씀하셨습니다. 하나님은 이방 백성인 니느웨를 사랑하시기 때문에 그들을 구원하실 계획을 가지고 계셨습니다. 그런 하나님의 마음이 바로 1장 2절에 드러나며, 그 결과가 3장 10절에 나옵니다. 하나님은 요나를 사랑하셨듯이 니느웨를 사랑하셨습니다. 그래서 요나를 통해서 사십일이 지나면 니느웨가 무너질 것이라는 심판의 메시지를 주셨습니다. 이것은 구원의 계획을 이루기 위한 하나님의 교육 방법 중 한 가지였습니다.

사람들은 심판의 메시지를 받는 것을 별로 좋아하지 않습니다. 그러나 하나님은 때로 우리들에게도 이와 같은 메시지를 주십니다. 사람들은 심판을 두려워하고 싫어하기에 당황하고 힘들어하지만 그 이면에는 우리를 구원하시려는 하나님의 목적이 숨겨져 있다는 사실을 알아야 합니다. 다시 말해 하나님은 우리를 사랑하시기 때문에 죄악의 길에서 돌이키게 하기 위해서 겁을 주시기도 하십니다.

요나는 이런 하나님의 마음을 잘못 해석했기 때문에 4장에서 화를 내고 불만을 터뜨립니다. 그러나 우리가 깊이 생각해야 할 것은 하나님의 본심은 구원과 사랑에 있지 심판에 있지 않다는 사실입니다.

우리는 하나님의 속성을 사랑과 심판으로 구별합니다. 하지만 하나님의 사랑 속에 심판이 있다고 생각하면 그분의 마음을 좀더 쉽게 이해할 수 있습니다. 하나님은 사랑의 하나님이십니다. 하나님은 인간의 심판을 목표로 삼지 않습니다. 이런 맥락에서 하나님은 니느웨 백성들이 회개하고 돌아오자 그들에게 재앙을 내리지 않으셨습니다.

이렇게 하나님은 때때로 우리의 마음을 돌이키시려고 강한 메시지를 주실 때가 있습니다. 사실 니느웨 백성들은 악하기로 소문이 난 사람들입니다. 그런 사람들에게 하나님은 구원의 손을 내미셨으며 오늘날 우리에게도 동일하게 끊임없이 자신의 손을 내밀고 계십니다. 이런 하나님의 손길에 우리는 어떻게 반응합니까? 감사하며 기뻐합니까? 아니면 당연히 하나님은 그래야 한다고 생각합니까?

요나의 이유 없는 반항

그 당시 나름대로 위대한 선지자라고 생각되는 요나는 니느웨를 향한 하나님의 사랑에 분노합니다. 그 내용은 "요나가 심히 싫어하고 노하여"라고 표현된 4장 1절에 잘 나타나 있습니다.

요나의 반응은 싫어하고 성내는 것입니다. 하나님은 3장 10절에서 니느웨를 구원하시려는 자신의 뜻을 이루셨습니다. 니느웨 백성들이 심판의 메시지를 듣고 회개하고 돌아왔기에 재앙을 내리지 않으셨습니다. 그렇다면 자신의 뜻이 이루어진 사실에 대해 하나님은 기뻐하셨을 것입니다. 그러나 하나님의 선지자인 요나는 그런 상황을 받아들일 수 없었습니다. 동일한 상황에 대해 하나님은 기뻐하셨지만 요나는 화를 냅니다. 하나님이 기뻐하시는 일이라면 선지자는 당연히 기뻐해야 할텐데 말입니다.

햇볕이 내리쬐는 날에 한쪽에는 맛있는 치즈가 있고, 다른 한쪽에는 진흙으로 빚은 뭔가가 보자기에 싸여 있습니다. 그러면 시간이 흐를수록 햇볕으로 인해 진흙은 더 굳어지지만 치즈는 녹아 버리고 맙니다. 같은 상황이지만 전혀 다른 반응이 나타나는 것처럼 지금 하나님의 사랑과 자비가 드러나는데, 그 일을 당연히 즐겁게 받아들여야 할 선지자 요나는 너무도 싫어하고 분노합니다.

하나님의 선한 일을 보고 화내는 요나의 모습이 언뜻 이해되지 않습니다. 하지만 우리들도 가끔 이런 행동을 할 때가 있습니다. 요나는 색다른 인물이 아닙니다. 그의 모습은 바로 우리의 자화상입니다. 우리의 내면을 깊이 들여다보면 요나와 같은 부분을 많이 발견하게 됩니다.

그렇다면 요나는 왜 이렇게 분노합니까? 그 이유는 두 가지 측면으로 살펴볼 수 있습니다.

첫째는 신학적인 측면입니다. 요나는 하나님의 섭리와 구원은 선민인 이스라엘 백성들에게만 가능한 일이며, 이방인인 니느웨 백성들에게는 이루어질 수 없다고 생각했습니다. 그러므로 니느웨 백성들이 멸망하지 않고 구원받은 것을 보며 그는 분노할 수밖에 없었습니다.

둘째는 개인적인 측면입니다. 우리는 요나를 선지자 중에 가장 낙제 점수를 받은 사람으로 꼽거나, 과소 평가하는 경향이 있습니다. 그러나 사실 요나를 다른 측면에서 보면 상당히 위대한 선지자입니다.

당시에 요나는 인기 있는 선지자였습니다. 그의 예언은 거의 이루어져서 이스라엘에서 그는 영웅 대접을 받았습니다. 그런데 하나님은 이런 요나에게 이방 나라, 그것도 적국인 니느웨로 가라고 하셨습니다. 요나는 이 명령을 탐탁지 않게 생각했을 것입니다. 그의 인기는 제쳐 두고라도 자존심 상하는 일이었습니다. 그래서 요나는 다시스로 도망치려고 했지만 여러 가지 사건을 겪은 뒤 하나님의 뜻을 따르기로 합니다. 그는 사흘 길을 가서 '사십일이 지나면 니느웨가 무너진다'고 강하게 외쳤습니다. 그렇지만 니느웨는 무너지지 않았습니다. 선지자의 자존심이 처참하게 무너지는 순간이었습니다. 자신의 고국에서는 큰 예언을 했고 그것이 그대로 이루어져서 사람들로부터 스타 대접을 받았는데, 니느웨에서는 하나님이 명령하신 대로 했음에도 그 일이 이루어지지 않았습니다. 이런 맥락에서 요나서 4장 1절을 살펴보면 요나의 심정이 조금은 이해가 됩니다.

요나는 하나님의 관심보다 자신의 자존심이 더 중요했기 때문에 분노할 수밖에 없었습니다. 우리도 신앙 생활을 하다 보면 하나님 나라보다 내 자존심이 더 큰 비중을 차지할 때가 있습니다. 하나님 나라가 어떻게 되든지 내 주위 환경과 일반적인 생활 영역에 더 큰 비중을 둘 때가 있습니다. 어느 순간, 신앙이 목표가 아닌 수단이 되어 버린 것입니다.

목사에게도 설교가 직업적인 수단으로 바뀔 수도 있습니다. 설교를 통해 하나님 나라를 선포하고 많은 사람들이 성경적 가치관을 가지고 살 수 있도록 하는 데 목표를 두지 않고, 사람들의 인기를 끌고 더 많은 인원을 모으는 데만 급급한다면 하나님의 관심보다는 자기 자존심을 더 중요하게 생각하는 것입니다. 즉 설교가 복음의 선포가 아니라 직업적 수단으로 행해진다면, 그것은 하나님 나라에 대한 목표가 변질된 것입니다. 또한 그리스도인의 교회 생활이 마음의 안정을 얻고 사회적 인맥을 만드는 교제의 장으로만 활용된다면, 그것은 하나님 나라의 일보다 인간적인 측면에 더 집착하는 것입니다. 우리는 이와 같은 경우를 자주 만나며 순간순간 마음대로 살고 싶은 유혹을 느낍니다. 그러나 하나님이 기뻐하시는 일을 내가 기뻐하고, 하나님이 슬퍼하시는 일을 내가 싫어하는 것이 신앙입니다.

텔레비전 프로그램 중에 가끔 시사토론을 시청합니다. 그런데 이 프로그램을 보다 보면 인간의 악한 속성을 다시 한번 느끼게 됩니다. 한 사람이 A라는 이론을 주장하면, 다른 사람이 B라는 이론을 주장하는데 그 의견이 한결 우월한 것을 한눈에 알 수 있습니다. 심지어 A라고 주장한 사람이 들어봐도 B라는 이론이 더 타당하게 생각될 정도입니다. 하지만 자존심 때문에 끝까지 우깁니다. 그 시사토론의 근본 주제가 나라를 생각하는 것임에도 불구하고 나라 자체는 어떻게 되든지 다른 사람으로 인해 '묵사발'이 되었다는 사실에 분노합니다.

사실 그리스도인들도 하나님 나라보다 스스로의 자존심만 지키면 된다는 그릇된 생각을 가지고 살아가는 경우가 많습니다. 그리고 바로 그런 속성이 지금 선지자 요나에게 나타나고 있습니다.

기도하고 있지만…

요나가 자신의 성난 마음을 표현하는 방법이 참 재밌습니다. 화를 낸다고 하면 보통 소리지르고 물건을 집어던지고 아우성 치는 모습이 떠오릅니다. 그런데 그는 4장 1-2절에 기록되어 있듯이 "요나가 심히 싫어하고 노하여 여호와께 기도하여 가로되"라고 자신의 마음을 드러냅니다.

기도는 그리스도인의 호흡과 같은 것입니다. 열심히 기도하는 모습은 어느 누구라도 참 아름답습니다. 그런데 요나의 기도에는 분노가 깃들어 있습니다. 다시 말해 그는 기도를 통해 오히려 자기의 분노를 구체적으로 나타내고 있습니다.

기도는 참 좋은 것입니다. 기도하지 않는 것은 분명 잘못된 일입니다. 그러나 기도보다 더 중요한 것은 그 기도의 내용이 무엇이냐 하는 것입니다. 또한 기도의 내용보다 더 중요한 것은 기도하는 사람의 마음 자세입니다. 기도하는 사람의 마음이 잘못되어 있으면 기도도 잘못되게 마련입니다. 지금 요나의 마음이 비뚤어져 있으므로 기도도 비뚤어질 수밖에 없습니다. 4장 2절의 요나의 기도를 보십시오.

"여호와여 내가 고국에 있을 때에 이러하겠다고 말씀하지 아니하였나이까 그러므로 내가 빨리 다시스로 도망하였사오니 주께서는 은혜로우시며 자비로우시며 노하기를 더디하시며 인애가 크시사 뜻을 돌이켜 재앙을 내리지 아니하시는 하나님이신 줄을 내가 알았음이니이다."

이 구절에는 '내가'라는 단어가 여러 번 나옵니다. 그는 자신의 자존심이 달려 있기 때문에 이 말을 사용합니다. '내가' 고국에 있을 때 이런 일이 일어날 줄 알았고, 하나님이 이러실 줄 알았기 때문에 '내가' 도망쳤다는 것이 요나의 주장입니다. 요나는 과거 자신이 불순종한 일을 2장에서 회개했지만, 4장에서는 '그렇지요. 하나님이 이러실 줄 예전에 제가 다 알았습니다. 그래서 도망쳤던 것입니다'라고 화를 냅니다. 이것은 결국 자기 자신의 행동을 정당화하고 합리화시키려는 태도입니다. 기도의 형태를 띠고 있지만 그 내용은 '그래도 저도 보는 눈이 있습니다. 하나님 정말 대단하십니다'라고 하며 하나님을 비꼬고 있습니다.

요나는 거기서 한걸음 더 나아가 명석한 두뇌로 시나리오를 씁니다. 그런 하나님인 줄 알았기 때문에 예전에 도망친 것이라고 합니다. 이제는 하나님을 요나 자신이 평가하고 과거에 저지른 일도 자신의 틀에 맞추어 해석합니다. 사람이 비뚤어지면 이렇게 됩니다.

그리고는 4장 2절 하반부에서 시편의 내용까지 인용합니다. "주께서는 은혜로우시며 자비로우시며 노하기를 더디하시며 인애가 크시사 뜻을 돌이켜 재앙을 내리지 아니하시는 하나님이신 줄을 내가 알았음이니이다."

이 말씀 자체로만 보면 최고의 신앙고백이 아닙니까. 하나님의 속성을 은혜로우신 하나님, 자비하시고 인애가 크신 하나님, 재앙을 내리지 않으시는 하나님이라고 합니다. 신학적으로 하면 조직신학 백점, 성서신학 백 점입니다. 하나님에 대한 정의로는 문제될 것이 없습니다. 하지만 그 말투로 보면 빵점입니다. 요나는 자신의 잣대로 하나님을 판단하고 재단하며 비꼬고 있는 것입니다. '하나님, 어련하시겠습니까. 자비하시고 인애도 크시군요. 정말 대단하십니다. 하나님은 워낙 잘나고 크신 분 아니십니까' 하고 말하고 있습니다.

기도하는 사람이 분노에 사로잡혀 있으면 항상 이런 투로 기도하게 됩니다. 즉 외형적으로 분노를 표현하지 않더라도 그 실체가 마음에 자리잡고 있으면 그의 기도는 자기 합리화, 자기 정당화 내지는 자기의 이기심으로 가득차게 됩니다. 또한 신앙의 틀은 있지만 하나님께 불만을 토로하기 쉽고, 기도를 하지만 하나님 앞에서 늘 징징댑니다. 요나처럼 드러내놓고 표현하지 않아도 마음이 비뚤어져 있기 때문에 항상 욕구 불만으로 가득 차서 투덜댑니다.

'왜 다른 사람은 잘되는데 나는 이렇습니까?', '왜 내게는 이런 것을 주시지 않습니까?', '우리가 항상 이런 상태로 있어야 한다는 말입니까? 도대체 나를 어떻게 보십니까?', '하나님, 도와주시면 안 될까요?' 와 같은 식으로 기도하게 됩니다.

즉 하나님이 목표가 아니라 수단이 되고 자신에게 기준을 맞추게 됩니다. 이것이 바로 투덜대는 행동입니다. 결혼하신 분들은 잘 알 것입니다. 남편이 부인에게, 부인이 남편에게 투덜대는 모습이 이와 같습니다. 문제는 하나님 앞에서 우리가 늘 이렇게 투덜대는 부분이 많다는 것입니다. 기도는 하지만 우리의 기본적인 마음이 항상 투덜댄다는 뜻입니다.

분노, 그릇된 감정

투덜대는 증세가 더 악화되면 다음과 같은 반응을 보입니다. 요나서 4장 3절을 보십시오. 거기서 요나는 "여호와여 원컨대 이제 내 생명을 취하소서 사는 것보다 죽는 것이 내게 나음이니이다"라고 고백합니다.

요나는 하나님께 차라리 죽여 달라고 합니다. '이렇게 사느니 죽는 게 낫겠습니다. 하나님, 제발 죽여 주십시오.' 이것은 이기심과 분노가 극에 달한 사람에게 나타나는 반응입니다.

이런 요나의 기질은 우리 나라 사람과 비슷합니다. 기독교가 서양에서 많이 발전했기 때문에 서양 종교라고 생각하는데, 사실은 동양 종교입니다. 이스라엘은 동양에 속해 있습니다. 그래서 동양 사람과 비슷한 기질을 가지고 있는 요나는 자신의 마음에 들지 않으면 차라리 자신을 죽여 달라고 합니다. 우리말에도 '죽이라' 는 말이 많지 않습니까. 조금만 어려우면 '죽겠다' 고 하고, 싸움이 일어나는 곳은 어디나 '죽여라, 죽여' 하는 소리가 들립니다. 하다 못해 농담에도 '죽는다' 는 말이 있습니다.

지금 요나도 우리처럼 극단적인 발언을 합니다. 아니, 그의 말은 극단적인 발언을 넘어섭니다. 그는 이성도 없으며 단지 감정만을 발산하고 있습니다. 너무 화가 나서 제정신이 아니기 때문에 앞뒤를 가리지 않는 것입니다.

2장에서 '하나님, 저를 살려 주셔서 감사합니다. 구원은 여호와께로소이다' 라고 고백한 요나가 속이 뒤틀리니까 4장에서 '죽여 달라'고 합니다. 사람은 감정이 폭발하면 이성을 잃고 맙니다. 그래서 인간의 분노라는 감정은 정말 무서운 것입니다.

분노에 대해서 어떻게 생각하십니까? 성경에는 한 번도 분노하라고 기록된 부분이 없습니다. 분노는 성경에서 금기 사항입니다. 어떤 사람은 '눈에는 눈, 이에는 이' 라는 말이 같은 뜻이 아니냐며 반문합니다. 그러나 이 말이 산상수훈에 있다고 하지만 사실 그런 주장만큼 왜곡된 것이 없습니다. 산상수훈은 바리새인들이 율법을 왜곡한 내용에 대해서 예수님이 바로 잡아 주는 말씀입니다. 이 말이 어떤 맥락에서 나온 말인지 살펴봅시다.

출애굽할 때 이스라엘 백성의 인원을 성경에서는 장정만 60만 명이라고 했는데, 아마 그 가족까지 모두 포함하면 2~3백만 명은 될 것입니다. 그 많은 사람들이 태양이 내리쬐는 가운데 행진을 하려면 얼마나 힘들었겠습니까. 스트레스가 많이 쌓일 수밖에 없었을 것입니다. 그러다 보면 사소한 일에도 서로간에 다툼이 자주 발생했을 것입니다.

예를 들어 어떤 사람이 싸우다가 홧김에 상대방의 뺨을 때렸습니다. 그러자 뺨을 맞은 사람은 순간적으로 옆에 있던 큰 돌을 그에게 집어던졌는데, 그만 죽고 말았습니다. 뺨 한 대 맞고 사람을 죽이게 된 것입니다. 일어날 수 없는 일이지만 그 당시 이스라엘 백성에게는 그런 일이 종종 발생했던 모양입니다. 그래서 하나님이 모세를 통해서 율법을 주실 때 '눈에는 눈, 이에는 이' 라는 말씀을 주셨습니다. 뺨을 한 대 맞았으면 뺨을 한 대 치는 선에서 끝내야지 사람을 죽이는 일은 없어야 한다는 뜻이었습니다. 그런 맥락에서 '눈에는 눈, 이에는 이' 라는 말이 나온 것입니다.

그러나 이것이 왜곡되어 전혀 다른 개념, 즉 복수의 개념으로 쓰이게 되었습니다. 확산되는 죄를 줄이려는 원래의 목적에서 벗어나 뺨 한 대를 맞았으니까 뺨 한 대를 갚아서 칠 수 있다는 개념으로 변질된 것입니다. 율법을 왜곡하는 바리새인들의 이런 측면에 대해서 예수님은 다른 사람을 대적하지 말라고 하셨습니다. 다시 말해 누가 오 리를 가자고 하면 십 리를 가 주고 속옷을 달라고 하면 겉옷까지 주라고 말씀하셨습니다.

또 어떤 사람은 '사랑하기 때문에 분노한다' 고 말하기도 합니다. 이것은 정직하지 않은 말입니다. 실컷 화내고 나서 사랑을 운운하는 것은 말도 안 되는 이야기입니다. 우리가 분노하는 것은 사실 자기의 이기심과 아집 때문이며, 하나님 나라의 일보다 자신을 먼저 생각하기 때문입니다.

자아가 죽으면 분노도 없다

그렇다면 분노의 감정에서 해방되려면 어떻게 해야 합니까? 우리는 자신의 행동보다 스스로 어떤 사람인가를 먼저 생각해야 합니다. 겉으로 드러나는 모습이 아니라 그런 행동을 하게 만드는 우리의 자세에 관심을 집중시켜야 합니다. 분노의 문제를 분노하는 것으로 풀려면 풀리지 않습니다. 더 깊이 생각해야 할 것은 분노하는 우리 자신이 어떤 사람인가 하는 것입니다. 우리 자신에게 관심을 집중해야 합니다. 우리에게 임하는 분노의 문제는 궁극적으로 자신에 대한 관심이 그 원인입니다. 그렇기 때문에 우리는 스스로 판단하는 모든 문제를 하나님께 맡겨야 합니다. 우리의 목표는 자신과 자신의 이익에 대해서 무관심한 상태가 되는 것입니다. 바로 이 모습이 그리스도인의 자세입니다.

자신에게 무관심해지는 일은 한마디로 죽는 것입니다. 우리의 신앙고백 속에 이와 같은 내용이 들어 있어야 합니다. '나는 죽었다. 완전히 죽었다. 나 자신에 대하여 죽고, 나의 생각과 기호와 뜻에 대해 죽고, 세상의 인정이나 비난에 대하여 죽었다. 심지어 내 형제와 친구들의 인정이나 비난에 대해서도 죽었다. 나는 오직 하나님께 인정받는 사람으로 서기 위해서 최선을 다할 뿐이다.' 이런 고백이야말로 자기 자신을 바로 아는 것입니다.

윤리를 잘 지키는 성인군자도 이 상태에 도달할 수 없습니다. 그러나 그리스도인은 할 수 있습니다. 세상 사람들은 자신이 우뚝 서야 하고, 자존심을 내세워야 하며, 자신의 모습을 더욱 드러내야 세상이 알아준다고 생각합니다. 그래서 그리스도인을 바보 취급하고, 세상 사는 법을 몰라도 너무 모른다고 이야기합니다. 세상은 자기를 내세우고 언제나 자신의 명예를 지킬 준비를 갖추고 있는 사람을 우러러 보기 때문입니다.

그러나 그리스도인은 그런 사람이 아닙니다. 성경은 그리스도인에게 "너희는 새로운 피조물이라"고 합니다. 즉 하나님 안에서 다시 태어났다고 이야기합니다. 이것이 바로 복음입니다. 그래서 복음은 사람의 분노를 제어합니다.

허황 되고 뜬구름 같은 이야기라고 생각하십니까? 절대 그렇지 않습니다. 복음은 뜬구름이 아닙니다. 복음은 사람을 변화시키고 새롭게 만듭니다. 그래서 분노가 드러날 때 어떤 일시적인 대안을 세우는 것이 아니라, 분노하는 사람에게 관심을 둡니다. 분노하는 사람이 그리스도인이면 성경은 '너희는 이제 모든 것을 버리라'고 합니다. 그리고 '나를 따르려거든 자기를 부인하고 십자가를 지라'고 말씀합니다.

자기를 부인하는 것은 자기의 자존심과 자아를 모두 내어버리는 일입니다. 논리적으로 생각하면 이 의견에 불만이 있을 수도 있습니다. 그러나 복음은 이와 같은 일을 하는 것입니다. 우리가 죽을 때까지 완전해지지는 않지만 날이 갈수록 우리는 점점 더 죽어가야 합니다. 만일 우리가 죽어가고 있지 않는다면 그것은 복음을 제대로 깨닫지 못하고 있다는 의미입니다. 따라서 그리스도인은 자신도 모르는 사이에 죽어가고 있습니다. 그래서 사도 바울은 항상 '나는 곤고한 사람이로다'라고 고백합니다. 이 모습이 바울을 약한 사람으로 보게 만들 수도 있지만, 사실 그가 스스로 죽어가고 있음을 간증하고 있는 말이기도 합니다.

그렇다면 우리가 이런 실천을 하기 위해서는 어떤 모습이 필요합니까?

첫째, 자기 안에 있는 문제들을 정직하게 대면하십시오. 변명하고 회피하지 말고 정직하게 있는 그대로 그 문제를 대면해야 합니다. 이것은 모두 나 자신의 문제이며, 무서운 교만과 명예에 관심을 갖고 있음으로 이런 일들이 일어난다고 실제로 고백하고 인정하십시오. 사실 따지고 보면 우리의 명예와 자존심과 교만 때문에 문제가 발생하는 것입니다. 인간이 그런 존재입니다.

둘째, 자신의 삶을 어느 정도까지 통제하고 있는지 점검해 보십시오. 무엇에 관심을 두고 살아가고 있는지 삶 전체를 분석해 보면, 행동뿐 아니라 의복이나 외모 등 모든 것에 자신을 향한 불건전한 태도가 개입되어 있다는 사실을 발견하게 될 것입니다.

인간의 삶에 닥치는 비극과 불행과 실패의 원인은 바로 자아, 곧 자기 자신 때문입니다. 타락은 자아 때문에 생겨난 것입니다. 이 자아는 언제나 하나님과 인간의 관계를 분리시킵니다. 삶의 모든 불행한 순간들은 궁극적으로 이런 분리 때문에 일어나는 것입니다. 다시 말해서 우리가 기쁨 없는 비참한 상태에 빠져 분노하게 되는 궁극적인 원인은 바로 하나님과 내가 분리되어 있기 때문입니다.

스스로를 영화롭게 하고 자기의 이익을 확보하고자 하는 욕심은 어떤 것이든지 필연적으로 죄일 수밖에 없습니다. 이런 자기 중심의 삶에서 구원받은 상태가 바로 '거듭남'입니다. 그러므로 우리는 분노하기보다 자신의 자세를 생각해야 합니다.

왜 하나님의 아들인 예수 그리스도께서 이 땅에 오셨습니까? 궁극적인 목적은 인류를 자아로부터 구원하시기 위함입니다. 하나님은 이렇게 우리를 구원하시기 위해 자신의 자아를 내버리시는 모범을 보이셨습니다.

빌립보서 2장에는 예수님이 하나님과 동등 됨을 취하지 않으시고 우리와 같이 되사 십자가를 지신 위대한 사건이 나옵니다. 십자가야말로 최고의 복음입니다. 예수님이 죽으신 목적은 오히려 새로운 백성과 피조물이 형성되고 주님을 닮은 사람들로 이루어진 새 나라가 세워지는 것입니다. 그러므로 그리스도인은 자기에 대해 방어적이고 자신에게 민감한 삶이 아니라 모욕을 당해도 굴복하지 않고 산상수훈의 말처럼 오른뺨을 때리면 왼뺨을 내밀 수 있어야 합니다. 법정에 고소를 당하고 속옷을 빼앗겨도 겉옷까지 줄 준비가 되어 있으며, 억지로 오 리를 가게 하면 십 리를 가 줄 수 있고, 우리에게 무언가를 요구하면 도와줄 수 있어야 합니다. 우리는 그런 삶으로 부름 받은 것입니다.

이런 삶을 살기 위해서 우리는 나 자신, 내 자아와 결별해야 합니다. 우리의 관심사는 오직 하나님의 영광과 존귀에 있어야 한다는 사실을 기억해야 합니다. 하나님의 영광과 존귀를 위해서 우리는 모든 것을 버리는 훈련을 해야 합니다. 복음은 우리를 그렇게 만들어 갑니다. 그러나 우리가 복음 안에 있다고 하면서 자기를 죽이는 훈련으로 나아가지 않고, 자라가지 않는다면 우리는 여전히 복음 밖에 있는 것입니다. 또 그렇기 때문에 쉽게 분노하게 됩니다.

이런 분노로부터 우리를 해방시키는 것이 복음입니다. 분노는 오직 복음으로만 해결됩니다. 분노가 치밀면 일단 말하지 말고 피하라고 합니다. 그러나 이것은 모두 편협한 방법입니다. 피한다고 해서 근본적인 분노가 사라지는 것은 아닙니다. 분노가 사라지기 위해서는 먼저 사람의 마음이 달라져야 합니다. 즉 자신의 모든 것을 포기하고 하나님께로 돌아가야 하는 것입니다. 그리고 하나님 나라가 추구하는 영원한 세계와 목표에 관심을 두고 인생을 살아가야 합니다.

사도 바울이 복음을 위하여 선택받았다고 하는 것처럼 우리도 복음에 관심을 가져야 합니다. 복음으로 우리의 자아를 포기하고 하나님 나라의 백성으로서의 가치관을 지니게 되면 자존심으로 얼룩진 분노는 먼 옛날의 이야기처럼 여겨질 것입니다. 물론 우리가 살아갈 때 때로는 분노할 수 있습니다. 그러나 우리의 자존심이 드러나는 극한 분노와 복음 안에서 나타나는 짧은 분노는 그 차원이 다릅니다.

우리가 이렇게 되려면 하나님 나라에 관심을 두어야 합니다. 비록 우리가 생활하는 것, 먹는 것, 입는 것, 사람 만나는 것 등 모든 일에 관심을 두고 살아가지만 우리는 이런 일들이 인생의 전부가 아니며 단지 삶의 한 과정일 뿐이라는 사실을 기억해야 합니다. 본질적인 하나님 나라에는 관심이 없고, 그냥 바람 따라 물 따라 흘러가는 것이 인생이라고 생각하는 사람의 삶은 정말 비참합니다. 그의 인생은 목표를 잃어버리고 표류하는 배와 같기 때문입니다.

우리 인생의 방향을 바로 잡으십시오. 목표를 위해 우리의 모든 자아를 버리고 여호와 하나님을 바라보십시오. 이 일을 위해 예수 그리스도의 십자가를 바라보십시오. 그리고 부활의 기쁨을 찾으십시오. 그러면 우리의 본질적인 분노는 사라질 것입니다.

16장

동전의 양면, 사랑과 미움

여호와께서 이르시되 너의 성냄이 어찌 합당하냐 하시니라 요나가 성에서 나가서 그 성 동편에 앉되 거기서 자기를 위하여 초막을 짓고 그 그늘 아래 앉아서 성읍이 어떻게 되는 것을 보려 하니라(욘 4:4-5).

반항하는 선지자와 자비로우신 하나님

우리가 사는 이 땅에 전쟁이 없었던 시기는 거의 없습니다. 아마 지금도 어딘가에 전쟁이 일어나고 있을 것입니다. 한 나라의 전쟁이 끝나는가 싶으면 다른 나라에서 전쟁이 일어납니다. 인간의 역사는 '전쟁의 역사' 라 해도 과언이 아닐 정도로 계속 전쟁이 일어나고 있습니다. 어떤 사람은 이 지구상에 전쟁이 없었던 시기는 삼백 년도 되지 않는다고 말하기도 합니다.

그런데 전쟁은 국가와 국가 사이에서만 일어나는 것이 아닙니다. 개인과 개인 사이에서도 전쟁이 일어납니다. 그중에서 가장 많은 전쟁은 가정에서 일어납니다. 물론 전쟁이라고 하기는 조금 어색하고 싸움이라고 해야 될 것 같습니다. 부부 사이의 싸움, 부모와 자녀 사이의 싸움이 만만찮습니다. 특히 어머니와 자녀간의 싸움이 더 많습니다. 하루에도 몇 번씩 싸울 것입니다. 아버지와 자녀의 싸움보다 어머니와 자녀의 싸움이 많은 것은 아마 그들이 함께 보내는 시간이 많기 때문일 겁니다.

그런데 어머니와 자녀가 싸우는 모습을 살펴보십시오. 자녀들의 입장에서는 어머니의 반복되는 충고에 싫증을 느낍니다. 어머니는 입만 열면 항상 '하지 말아라' '이것은 안 된다' '왜 못하느냐' 는 이야기만 하신다고 생각합니다. 그래서 어머니가 무슨 얘기를 해도 그냥 귀를 닫고 싶어지고 마음에도 담을 쌓습니다. 어머니의 충고가 모두 잔소리로 들리기 때문입니다. 또한 어머니의 입장에서는 고생해서 키워주니까 이제는 컸다고 반항하는 자녀가 마음에 들지 않습니다. 그래서 '왜 말을 안 듣느냐' 고 어머니는 화를 냅니다. 이렇게 어머니와 자녀 사이에는 싸움이 중단되지 않고 계속되는 것을 볼 수 있습니다. 아마 가정마다 정도의 차이는 있겠지만 이런 일은 흔히 있는 사건입니다.

본문에도 하나님께 대드는 선지자 요나가 등장합니다. 그리고 반항하는 선지자에게 응답하시는 하나님의 모습이 잘 나타나 있습니다. 이 모습이 어머니와 자녀간의 싸움 같습니다. 이럴 때 하나님은 어떻게 하시는지 잘 살펴보십시오. 우리가 자녀를 키울 때 그 전쟁을 어떻게 이끌어야 하는지 본문을 통해 힌트를 얻을 수 있을 것입니다.

반항하는 요나를 하나님은 어떻게 대하십니까? 먼저 요나서 4장 4절을 보십시오. "여호와께서 이르시되 너의 성냄이 어찌 합당하냐 하시니라."

본문의 분위기가 결코 부드러운 상황이 아닌 것을 눈치 챌 수 있을 것입니다. 요나는 4장 3절에서 "여호와여 원컨대 이제 내 생명을 취하소서 사는 것보다 죽는 것이 내게 나음이니이다"고 하면서 아주 노골적으로 하나님께 대들었습니다. 아마 요즘 엄마 같으면 '그래, 네가 정말 이럴 수 있니? 내가 너를 낳고 키웠고 너를 위해 최선을 다하고 있는데 네가 이럴 수 있니?' 하며 손이라도 올라갔을 겁니다. 그러나 하나님은 자신의 본심을 읽지 못하고 반항하는 요나에게 자비로운 모습으로 다가가십니다. 하나님은 성내거나 분노하지 않습니다.

혹시 하나님은 자비로우시고 인애로우시고 노하기를 더디하시기 때문에 화를 내지 않는 것이 당연하다고 생각할지 모릅니다. 그러나 하나님은 항상 다정하신 것만은 아닙니다. 하나님은 모든 일을 그냥 넘어가시는 분이 아닙니다.

하나님의 심판이 얼마나 무서운지 아십니까? 창세기에 나오는 노아의 홍수 사건을 생각해 보십시오. 그때 하나님은 비를 내려 세상에서 인간뿐만 아니라 이 땅의 모든 동물까지 완전히 쓸어 버리셨습니다. 또한 소돔과 고모라의 사건도 생각해 보십시오. 하나님의 심판은 정말 무서웠습니다.

이런 모습을 생각하면 배은망덕한 요나에게 하나님은 천둥과 번개를 쳐서 단번에 죽게 하실 수도 있었습니다. 그러나 하나님은 성질을 내는 요나에게 부드러운 음성으로 '너의 성냄이 어찌 합당하냐'고 묻습니다. 하나님은 다정하게, 요나는 무지막지하게 분노하고 있습니다. 하나님과 요나의 모습이 대조적입니다. 하나님이 화를 내셔야 하는 상황임에도 오히려 요나가 화를 내고 있습니다. 주객이 전도된 셈입니다.

도저히 요나의 행동이 이해되지 않습니다. 그러나 현실 속의 우리의 삶에는 요나와 같은 행동이 많이 나타납니다. 또 요나와 같은 행동을 스스로 정당화시키는 사람이 바로 우리입니다.

네 원수를 미워하라

우리는 별 생각 없이 요나의 행동의 옳고 그름을 판단하고 정죄하기 쉽습니다. 그러나 하나님은 요나를 곧바로 정죄하기보다 왜 성내고 있는지를 물으십니다. 즉 요나의 행동이 합당한가, 합당하지 않은가 하는 질문을 던지십니다. 요나서 4장 4절에는 "너의 성냄이 어찌 합당하냐"고 기록되어 있습니다. 이 말씀 속에는 하나님과 요나가 생각하는 신학적 의미가 함축되어 있습니다.

하나님이 생각할 때는 요나의 성냄이 합당하지 않고, 반대로 그는 자신의 행동이 합당하다고 말합니다. 그러므로 합당하다는 의견과 합당하지 않다는 의견의 싸움입니다. 하나님은 우주를 창조하신 분이시고 반드시 그분의 말씀 속에는 논리가 있습니다. 즉 요나의 성냄이 합당하지 않은 논리가 분명히 있습니다. 한편 요나의 입장은 자신도 선지자고, 세상과 하나님에 대해 어느 정도 알 만큼은 안다고 생각합니다. 나름대로 합당하다고 생각하는 자기 논리가 있습니다.

그 논리가 무엇인지 살펴봅시다. 이를 위해 산상수훈에 나오는 내용을 점검해 볼 필요가 있습니다. "또 네 이웃을 사랑하고 네 원수를 미워하라"(마 5:43).

여기서 '네 원수를 미워하라'는 말씀은 조금 생소합니다. 우리는 '원수를 사랑하라'고 하는 말씀에 더 익숙합니다. 그래서 이 말씀이 좀 당혹스럽습니다.

요나는 니느웨를 사랑합니까? 아닙니다. 심히 미워하고 있습니다. 니느웨는 원수의 나라이기 때문입니다. 이스라엘 백성은 자기 나라 외에는 모두 원수로 여기고 심지어 이방인을 개라고 생각했습니다. 요나도 예외는 아니었습니다. 니느웨를 자기 백성과 상관없는 원수로 여기고, 성경에도 원수를 미워하라는 말씀이 있기에 니느웨가 망해야 한다고 생각했습니다. 그런 원수의 나라에 대한 미움이 그를 더 분노하게 만들었을지 모릅니다. 그런데 문제는 하나님이 니느웨 사람들을 미워하시지 않는다는 점입니다.

물론 어떤 사람은 산상수훈은 신약이고, 요나서는 구약이라 시대적 상황이 다르기 때문이라고 생각할지 모릅니다. 하지만 신약은 구약에 나오는 유대인들의 실상을 끌어온 것입니다. 그때 이미 유대인들에게는 이방인을 원수로 여겨서 미워하는 사고가 있었습니다.

우리도 이런 경험이 있습니다. 자신이 미워하는 사람을 다른 사람이 사랑하면 화가 납니다. 예를 들어 내가 알고 있는 A와 B라는 사람이 있는데, 서로 의견이 달라 싸울 때가 있습니다. 만일 그때 내가 B와 계속 친하게 지내면 A가 분노합니다. 예전부터 나는 B와 가깝게 지냈는데도 A는 일방적으로 화를 냅니다.

또한 친한 친구가 세 사람 있는데 둘이 싸우면 가운데 사람이 눈치를 보게 됩니다. 눈치 볼 이유도 없고, 자기들끼리 싸운 것이라 그들 선에서 끝내면 되는데 꼭 제삼자는 자기편을 들어줘야 한다고 생각합니다. 자기편을 들어주지 않으면 자기를 배신한 것이라 여깁니다. 이런 예는 아이들에게만 해당되는 것이 아닙니다. 어른도 마찬가지입니다. 국가간의 외교정책도 어린아이가 하는 행동과 똑같습니다. 어른이냐, 어린아이냐를 따질 게 하나도 없습니다.

지금 요나의 기분도 이와 같습니다. 요나는 원수의 나라인 니느웨가 사십일이 지나면 무너진다고 하니 신나서 외쳤을 것입니다. 그런데 하나님이 니느웨를 사랑하사 망하지 않게 하셨습니다. 기분이 안 좋을 수밖에 없습니다.

그런데 요나가 화를 내는 데는 나름대로 신학적인 이유가 있습니다. 즉 산상수훈에서 살펴본 것처럼 "원수를 미워하라"는 이론이 있기 때문입니다. 물론 구약 시대에서 끌어온 이론이지만 바리새인이나 사두개인은 이것을 철저히 따랐습니다. 그들은 주님이 오신 것을 인정하지 않았습니다. 그래서 예수님은 '원수를 사랑하라'고 말씀하셨지만, 이들의 사고 속에는 '원수를 미워하라'는 사상이 들어 있었습니다.

성경에는 '원수를 미워하라'는 이야기는 한 번도 기록된 적이 없습니다. 예수님이 산상수훈에서 유대인의 잘못된 생각을 일깨워주기 위해 이끌어 내신 것이지 실제로 이런 말씀은 없습니다. 다만 유대인들이 원수를 미워해도 된다고 생각하는 데에는 성경에 그들을 부추길 만한 진술이 있기 때문입니다. 그 몇 가지 예를 살펴봅시다.

하나님께서는 이스라엘 백성들이 가나안 땅에 들어갈 때 그곳에 사는 사람들을 모두 죽이라고 명령하셨습니다. 신명기에는 아모리 족속과 모압 족속과 미디안 족속에게 친절하게 대하지 말라고 기록되어 있습니다. 그리고 살인한 사람이 도피성으로 도망가기 전까지 피해를 당한 가족들이 그를 붙잡아 죽일 수 있도록 율법이 허용했습니다. 또한 성경에 의외로 사람을 죽이라는 말씀이 많이 나옵니다. 특히 시편에는 원수에 대한 분노가 왜 그렇게 많은지 모릅니다. 원수를 저주하고 원수가 잘되지 않게 해 달라고 하는 이야기가 수없이 반복되고 있습니다. 대표적인 경우가 바로 시편 69편입니다.

이런 진술들은 개인적으로 어떤 사람을 미워하라는 의도가 아닙니다. 하나님의 백성과 교회에게 행해지는 일들을 말씀하고 있는 것입니다. 다시 말해 하나님의 나라와 교회를 형성하는 과정 속에서 무엇이 법적인지, 무엇이 원리적인 것인지 가르치는 차원으로 하나님을 배반하고 대항하는 일에는 그리스도인의 입장을 분명히 하라는 의도에서 이 말씀들이 쓰여진 것입니다. 그런데 이 말씀들이 마치 원수를 미워하라는 것처럼 느껴져서 유대인들은 생활 속에 적용하고 있었습니다.

이런 사람은 구원받지 못한다고 원리적으로 말할 수 있습니다. 그러나 이것을 개인적으로 적용해 구원받은 여부를 가리는 일은 잘못된 행동입니다. 아무리 악한 사람이라 하더라도 우리가 하나님을 대신해 심판할 수 없습니다. 하지만 이스라엘 사람들은 이와 같은 원리적인 이야기를 개인에게 적용해 '원수를 미워해도 된다'는 생각을 가지고 있었습니다.

그러나 예수님은 분명히 "원수를 사랑하라"고 말씀하십니다. 그런데 가끔 예수님의 행동 속에도 분노가 담겨져 있을 때가 있었습니다. 예루살렘 성전에서 물건을 파는 장사꾼들에게 채찍을 들어 치시며 화를 내셨습니다. 또 예수님은 마태복음 23장에서 바리새인들과 사두개인들에게 "화 있을진저 화 있을진저" 하시면서 그들에게 화내는 모습을 보여 주셨습니다. 그렇다면 예수님은 어느 때는 화를 내시고 어느 때는 원수를 사랑하라고 말씀하십니까?

그렇습니다. 예수님은 분명한 원칙 속에서 교회와 하나님 나라에 관계되는 일과 법률적이고 원리적인 관계에 있어서 아닌 것은 아니라고 말씀하십니다. 하지만 그것을 개인적으로 적용하지는 않으셨습니다. 즉 예수님은 원리적인 차원에서 분노해야 할 부분들을 드러내시지만, 그것을 개인적으로 적용할 때는 사랑으로 다가오십니다. 마태복음 5장 45절을 보십시오. "이같이 한즉 하늘에 계신 너희 아버지의 아들이 되리니 이는 하나님이 그 해를 악인과 선인에게 비춰게 하시며 비를 의로운 자와 불의한 자에게 내리우심이니라."

하나님은 불의한 사람이나 의로운 사람에게 똑같이 태양과 비를 내리십니다. 예수를 믿는 사람에게는 항상 단비가 내리고, 예수를 믿지 않는 사람에게는 항상 가뭄이 계속됩니까? 아닙니다. 비가 오면 예수 믿는 사람이나 예수 믿지 않는 사람이나 똑같이 비를 맞습니다. 비의 혜택을 함께 누립니다. 태양도 마찬가지입니다. 믿는 사람과 믿지 않는 사람에게 똑같이 비춥니다. 어느 때는 예수를 믿지 않는 사람이 더 잘되고 진급도 빠를 수 있습니다. 왜냐하면 이 사회는 세상 논리를 잘 따르는 사람을 인정해 주기 때문입니다.

만일 하나님이 우리가 말하는 원수, 즉 믿지 않은 사람들을 치시고 못 살게 하시면 예수님을 안 믿는 사람이 한 명도 없을 것입니다. 예수 믿으면 다 잘되고, 예수 믿었더니 갑자기 돈도 생기고, 진급도 하면 누가 안 믿겠습니까. 교회가 꽉꽉 차고 신학교 경쟁률이 높아져서 아마 공부 못하는 사람은 목사도 못하게 될 것입니다.

하나님은 모든 사람에게 똑같이 은혜를 베푸십니다. 그러므로 어떤 사람은 하나님의 사랑에는 보편성이 있기 때문에 죄를 짓든, 짓지 않든 모든 사람이 천국에 들어갈 것이라고 생각할 수 있습니다. 다시 말해 사랑의 하나님은 인간에게 벌을 내리지 않는다고 생각합니다.

그러나 하나님은 벌 주실 때는 확실하십니다. 하나님은 가인을 벌하셨고, 고대 세상을 홍수로 쓸어 버리셨고, 소돔과 고모라를 멸망시키셨습니다. 그런데 사람들이 이런 관계를 어느 때는 의인이며, 어느 때는 죄인인지 구분하지 못하여 아무 때나 혼합해 적용합니다. 유대인들도 마찬가지입니다. 그들의 사고 속에는 "원수를 미워하라"고 각인되어 있습니다. 그들은 법적인 문제를 일상 생활에 그대로 적용한 것입니다. 그래서 유대인들은 의도적으로 율법의 원리를 거스르고 하나님의 위대한 사랑을 무너뜨리는 왜곡된 사상을 가지고 있었습니다. 그 사상의 관점에서 볼 때 요나가 니느웨를 미워하는 행동은 정당한 일이었습니다.

네 원수를 사랑하라

그런데 예수님은 산상수훈을 통해 유대인의 잘못된 사고를 교정시켜 주십니다. 그들의 왜곡된 사상을 자신의 가르침과 대비시키면서 주님은 "네 이웃을 사랑하고 네 원수를 미워하라 하였다는 것을 너희가 들었으나 나는 너희에게 이르노니 너희 원수를 사랑하며 너희를 핍박하는 자를 위하여 기도하라"(마 5:43-44)고 말씀하십니다.

그리고 덧붙여서 "너희를 저주하는 자들을 축복하며, 너희를 미워하는 자들에게 선을 베풀며, 너희를 모욕하고 악행하며 핍박하는 자들을 위하여 기도하라"고 하십니다. 오히려 악한 사람을 위해 기도하라는 주님의 논리는 요나의 논리와는 다릅니다. 그러나 예수님은 원수까지 우리의 이웃에 포함된다는 사실을 일깨워주고 있습니다.

계속해서 예수님은 산상수훈을 통해 말씀하십니다. "하늘에 계신 너희 아버지의 온전하심과 같이 너희도 온전하라"(마 5:48). 즉 하나님이 하신 것처럼 그리스도인들도 행하라고 명령하십니다. 그렇게 하기 위해서는 '하나님이 악한 자나 의로운 자 모두에게 태양을 주시고 비를 내리는 것처럼 너희도 누구에게든지 간에 그들에게 사랑을 베풀라'(마 5:45-46)는 말씀을 따라야 합니다. 우리는 악한 사람은 상대하지 않으면 된다고 생각하는데, 그것은 하나님의 온전하심을 배우는 일이 아닙니다. 하나님의 온전하심은 예수를 안 믿어도 비를 주시고 태양을 비추시는 것처럼, 우리도 그렇게 행동해야 합니다.

사람을 대할 때 그의 됨됨이나 행동에 좌우되어선 안 됩니다. 그런데 우리는 상대적입니다. 내게 잘하는 사람에겐 잘하고, 잘못하는 사람에겐 '형편없다' 고 이야기합니다. 그 기준이 항상 자기 쪽에 있습니다. 하지만 우리는 새로운 피조물이기에 상대방이 어떻든지 사랑해야 합니다. 다시 말해 원수를 사랑해야 합니다.

하나님이 우리에게 사랑을 베푸시는 것은 세상이 그분을 잘 믿고 잘 따라서가 아닙니다. 그런 능력이 인간에게는 없습니다. 인간은 누구나 다 악합니다. 그러나 하나님은 악한 것을 아시면서도 우리를 사랑하십니다. 우리의 행동은 상대방으로 인해 좌우되는 경우가 많습니다. 때로 그냥 쳐다보기만 해도 기분이 나빠지는 경우도 있습니다. 그러나 이것은 주님이 원하시는 모습이 아닙니다. 하나님은 이런 상태로부터 벗어나라고 하십니다. 다른 사람을 미워하는 마음의 지배를 받지 말라는 것입니다. 새로운 원리 곧 사랑의 지배를 받아야 합니다. 그 원리를 소유하는 순간 우리는 전혀 다른 시각으로 세상을 바라볼 수 있습니다.

하나님은 악인에게도 똑같은 자연의 은총을 베푸십니다. 그러나 자연인들은 하나님의 지배를 받고 있지 않고 그들이 추구하는 관심도 우리와는 다릅니다. 하나님 나라를 생각하지 못하는 그들을 보면서 우리는 증오하고 심판할 것이 아니라 그들을 동정해야 합니다. 관심을 가지고 그들에게 다가가야 합니다. 그들도 하나님을 믿으면 하나님 나라의 가치관을 가지고 살 수 있는데, 그러지 못하기에 불쌍한 것입니다.

하나님이 니느웨로 요나를 보내신 까닭은 바로 이 때문입니다. 즉 불쌍한 존재인 그들이 하나님을 믿어서 그분의 자녀로 돌아오도록 하는 일 말입니다. 이것이 하나님의 관심사입니다.

하나님은 그들을 사랑하십니다. 예수님께서 왜 이 땅에 오셨습니까? 왜 십자가에 못 박혀 죽으셨습니까? 왜 부활하셨습니까? 그것은 바로 죄인 된 우리를 사랑하시기 때문입니다. 그래서 사랑의 하나님은 오늘도 끊임없이 우리에게 '사랑하라, 사랑하라'고 말씀하십니다. 우리가 하나님의 사랑을 입고 그분이 죄인 된 인간에게 하셨던 것처럼 행해야 하는 것은, 우리가 그런 행동을 함으로써 하나님께 어떤 보상을 받기 위해서가 아닙니다. 그 일을 통해 하나님의 사랑을 드러내 보일 수 있기 때문입니다. 또한 하나님은 우리를 미워하는 사람들에게 선을 베풀고, 악의 있는 행동을 선행으로 갚으라고 하십니다.

물론 우리가 그렇게 해도 상대방이 알아주지 않을 때도 많습니다. 인간은 죄의 본성을 가지고 있기 때문입니다. 그러므로 주님은 우리에게 더욱 그들을 불쌍하게 여기고 기도하라고 하십니다.

하나님은 그런 마음으로 요나를 니느웨로 보내셨습니다. 그러나 요나는 하나님의 마음을 지니고 있지 못했습니다. 예수님이 십자가를 지신 이유는 인간을 불쌍히 여겼기 때문이지만, 요나는 심판자로서 니느웨가 망해야 한다고 생각했습니다. 요나는 오늘날 우리와 같은 성도입니다. 그런데 우리가 요나처럼 미움에 휩싸이고 그리스도인만이 하나님의 사랑을 입었다는 사고에 갇혀 있으면 이렇게 말할 것입니다. "불의를 보고 왜 성을 안 냅니까? 죄인을 보고 죄인이라고 말해야 하지 않겠습니까? 죄인이 잘되면 그건 국가적인 손실이고 큰 의미에서 하나님 나라에 손해이기에 그들에게는 채찍을 들어야 합니다."

소위 의식 있다는 사람일수록 이런 생각을 가지고 있습니다. 그래서 쉽게 심판하고 정죄합니다. 그러나 하나님은 니느웨를 향해서 구원의 손길을 펼치시고, 그런 자신의 행동이 합당하다고 하십니다.

자신을 위하여 초막을 짓는 요나

요나는 하나님의 마음을 읽지 않고 아집에 빠져서 그릇된 길을 걸어갑니다. 그 모습이 요나서 4장 5절에 나타나 있습니다. "요나가 성에서 나가서 그 성 동편에 앉되 거기서 자기를 위하여 초막을 짓고 그 그늘 아래 앉아서 성읍이 어떻게 되는 것을 보려 하니라."

그는 참 대단한 사람입니다. 역사에 한 번 나올까 말까 하는 인물입니다. 성질이 나니까 물불을 가리지 않습니다. 그의 행동을 자세히 관찰하면 다음과 같습니다.

먼저 요나는 '성읍에서 나갔다'고 합니다. 이 행동에는 요나의 두 가지 반응이 함축되어 있습니다. 첫째, 그가 하나님의 말씀에 침묵했다는 것입니다. 하나님은 요나서 4장 4절에서 "너의 성냄이 어찌 합당하냐"고 물으셨는데, 그는 아무 말없이 니느웨 성에서 나갔습니다. 하나님은 말씀하시는데 요나는 침묵했다는 말입니다.

이 모습에서 어머니가 야단치니까 말없이 성질을 내며 문을 박차고 나가 버리는 아들이 연상됩니다. 그때 아들은 마음속으로 '엄마랑 얘기하지 않겠습니다'라고 생각했을 것입니다. 마찬가지로 요나도 '하나님과는 얘기하지 않겠습니다'라는 의도를 가지고 있었습니다. 이와 같이 성도가 빗나갈 때도 하나님의 일을 벗어나려고 합니다. 즉 성도가 탈선하면 언제나 하나님의 범주를 떠나려고 합니다. 인간은 하나님의 품안에서 진정한 자유와 평안을 누릴 수 있는데도 구속이라고 생각합니다.

아담과 하와의 타락은 하나님의 품안에 있으면 자기들의 행동이 자유롭지 못하다고 생각하면서 시작되었습니다. 사탄은 바로 그럴 때 다가옵니다. 그리스도인이 분노에 휩싸이면 하나님 안에서 자꾸 벗어나려고 합니다. 왜냐하면 부담이 되기 때문입니다. 요나도 자기 성질대로 안 되니까 하나님이 물으셔도 대꾸도 없이 그냥 나가 버렸습니다.

둘째, 요나가 하나님의 역사가 일어나는 현장에 있을 수 없다고 노골적으로 도전하는 것입니다. 즉 요나는 하나님의 역사가 일어난 니느웨라는 현장을 박차고 나간 것입니다.

그리고 요나는 성읍 동편에 자기를 위하여 초막을 짓고 앉았습니다. 아주 가 버린 것도 아니고 니느웨가 어떻게 되는지 그 모습을 지켜보겠다는 심산이었습니다. 정말 대단한 사람입니다. 원수의 나라 니느웨가 망하는 꼴을 보기 위해 자기를 위해 텐트를 쳐놓습니다. '하나님이 어떻게 하시는지 내가 보겠다'고 생각하면서 한편으로는 자신을 위해서 초막을 짓고 시원한 그늘 아래서 느긋하고 편안한 자세를 취합니다.

요나가 초막을 지은 이유는 두 가지입니다. 첫째는 니느웨 성이 무너지는지 끝까지 결과를 보겠다는 의미입니다. 둘째는 자기를 보호하고 편하게 살기 위해서입니다. 이것이 우리의 적나라한 모습입니다.

그러면 요나의 행동과 하나님의 행동은 무엇이 다릅니까? 하나님은 사랑의 바탕 위에서 미움을 지닌 인간에게 사랑의 근본을 알게 하는 데 관심이 있으십니다. 그러나 요나는 미움의 바탕 위에서 자기 외에는, 자기 민족 외에는 모두를 미움의 대상으로 생각합니다. 이 모습이 하나님과 요나의 차이며, 사랑과 미움의 차이입니다.

사랑과 미움의 갈림 길에서

이것은 오늘날 우리에게도 적용됩니다. 우리는 사랑에 근거해 살고 있습니까? 아니면 미움에 근거해 살고 있습니까? 우리도 요나처럼 자기 자신만을 사랑하고 있지 않습니까? 아니면 우리 아닌 또 다른 우리를 사랑하십니까? 우리가 자신만을 사랑하면, 우리는 배타주의와 엘리트주의에 사로잡혀서 스스로를 절대자로 착각합니다.

그럴 때 우리는 교만에 빠지기 쉽습니다. 기도를 열심히 하는 교회에 가 보십시오. 우리 교회야말로 기도에 열정적인 곳이라며 기도를 최고의 무기로 삼아 '우리 교회는 능력 있고 영이 있는 교회'라고 말하고 있지 않습니까. 또 인간의 교제를 중시하는 교회에 가 보십시오.

우리 교회의 교제야말로 최고라고 자랑합니다. 다들 나름대로 최고의 가치를 걸고 자신의 교회가 최고라고 합니다. 그러나 이것은 하나님의 생각은 아닙니다. 우리는 최고를 달리는 사람이 아닙니다. 다만 하나님의 사랑을 가슴에 품고 그것이 이 땅에 어떻게 펼쳐질 것인지, 우리를 통해서 어떻게 드러나야 하는지를 관심 있게 생각해야 합니다.

우리의 신앙은 성적순이 아닙니다. 정도의 차이는 있지만 우리는 하나님 안에서 사랑으로 하나일 수밖에 없습니다. 하나님은 죄인에게 사랑으로 다가오시고, 자신의 모든 것을 다 베푸시는 분이십니다. 우리는 상대방이 보잘것없이 보이고 우리와는 거리가 먼 것처럼 느껴지는 사람에게도 하나님의 사랑으로 감싸 주어야 합니다. 그것이 바로 하나님의 사랑입니다.

그래서 요나의 분노가 합당하지 않은 것입니다. 성경은 우리에게 원수를 사랑하라고 했습니다. 좋아한다는 것과 사랑한다는 것은 좀 다릅니다. 서로 기호가 맞고 적성이 맞고 뭔가 성격이 잘 어울릴 수 있는 것이 있을 때 좋아할 수 있습니다. 우리가 자녀를 키워도 좋아하는 아이가 있습니다. 사람과 사람의 관계도 마찬가지입니다. 어떤 사람은 참 끌리고 몇 마디 안 해도 좋아하게 됩니다. 요나단이 다윗을 보고 좋아하는 것처럼 말입니다.

그런데 어떤 사람은 보기만 해도 싫은 사람이 있습니다. 성경은 그리스도인이라고 해서 누구나 다 좋아해야 한다고 강요하지 않습니다. 그리스도인도 인간이기에 어떤 사람은 좋아하고 또 어떤 사람은 싫어할 때도 있기 때문입니다.

그렇지만 성경은 우리에게 "사랑하라"고 말씀하십니다. 다시 말하면 우리는 모든 사람들을 좋아하도록 부름 받지는 않았지만 누구에게나 사랑을 줄 수 있습니다. 모든 사람을 다 좋아할 수는 없지만 사랑할 수는 있습니다.

사랑은 느낌이나 감정보다 더 큰 것입니다. 그렇기 때문에 좋아하지는 못하지만 사랑할 수 있습니다. 내게 원수 같은 사람이 있을 때 자책하지 마십시오. 그런 감정을 갖는 것은 인간이기에 어쩔 수 없는 일입니다. 그 감정을 그대로 가지십시오. 그러나 그를 사랑해야 한다는 사실을 기억하십시오. 말로는 표현하지 못하지만 그를 위해서 기도할 수 있습니다. 기도하는 일이 사랑인 것입니다. 또한 그를 좋아하지 못하지만 좋아하는 것처럼 대하십시오. 마음속으로 좋아하지 않으니까 그 사람만 보면 인상을 쓰며 싫어한다는 것을 노골적으로 드러낼 필요는 없습니다. 이것이 위선은 아닙니다. 내가 마음으로 끌리지는 않지만 그를 위해서 기도하는 사람이기 때문에 그에게 친절하게 대하는 것입니다.

우리는 원수를 사랑하고, 우리를 미워하는 사람들에게 선을 베풀며, 우리를 모욕하며 핍박하는 사람들을 위해서 기도해야 합니다. 우리의 힘으로는 할 수 없지만 성령님께서 그렇게 하도록 이끄십니다.

하나님이 악인과 의인에게 똑같이 태양을 비추시고 비를 내리시는 것처럼 우리도 비록 좋아하지 않는 사람이라도 그와 같은 하나님의 사랑을 표현할 수 있으면 됩니다. 하나님이 이 일을 이루기 위해서 예수 그리스도를 이 땅에 보내신 것입니다.

성경의 인물 중에 사울과 다윗과 요나단이 있습니다. 요나단이 다윗을 사랑하는 일이 쉬웠을 것 같습니까. 결코 아닙니다. 사실 요나단은 왕자입니다. 아버지인 사울 왕이 죽으면 자신이 보위에 오를 사람이었습니다. 그런 요나단에게 다윗은 어떻게 보면 적이 될 수 있었습니다. 자기 위치를 넘보는 사람이 바로 다윗이었습니다. 그러나 요나단은 다윗을 사랑했습니다. 사울 왕이 다윗을 죽이려 하자 그를 숨게 하고 활을 쏘아 도망가게 했습니다. 그런데 사울은 다윗의 신세를 졌으면서도 그를 죽이려고 했습니다. 이 점이 바로 사랑과 미움의 차이입니다.

그런데 사랑은 아무나 할 수 있는 게 아닙니다. 새로운 피조물만이 할 수 있는 것입니다. 새로운 피조물이 되면 그 징후가 사랑으로 나타납니다. 원수를 사랑하는 것입니다. 그렇기 때문에 원수를 사랑하는 사람은 악인의 문제를 보고 성낼 수 없고 미워할 수 없는 것입니다. 그러므로 미워하는 자기 자신을 보고 스스로의 행동이 합당하다고 말할 수 없습니다. 요나의 문제는 바로 이 점이었습니다.

그리스도인의 생활은 어느 쪽에 기초해야 되겠습니까? 사랑입니까, 아니면 미움입니까? 물론 사랑일 것입니다. 성령님께서는 우리로 하여금 사랑하도록 하십니다. 왜냐하면 새로운 피조물을 사랑하는 존재로 만드시기 때문입니다. 오늘도, 내일도 우리는 그런 하나님의 사랑을 구해야 하지 않겠습니까.

17장

삶의 푯대를 바로 세우라

하나님 여호와께서 박 넝쿨을 준비하사 요나 위에 가리우게 하셨으니 이는 그 머리를 위하여 그늘이 지게 하며 그 괴로움을 면케 하려 하심이었더라 요나가 박 넝쿨을 인하여 심히 기뻐하였더니 하나님이 벌레를 준비하사 이튿날 새벽에 그 박 넝쿨을 씹게 하시매 곧 시드니라 해가 뜰 때에 하나님이 뜨거운 동풍을 준비하셨고 해는 요나의 머리에 쬐매 요나가 혼곤하여 스스로 죽기를 구하여 가로되 사는 것보다 죽는 것이 내게 나으니이다(욘 4:6-8).

이기는 듯하나 진 싸움

요나서 4장은 마치 하나님과 요나의 다툼으로 점철된 인상을 줍니다. 요나가 분노하면 하나님이 말씀하시고, 그러면 요나는 더 화를 냅니다. 어찌 보면 요나는 한 집안의 성질 나쁜 자녀 같고 하나님은 그를 달래는 부모와 같습니다. 그래서 본문을 읽는 사람들은 '요나, 성질 참 더럽다'라고 말하고 싶은 충동을 느낍니다.

하나님과 인간 요나의 다툼은 있을 수 없는 일입니다. 하나님과 인간의 수준 차이는 너무 크기에 다툼이 성립될 수 없습니다. 다툼은 비슷한 사람끼리 하는 것입니다. 생각하는 것이 비슷하기 때문에 다툴 수 있지, 격차가 심하면 다툴 수 없습니다. 일상 속에서 가족끼리 싸우는 경우도 많이 있는데 이것도 따지고 보면 수준이 비슷하기 때문입니다. 그칠 줄 모르는 말다툼은 서로 수준이 같다는 증거입니다. 물론 목소리 큰 사람이 이긴다는 논리에 찌든 이들의 수준에서 말입니다. 그러나 월등한 수준의 차이가 있을 때는 그렇게 싸우지 못합니다.

그런데 하나님과 요나의 싸움은 요나가 일방적으로 기선을 잡고 이기는 듯한 느낌이 듭니다. 왜냐하면 하나님은 조용하신 데 반해 요나의 목소리는 매우 크기 때문입니다. 또한 요나는 어떤 논리도 없이 마치 무대포로 밀고 나가는 것 같습니다. 그래서 하나님이 지고 요나가 이기는 것 같습니다.

다툼이 있을 때 목소리가 크고 말의 막힘이 없는 사람이 이기는 경우가 많습니다. 그처럼 요나의 형세가 이기는 듯합니다. 하지만 이미 말씀드린 것처럼 하나님과 요나는 서로 상대가 되지 않습니다. 하나님은 너무 크시고 인간은 너무 작기 때문입니다.

그러므로 우리는 비슷한 수준에서 날마다 일어나는 사소한 다툼을 어떻게 대처할 것인지 본문을 통해 가르침을 받을 수 있습니다. 특별히 요나서 4장은 그런 부분을 제시해 주고 있습니다. 성경이 큰 주제의 사건만을 다루지 않고 사소한 우리 주변의 이야기도 다루는 것이 얼마나 감사한지 모릅니다.

그중에서 사무엘상은 하나님이 다윗을 통해서 큰일을 이루어 가신 이야기라고 생각할 수 있지만, 인간적으로 말하기 힘든 부분도 다룹니다. 예를 들어 다윗이 굴속에 숨어 있을 때 사울이 용변을 보기 위해 그곳으로 들어오는 장면이 나옵니다. 다윗에게는 사울을 죽일 수 있는 좋은 기회였습니다. 어쩌면 사울이 용변을 보기 위해 겉옷을 벗어 두었을지 모릅니다. 그때 사울의 옷자락을 다윗이 잘랐을 것이라고 추측합니다. 그런데 성경은 사울이 용변을 보기 위해 굴에 들어간 사건까지 자세히 묘사하고 있습니다. 이처럼 성경은 인간사의 세부적인 사항까지 기록할 때가 있는데, 참 재미있습니다.

본문에서 요나는 자신이 원하는 대로 되지 않자 하나님께 차라리 죽여 달라고 부르짖습니다. 하나님은 그런 요나에게 "너의 성내는 것이 합당하냐?"고 묻습니다. 그런데 요나는 하나님께 아무 말없이 동편에 가서 자기를 위해 초막을 짓고 니느웨의 결말을 보겠다고 노골적인 투쟁을 벌입니다.

전쟁에서 승리하려면

우리 같으면 배은망덕한 요나를 때려 주고 싶을 것입니다. 그러나 하나님은 그렇게 하지 않으시고 최고의 전략을 구사하십니다. 다시 말하면 요나를 훈련시키고 깨닫게 하기 위해 세 가지 전략을 준비하셨습니다. 그 내용이 다음과 같이 본문에 기록되어 있습니다.

"하나님 여호와께서 박 넝쿨을 준비하사"(욘 4:6).

"하나님이 벌레를 준비하사"(욘 4:7).

"해가 뜰 때에 하나님이 뜨거운 동풍을 준비하셨고"(욘 4:8).

하나님은 박 넝쿨과 벌레와 뜨거운 동풍을 예비하셨습니다. 이 모습 속에서 우리는 하나님이 전쟁 같은 다툼에 어떻게 대처하는지 알 수 있습니다. 다툼이 있을 때 본문 말씀을 잘 기억하십시오. 아마 많은 도움을 받을 수 있을 것입니다.

그러면 하나님이 어떻게 대처하셨는지 그 내용을 살펴봅시다.

첫째, 하나님은 요나를 훈련시키기 위해 세밀한 계획을 세우셨습니다. 즉 요나의 반응은 즉흥적이고 감정적인데 반해 하나님은 계획을 가지고 반응하셨습니다.

둘째, 하나님은 철저한 준비를 하셨습니다. 다시 말해 박 넝쿨과 벌레와 뜨거운 동풍을 미리 예비하셨습니다.

셋째, 하나님은 뚜렷한 목표가 있었습니다. 그 순간 요나를 달래기 위한 무마정책이 아니라 미래를 내다보시며 뚜렷한 목표를 가지고 계획을 세우시고 철저히 준비하셨다는 뜻입니다.

넷째, 이렇게 행동하시는 하나님은 감정적으로 대응하지 않으셨습니다. 하나님은 철저한 계획과 목표 아래서 자신의 길을 한걸음 한걸음 내디디셨습니다. 오늘날로 말하면 하나님이 햇볕 정책을 쓰셨다고 볼 수 있는데, 거기에 당근과 채찍을 아주 적절히 사용하셨습니다.

다섯째, 하나님은 말로만 이야기하시는 것이 아니라 시청각 자료를 사용하셨습니다. 시청각 교재 중 하나가 바로 박 넝쿨입니다. 다시 말해 하나님은 우리가 잘못하면 그냥 말로만 '안 돼' 하는 것이 아니라 우리에게 본을 보일 만한 좋은 시청각 교육을 하셨습니다.

이렇게 하나님은 자신을 이해하지 못하고 분노하는 요나를 훈련시키고 바로잡기 위해서 끊임없이 노력하시고 행동하셨습니다.

박 넝쿨이 주는 잠깐의 행복

정확히 박 넝쿨이 어떤 나무인지 알 수 없습니다. 다만 그 이름에서 넝쿨이 있는 나무라고 볼 수 있습니다. 그러나 이 식물은 하나님의 창조물이고, 요나를 훈련시키기 위해 사용된 하나님의 도구입니다. 또한 요나를 훈련시키기 위해 잠시 왔다가 사라지는 임시적인 것입니다. 따라서 박 넝쿨은 결코 요나와 비교할 수 없는 하나의 도구일 뿐입니다.

요나는 하나님의 선지자입니다. 그는 하나님이 사랑하시고 끊임없이 훈련하는 주연에 해당하는 사람입니다. 하나님은 그 주연을 키우시기 위해 일시적으로 소품을 사용하셨는데, 그것이 박 넝쿨입니다. 이 식물은 요나가 손수 심고 물을 주어 관리한 나무가 아닙니다. 순전히 하나님이 마련하신 창조물입니다. 요나의 어떤 노력도 없이 하나님에 의해서 만들어진 나무입니다. 그렇기 때문에 박 넝쿨은 요나와 관련된 것도 아니고, 그리 가치 있는 것도 아닙니다.

그런데 이 박 넝쿨을 매우 좋아하는 사람이 생겼습니다. 바로 위대한 선지자 요나입니다. 4장 6절을 보십시오.

"하나님 여호와께서 박 넝쿨을 준비하사 요나 위에 가리우게 하셨으니 이는 그 머리를 위하여 그늘이 지게 하며 그 괴로움을 면케 하려 하심이었더라 요나가 박 넝쿨을 인하여 심히 기뻐하였더니."

요나가 크게 기뻐했다고 합니다. 지금 요나서를 거의 마무리하는 시점인데, 이때까지 그가 이처럼 기뻐한 적은 한 번도 없었습니다. 물론 2장을 보면 구원에 대한 감사가 나오지만 기쁨을 표현한 곳은 단 한 군데도 없었습니다.

그러고 보면 요나는 성격이 참 극단적인 사람인 것 같습니다. 지금까지 그는 기뻐하기는커녕 마구 성질을 부리고 화내는 모습을 보여 주었습니다. 조금만 자기 뜻에 맞지 않으면 성냅니다. 만일 주일학교에서 어린아이들에게 요나의 얼굴을 그리라고 한다면 아마 활짝 웃는 모습을 표현하지는 않을 것입니다. 반대로 항상 일그러지고 인상 쓴 모습을 그릴 것입니다. 그의 웃는 모습이 쉽게 떠오르지 않습니다. 한번 실험해 보십시오. 어떤 얼굴을 그릴지 참 의문입니다.

그런데 그런 요나가 이상하게 여겨질 정도로 심히 기뻐합니다. 사실, 현재 분위기는 전혀 그럴 때가 아닙니다. 그는 니느웨 성 동편에 가서 천막을 치고 앉아 '성이 무너지는 꼴을 내가 꼭 보겠다' 라고 하며 분노하고 있는 상황입니다. 그렇다면 무엇이 요나를 기쁘게 만들고 있습니까?

4장 6절을 보면 그 이유가 설명되어 있습니다. 바로 박 넝쿨이 뜨거운 태양으로부터 요나를 가려 주었기 때문입니다. 중동 지방의 태양이 얼마나 뜨겁습니까. 요나도 그 사실을 알기 때문에 자기 딴에는 임시방편으로 천막을 치고 앉은 것입니다. 그러나 천막이 태양을 가려 준들 도움이 되겠습니까. 덥긴 마찬가지였을 것입니다. 그런데 하나님이 박 넝쿨로 천막을 덮어 주시니까 아주 시원하고 좋았던 모양입니다.

사람이 몸이 뜨거워진 것은 괜찮지만 머리까지 뜨거워진다면 문제가 심각합니다. 머리는 항상 차갑게 유지해야 생명에 지장이 없습니다. 그래서 6절에도 "그 머리를 위하여 그늘이 지게 하며 그 괴로움을 면케 하려 하심이었더라"고 기록되어 있습니다. 다시 말해 박 넝쿨이 없을 때 요나는 괴로웠습니다.

그러고 보면 다른 사람들이 망하는 모습을 보겠다고 니느웨 성 동편에 나와 기다리는 것도 정성이 들어가지 않으면 안 되는 일입니다. 뜨거운 중동 지방에서 천막 하나 쳐 놓고 끝장을 보겠다는 요나, 참 대단한 인물입니다. 아마 그 열정으로 다른 일을 했으면 참 잘했을 것입니다. 실제로 그는 열정을 가지고 있던 사람입니다. 요나는 무엇이든지 하기만 하면 잘합니다. 물론 자기 마음에 내켜야 한다는 단서가 붙지만 말입니다.

또한 요나는 선지자로서 순종도 불순종도 모두 잘한 사람입니다. 보통 사람들은 순종을 잘하든지, 아니면 불순종을 잘하든지 하는데 요나는 순종과 불순종을 한꺼번에 모두 잘합니다. 그런 차원에서 그는 열정이 있지만 극단적인 성격의 소유자임을 알 수 있습니다. 사실 요나가 순종의 상태에 있을 때는 위대한 선지자였습니다

하여튼 요나가 천막 아래서 니느웨 성이 무너지는 것을 보기 위해서 앉아 있었을 때 무척 힘들었을 것입니다. 이때 하나님이 박 넝쿨로 그늘을 내려주셨습니다. 그 환경이 얼마나 달라졌겠습니까. 사실 요나가 쳤던 천막은 컴퓨터로 말하면 286 정도로 성능이 뛰어나지 못했을 것입니다. 그런데 박 넝쿨은 요즘 최신 기종인 팬티엄4 정도로 천막보다 월등한 성능을 가진 것입니다.

그렇다면 요나가 기뻐하는 진짜 이유는 무엇입니까? 자신이 살아가기에 좋은 환경이 만들어졌기 때문입니다. 외적인 괴로움이 사라지고 시원한 자리에 있게 된 일이 그를 기쁘게 했습니다. 다시 말하면 요나에게 절실했던 것은 니느웨의 구원도 아니고 자기를 편하게 해 주는 환경이었습니다.

요나 선지자는 니느웨가 구원되었다고 분노하고, 박 넝쿨이 생겼다고 심히 기뻐합니다. 그의 기쁨의 기준은 하나님 나라도 아니고, 니느웨 백성이 돌아온 것도 아닙니다. 그저 자기에게 이로운 것입니다. 요나는 하나님이 일시적으로 만든 박 넝쿨이 있으면 기뻐하고 그렇지 않으면 싫어합니다. 자기에게 편하면 기뻐하고, 불편하면 분노하는 사람입니다. 하나님 나라가 이루어지는 것보다 자신의 자존심과 편함과 외적인 괴로움의 해소가 그를 행복하게 했습니다. 그런 행복을 제공한 것이 바로 박 넝쿨입니다.

하나님이 박 넝쿨을 주신 까닭은?

박 넝쿨을 예비하신 하나님의 속마음은 무엇입니까? 하나님은 요나를 훈련시키기 위해 박 넝쿨이라는 일시적인 편안함을 제공하셨습니다. 어떤 사람들은 신앙 생활을 잘하면 하나님이 좋은 것을 주시고, 신앙 생활을 잘못하고 자기 중심으로 살면 하나님의 저주를 받는다고 말합니다. 그러나 성도들이 잘못하고 있을 때도 하나님은 일시적인 행복을 제공하실 때가 있습니다. 예수를 잘못 믿고 불순종한다고 해서 항상 불행한 것은 아닙니다. 하나님께 순종하지 않아도 일이 착착 잘 풀릴 때가 있습니다. 마치 요나가 다시스로 가는 배를 만난 것처럼 말입니다.

하나님은 요나가 노골적으로 불순종하고 대드는 상황에서도 그가 좋아하는 박 넝쿨이라는 환경을 예비하셨습니다. 그러나 박 넝쿨은 하나님의 위장된 복입니다. 요나는 그런 하나님의 의도를 알지 못했습니다. 마치 아버지가 돌아가셨는데도 관 하나를 싸게 샀다고 기뻐하는 어리석은 아들의 모습과 같습니다. 얼마나 우스운 행동입니까. 그런데 요나가 그 행동을 하고 있습니다. 우리는 '뭐, 저런 사람이 있을까?' 하고 생각하지만 사실 따지고 보면 우리의 모습도 별반 다를 게 없습니다. 요나는 바로 우리의 자화상이기도 합니다. 우리가 사는 동안에 그럴 때가 얼마나 많습니까.

박 넝쿨이 얼마의 가치를 지니고 있기에 요나가 이렇게 기뻐하고 있는 것일까요? 박 넝쿨은 요나를 시원하게 해 줄지 모르지만, 하나님의 작은 도구일 뿐입니다. 요나를 훈련시키기 위해 사용된 일시적인 도구입니다. 박 넝쿨이 사라진다고 해서 역사가 흔들리고 뭔가 큰 변화가 일어나는 것이 아닙니다. 다만 그것이 있으면 조금 편리하고, 없으면 불편할 뿐입니다.

그래서 하나님은 요나에게 이 박 넝쿨의 존재가 어느 정도 가치 있는 것인지 분명히 보여 주셨습니다. 4장 7절에는 "하나님이 벌레를 준비하사 이튿날 새벽에 그 박 넝쿨을 씹게 하시매 곧 시드니라"고 기록되어 있습니다.

하나님은 요나를 깨우치기 위해 벌레를 준비하셨습니다. 벌레는 죽여도 죄의식이 느껴지지 않을 만큼 정말로 하찮은 존재입니다. 그래서 우리는 다른 사람을 욕할 때 '벌레만도 못한 사람'이라고 말합니다. 성경에도 낮은 것을 표현할 때 벌레라는 단어가 사용됩니다. "썩어지지 아니하는 하나님의 영광을 썩어질 사람과 금수와 버러지 형상의 우상으로 바꾸었느니라"(롬 1:23). 여기서 '버러지'가 곧 '벌레'입니다.

그런데 요나가 애지중지하던 박 넝쿨을 이처럼 하찮은 벌레가 하루아침에 없애 버렸습니다. 지금 요나에게는 박 넝쿨이 가장 귀중한 존재입니다. 그러나 하나님은 천한 벌레를 통해서 일순간에 박 넝쿨을 시들게 만드셨습니다. 요나에게 박 넝쿨의 존재가 아무 것도 아님을 알려주신 것입니다. 벌레로도 없앨 수 있는 것을 요나는 생명을 걸고 그것으로 말미암아 심히 기뻐했습니다.

이렇게 행동하는 요나가 과연 누구입니까? 바로 그는 하나님의 선지자입니다. 오늘날로 말하면 그리스도인이요, 하나님의 자녀라는 말입니다. 그렇다면 하나님의 자녀들은 어디에 관심을 두고 인생을 살아가야 합니까? 최대 관심사가 무엇이 되어야 합니까? 물론 하나님 나라의 가치관이 정립된 믿음 생활의 원리를 따르고, 믿지 않는 사람들에게 복음을 전하는 일입니다. 이것이 하나님의 자녀들의 인생 목표이기 때문입니다.

여기서 '믿음 생활의 원리'라는 것은 그저 일주일에 한 번 교회 나와서 예배드리고, 헌금하고, 봉사 좀 한 다음에 자신이 좋아하는 박 넝쿨을 찾아 즐기는 일이 아닙니다. 신앙은 우리의 목표이며 삶이 되어야 합니다. 이것을 위해 우리가 태어나고, 학교도 다니고, 결혼도 하고, 아이도 낳고, 직장 생활도 하는 것입니다. 우리가 살아가는 모든 여건은 이 목표를 향한 도구이자 수단입니다. 그런데 그 수단을 목표로 삼는다면 잘못된 것입니다.

요즘 사람들은 어떤 형태의 교회를 좋아합니까? 아마 다섯 가지 정도를 꼽으라고 한다면 다음과 같을 것입니다. 첫째, 모임이 많지 않아야 한다. 둘째, 귀찮게 하지 않아야 한다. 셋째, 누구에게든지 간섭받지 않아야 한다. 넷째, 설교가 수준에 맞아야 한다. 다섯째, 개인 생활이 우선 되어야 한다.

이런 것들이 좋은 교회의 특성에 해당된다면 슬픈 일입니다. 진정으로 좋은 교회라면 다음과 같은 특성이 있어야 합니다. 첫째, 복음이 지배하는 교회로서 모든 성도가 복음을 위해서 선택받은 일에 감격하고 그것을 나누고 확인하며 실천할 수 있어야 합니다. 둘째, 성도가 하는 일은 달라도 목표가 같고 그것을 위해서 하나 되어야 합니다. 셋째, 모이면 말씀과 기도로 하나님의 임재를 느끼고, 하나님이 교회에 부여한 사명과 소명을 위해 헌신된 분명한 목표가 존재하며, 그것이 살아 숨쉬어야 합니다. 넷째, 하나님이 아버지이시고 주인이시며 구주이시기 때문에 그분을 예배하고, 그분과 더불어 사는 삶이 최대의 기쁨이 되어야 합니다.

왜 그렇습니까? 이것이 그리스도인이 살아가는 인생의 목표이기 때문입니다. 다시 말해 니느웨가 돌아오도록 하나님이 우리를 그곳에 보내신 사실을 인식하고, 그 목표를 향해 투신한 사람들이 바로 우리들입니다. 또한 교회는 취미 생활을 하는 곳도 아니고, 인간 관계를 맺기 위해 교제를 나누는 장소도 아니며, 정신적 안정을 취하는 휴식처도 아닙니다. 오로지 교회는 하나님 나라를 이루는 곳이어야 합니다. 그러므로 우리는 항상 하나님 나라를 목표로 가진 사람으로서 자신에게 부여된 사명이 무엇이고, 하나님이 궁극적으로 원하시는 일이 무엇이며, 그것을 위해 내가 얼마나 헌신했는가를 생각해야 합니다.

그런데 이런 일에는 아무런 관심도 없이 자신 앞에 놓여진 박 넝쿨에 목숨을 걸고 심히 기뻐한다면 그것은 우리의 목표가 빗나간 것입니다. 자신의 명예와 사회적인 지위와 재물과 즐거움을 위해서 사는 것이 바로 박 넝쿨로 기쁨을 찾는 일입니다. 하지만 오늘날 많은 교회들이 끊임없이 이 박 넝쿨에 의지하고 있습니다. 즉 우리를 편하게 해 주고, 즐겁게 해 주고, 말초신경을 자극하고, 일시적인 안정을 가져다 주는 것들을 위해 교회에 나오라고 합니다. 이 얼마나 비극적인 일입니까.

우리의 목표는 하나님 나라의 확장입니다. 하나님 나라가 이 땅에 실현되기 위해서 예수 그리스도가 십자가를 지셨습니다. 우리는 이 일을 위해서 소명을 받은 사람들입니다. 죽으나 사나 이 일을 위해서 살아가야 합니다. 우리 삶에서 이루어지는 모든 환경은 이 일을 위해서 있는 것입니다. 따라서 하나님의 속마음을 생각지 않고 내 앞에서 그늘을 만들어 주고 시원하게 해 주는 박 넝쿨만을 찾는다면, 정말 잘못된 일이 아닐 수 없습니다.

이것이 요나의 비극입니다. 이런 비극은 하나님 앞에 기쁨이 될 수 없으며 도리어 아픔이 될 것입니다. 박 넝쿨에 인생을 걸고 있는 인간들을 보시고 하나님은 끊임없이 마음 아파하시고 슬퍼하시며 괴로워하십니다. 니느웨 사람들이 그랬기 때문에 하나님이 요나를 그곳에 보내신 것입니다. 하나님은 그런 아픔을 매일 안고 사시지만 그로 인해 함부로 칼을 들고 성내는 분이 아니십니다. 오히려 구체적인 계획으로 요나를 새롭게 훈련시켜 하나님의 자녀로 만들어 가십니다.

기쁨이 사라지고 고통이 몰아칠 때

박 넝쿨과 벌레로 요나를 훈련하셨듯이 하나님은 계속해서 뜨거운 동풍을 예비하셨습니다. 하나님의 교육은 일방적으로 좋은 것, 혹은 나쁜 것만이 아닙니다. 그분은 자신의 뜻을 이루기 위해 체계적인 단계를 밟아 가십니다. 뜨거운 동풍은 요나서에 나오는 하나님의 교육의 마지막 단계입니다. 이것은 요나에게 힘든 일이지만, 하나님의 마음을 온몸으로 체험하는 산교육이었습니다. 그러나 요나는 이 사실을 의식하지 못했습니다. 그저 외적인 환경이 안 좋아지니까 버릇대로 불평합니다. 4장 8절에는 "해가 뜰 때에 하나님이 뜨거운 동풍을 준비하셨고 해는 요나의 머리에 쬐매 요나가 혼곤하여 스스로 죽기를 구하여 가로되 사는 것보다 죽는 것이 내게 나으니이다"라고 기록되어 있습니다.

요나는 사는 것보다 죽는 것이 낫다고 말합니다. 그저 성나면 '죽여라, 죽여' 라고 외치는 것이 그의 십팔번입니다. 앞에서도 이야기했지만 우리 나라 사람의 기질과 참 비슷합니다. 요즘엔 자주 듣진 못하지만 예전엔 부부 싸움만 났다 하면 담장 너머 이 소리가 들리곤 했습니다. 그런데 지금 요나가 그런 형국입니다.

4장을 보면 요나가 발악하는 장면이 여러 번 나옵니다. 하나님이 말씀하시면 죽여 달라고 하며 죽는 것이 사는 것보다 낫다고 말합니다. 이것이 요나의 반복적인 스타일입니다. 조금 편하면 기뻐하고, 불편하면 이처럼 망언을 합니다.

그렇다면 요나의 슬픔과 기쁨의 기준은 무엇입니까? 자신의 환경이나 감정입니다. 감정적으로 기분 좋으면 '할렐루야, 하나님 감사합니다. 내가 온몸을 투신하겠습니다' 라고 하며, 기분이 좋지 않으면 '차라리 죽는 게 낫습니다' 라고 망언을 하게 됩니다. 그 이유는 요나가 하나님의 마음을 생각하지 않기 때문입니다. 니느웨가 구원받은 것이 그에게 가장 큰 기쁨이어야 할 텐데 이 문제에는 아랑곳하지 않습니다. 이것이 불순종한 요나의 그릇된 측면입니다.

그런 요나에 비해 하나님은 어떤 모습입니까? 하나님의 관심과 목표는 니느웨의 구원과 더불어 요나의 성숙한 신앙입니다. 이 일을 위해서 하나님은 차분히 계획대로 모든 일을 하나하나 이끌어 가십니다. 본문을 통해 우리는 불순종한 요나와 악독이 가득한 니느웨를 구원하시기 위해서 많은 것을 예비하시고 훈련하시는 하나님의 지극한 사랑을 느낄 수 있습니다.

하나님은 니느웨를 향한 사랑과 요나를 향한 사랑 때문에 그처럼 똑같이 분노하지 않으시고 박 넝쿨과 벌레와 뜨거운 동풍을 예비하셔서 다가오십니다. 이런 하나님의 자비에는 그분의 인내가 포함되어 있습니다. 우리가 돌아올 때까지 끊임없이 기다리는 하나님의 마음이 담겨 있습니다. 탕자를 기다리는 하나님의 마음을 여기서도 드러내고 계십니다.

이렇게 하나님은 우리를 구원하시기 위해서 모든 것을 투자하십니다. 하나님은 배은망덕하고 그릇된 요나의 목표와 행동을 고치기 위해서 자신을 내어놓습니다. 왜냐하면 그것이 하나님의 목표이기 때문입니다. 하나님은 우리에게 영광 받기를 원하십니다. 또 하나님 나라를 확장시키기 위해서 한 치의 오차도 없이 그 목표를 향해 나아가십니다. 그런 하나님의 목표가 우리의 목표가 되어야 하지 않겠습니까. 그런데 우리가 목표를 잃어버리고 박 넝쿨에 자신의 생명을 걸고 있다면 그 모습처럼 슬픈 일은 없을 것입니다.

우리는 어디에 인생을 걸고 살아야 합니까? 하나님 나라입니까, 아니면 박 넝쿨입니까?

18장

하나님의 마음

하나님이 요나에게 이르시되 네가 이 박 넝쿨로 인하여 성냄이 어찌 합당하냐 그가 대답하되 내가 성내어 죽기까지 할지라도 합당하니이다 여호와께서 가라사대 네가 수고도 아니하였고 배양도 아니하였고 하룻밤에 났다가 하룻밤에 망한 이 박 넝쿨을 네가 아꼈거든 하물며 이 큰 성읍, 니느웨에는 좌우를 분변치 못하는 자가 십이만여 명이요 육축도 많이 있나니 내가 아끼는 것이 어찌 합당치 아니하냐(욘 4:9-11).

요나서에 드러난 인간 요나의 모습

그동안 요나서를 살펴보면서 가장 인상 깊은 점은 아마도 요나라는 인물일 것입니다. 다른 인물들도 등장하지만, 그들은 조연도 아니고 엑스트라에 불과합니다. 이 드라마에서는 요나가 확실하게 주연으로 자리잡고 있습니다. 그러므로 요나서에서 그의 위치는 확고합니다. 처음부터 마지막 장면까지 요나라는 인물로 점철되어 있습니다.

그러면 요나서 전체의 분위기를 좌우하는 요나에 대해 우리는 어떤 인상을 갖습니까? '요나' 하면 어떤 모습이 떠오릅니까? 아마 긍정적이기보다 부정적인 느낌이 많이 들 것입니다. 요나를 머리 속에 떠올리면 극단주의자, 변덕스러운 사람, 고집이 센 사람, 지독한 민족주의자 등의 모습이 생각납니다. 실제로 그는 이런 특성을 다 가지고 있습니다. 이제부터 요나의 특성을 자세히 살펴보도록 합시다.

먼저 요나는 아주 극단적인 성격의 소유자입니다. 이것 아니면 저것입니다. 어떻게 보면 확실해서 좋은 것 같지만 흑이냐 백이냐, 하늘이냐 땅이냐, 있느냐 없느냐를 따질 뿐입니다. 중간은 아예 없습니다. 그래서 1장과 2장의 내용이 비교되고, 3장과 4장의 내용이 비교되는 것도 요나의 그런 특성 때문일지도 모릅니다.

요나는 변덕스러운 사람입니다. 2장에서는 '하나님, 나를 구원해 주셔서 감사합니다. 구원은 여호와께 있습니다' 라고 했다가도, 4장에서는 '나를 죽여 주십시오. 내가 분을 내어 죽더라도 합당합니다. 차라리 나를 죽여 주십시오' 라고 말합니다. 이런 모습 속에서 우리는 요나가 이랬다저랬다 변덕이 심한 사람임을 알 수 있습니다.

이런 사람이 고집은 또 아주 셉니다. 자기가 하고 싶은 대로 되어야 직성이 풀리는 사람입니다. 그래서 하나님이 저 큰 성읍 니느웨로 가라고 했지만 가기 싫으니까 끝까지 안 가려고 했습니다. 그리고 니느웨 성이 무너지지 않자 망하는 모습을 보겠다고 동편에 초막을 치고 기다렸던 사람입니다.

또한 요나는 지독한 민족주의자입니다. 이스라엘 사람들만이 하나님의 백성으로 구원받을 수 있다고 생각합니다. 그래서 다른 민족, 즉 이방인들은 결코 구원받을 수 없다는 논리를 가지고 있었습니다.

이런 특성 때문에 많은 사람들이 요나에 대해 좋지 않은 생각을 가지고 있습니다. 그래서 선지자 중에서도 요나는 그리스도인의 신앙에 별 도움이 되지 않는 인물로 그려지는 경향이 있는데, 이것은 어쩌면 당연한 결과인지 모르겠습니다. 더 심한 경우에는 요나가 구원받은 사람인가 하는 생각마저 듭니다. 그리고 요나가 하나님의 사람이고 선지자라면 어떻게 이와 같은 행동을 취할 수 있는가 하는 의문까지 생깁니다.

특별히 요나의 불순종이 진행되다가도 나중엔 그가 자신의 모습을 회개하는 장면이 나와야 요나서가 기록된 의미가 있을 것 같은데, 마지막 부분은 하나님의 충고로 끝날 뿐입니다. 요나는 끝까지 침묵으로 일관합니다. 따라서 요나의 뉘우침에 대한 기록이 없기 때문에 이런 의문은 더해 갈 수밖에 없습니다.

그래서 어떤 이들은 요나는 구원받지 못한 타락한 선지자의 실상을 드러낸다고 이야기합니다. 1장은 불순종의 모습을 보여 준 것이고, 2장은 습관적인 기도와 종교적인 사람의 모습을 나타낸 것이고, 3장은 니느웨의 멸망을 바라고 힘있는 메시지를 전한 것이고, 4장은 니느웨의 구원을 노골적으로 싫어하는 그의 본심이 확연하게 드러난다고 말합니다. 그렇기 때문에 요나서 전체에서 요나의 신앙적인 모습은 전혀 발견할 수 없다고 생각합니다. 또한 요나는 형식적인 성도의 표본이며, 그의 모습은 타락한 성도의 행동 양식을 보여 준다고 주장합니다.

이런 관점에서 보면 요나서 전체의 분위기는 요나가 하나님을 향했다는 내용은 없습니다. 그는 타락한 인생, 신앙과는 거리가 먼 사람으로 보입니다. 그러나 이 주장에는 몇 가지 문제점이 있습니다.

첫째, 성경은 선과 악의 문제를 다루고 있지만 한 사람의 개인을 저울에 올려놓고 구원받았다, 구원받지 못했다를 구분하는 데 주안점을 두고 있지 않습니다. 그러므로 요나서는 요나가 구원받았느냐, 아니면 구원받지 못했느냐에 초점을 맞추지 않습니다.

둘째, 성경은 사람에 대해서 완벽한가, 그렇지 않은가를 이분법적으로 다루지 않습니다. 성경 인물에 대해서 이야기할 때 그가 부정적인 사람이기 때문에 하는 일이 다 나쁘고, 긍정적인 사람이기 때문에 하는 일이 다 좋게 평가될 수 없습니다. 그렇게 생각하면 인간을 기계적으로 바라보는 것입니다.

성경에 나오는 부정적인 인물들을 나열해 보십시오. 창세기부터 살펴보면 가장 먼저 가인이 등장합니다. 가인은 최초의 살인자입니다. 우리는 그를 나쁘다고 하지만 성경은 그를 '나쁘다' 고만 평가하지 않습니다. 은연중에 가인의 좋은 점도 드러냅니다. 최소한 가인은 하나님께 제사를 드릴 줄 아는 사람이었습니다. 그는 무신론자는 아닙니다.

사무엘상을 보면 다윗과 대조되는 사울이 나옵니다. 여기서도 사울은 나쁜 사람으로만 그려집니까? 그렇지 않습니다. 처음에는 사울도 하나님을 섬길 줄 아는 왕이었습니다. 성경에는 하나님이 그를 택하여 기름 부었다고 기록되어 있습니다.

반대로 다윗을 보십시오. 성경의 인물 중에 다윗만큼 훌륭한 사람은 없을 것입니다. 하지만 성경은 다윗이 항상 하나님을 잘 섬겼다고 이야기하지 않습니다. 때에 따라서 그의 부정적인 면도 다루고 있습니다. 나발에게 복수하려고 했던 일이 있었습니다. 또 사울 왕에게 쫓기다 블레셋에 망명한 사건도 있었습니다. 그가 골리앗을 대적해 패하게 만들었던 적국 블레셋에 망명했던 것입니다. 우리 나라 실정으로 말하면 남한에서 북한으로 망명한 것과 같습니다. 마찬가지로 다윗이 블레셋에 망명해 있었다는 사실이 이해되지 않을 때가 많습니다. 또한 이런 사건보다 더 큰 전과가 있는데, 바로 밧세바 사건입니다. 부하의 아내를 취하고 그 사실을 은폐하기 위해 충성스런 부하를 전쟁터로 내몰아 죽이는 행위가 얼마나 잔인합니까.

이렇게 성경은 인간의 이모저모를 모두 다루고 있습니다. 왜냐하면 인간이란 존재가 부정적인 면과 긍정적인 면이 혼합된 속성을 가지고 있기 때문입니다.

완벽한 인간은 없습니다. 하나님을 잘 믿으려고 하는 사람에게도 죄의 잔상이 남아 있고, 악인에게도 나름대로 선한 것을 추구하려는 마음이 있습니다. 인간에게는 이런 모습이 한꺼번에 혼재해 있습니다. 그래서 한 사람을 놓고 '좋다, 나쁘다'라고 쉽게 단정짓거나 평가할 수 없습니다.

성경은 죄에 대해서는 '이것이 죄다. 죄의 삯은 사망이다. 죄인은 결단코 하늘 나라에 들어갈 수 없다'라고 강력히 이야기합니다. 그러나 한 개인을 들어 집중적으로 죄인인가, 죄인이 아닌가에 긴 사연을 나열하지 않습니다. 다윗이 밧세바를 범한 사건도 간단히 말할 뿐이지 그의 죄악을 들추어 이러쿵저러쿵 이야기하지 않습니다.

그래서 요나서에 나타난 요나의 모습을 말할 때도 그가 좋은 선지자인가, 혹은 그렇지 않은 선지자인가를 흑백 논리로 선을 긋지 않습니다. 다만 요나서는 하나님이 세우신 선지자에게도 인간의 그릇된 속성이 자리잡고 있음을 보여 줍니다. 우리는 요나를 나쁜 선지자, 이사야를 좋은 선지자라고 평가하지만 성경은 그렇게 구분한 적이 없습니다.

요나서 1장부터 4장까지의 내용을 살펴보십시오. 1장에서 불순종의 길을 갔다가도 2장처럼 잘못을 뉘우치고 돌아와 간절한 기도를 할 수 있고, 2장의 회개 이후에 3장처럼 니느웨 사역이 있을 수 있고, 3장의 위대한 사역 뒤에 4장의 그릇된 분노의 모습이 있을 수 있습니다.

그러면 우리는 지금 어느 자리에 서 있습니까? 어떤 사람은 2장처럼 하나님과 긴밀한 관계에 있을 것입니다. 그러나 모두 그렇진 않습니다. 어떤 사람은 4장의 요나처럼 분노할 수도 있고, 1장처럼 불순종의 길을 갈 수도 있습니다. 그러나 불순종의 자리에 있다고 항상 그곳에 머물러 있겠습니까. 어느 날 순종의 자리에 있을 수도 있습니다. 또 순종의 자리에 있는 사람이 언제 분노의 자리에 있을지, 불순종의 자리에 있을지 아무도 모릅니다.

그런 까닭에 성경은 우리에게 교훈을 줍니다. "선 줄로 생각하는 자는 넘어질까 조심하라"(고전 10:12).

하나님과 인간의 위치

그렇다면 요나의 이런 변화는 왜 일어난 것인지 생각해 보십시오. 굳건히 한 길을 계속 가지 못하고 왜 이처럼 왔다갔다하며 갈팡질팡할까요? 또 이렇게 기복을 타는 것은 무엇 때문입니까? 그 문제를 살펴보기 위해서는 요나서의 처음으로 다시 돌아가야 합니다.

요나서 1장 1절을 보십시오. "여호와의 말씀이 아밋대의 아들 요나에게 임하니라."

이 구절을 통해서 하나님과 인간의 위치가 정해진다고 말씀드린 적이 있습니다. 하나님은 말씀하시는 분이고, 인간 요나는 하나님으로부터 말씀을 들어야 하는 자입니다. 말씀하시고, 말씀을 듣는다는 것은 기계적인 대화가 아닙니다. 하나님은 완전하시고 인간은 불완전하기 때문에 불완전한 인간은 항상 하나님으로부터 말씀을 듣는 위치에 있어야 한다는 말입니다. 바로 이것이 하나님과 인간이 서 있어야 할 자리입니다. 하나님은 말씀하시고, 인간은 그 말씀을 들어야 합니다. 바로 이것이 요나서를 이루는 대명제입니다.

그런데 요나는 말씀을 듣지 않고 자기 위치를 이탈합니다. 그리고 시간이 흐를수록 탈선의 수준은 깊어집니다. 물론 가끔은 자신의 자리로 되돌아가지만 다시 하나님의 말씀을 듣지 않음으로 요나의 삶은 계속 내리막으로 이어집니다. 이 점이 요나의 문제입니다.

길 잃은 양을 인도하시는 하나님

요나는 자기의 위치를 상실했습니다. 그러나 하나님은 요나가 자신에게 주어진 길을 가지 못했음에도 끊임없는 사랑으로 그분의 위치를 지키셨습니다. 말씀하시는 하나님으로 계속 말씀하셨습니다.

하나님이 말씀하시는 내용을 다시 한번 생각해 보십시오. 요나가 '저 큰 성읍 니느웨로 가라'는 하나님의 말씀을 거역하고 다시스로 도망가려고 할 때 하나님은 대풍을 바다 위에 내리셨습니다. 그러나 이것은 요나를 죽이기 위함이 아니라 살리기 위함이었습니다. 그때 요나는 깨닫고 돌아와야 했습니다. 왜냐하면 그는 말씀을 듣는 자의 입장에 서 있어야 하는 사람이기 때문입니다.

그러나 요나는 배 밑층에 내려가서 깊이 잠들었습니다. 대풍으로 인해 배가 '거의' 깨어지게 되었는데도 말입니다. 여기에 '거의'의 은혜가 있습니다. '거의'가 없으면 요나는 죽었을 것이고, 이야기가 끝났을 것입니다. 하지만 하나님은 포기하지 않았습니다. '거의' 깨어지게 된 그 상황에서 잠이 든 요나에게 선장을 보내 '일어나라'고 하셨습니다.

하나님은 '이방인'인 선장을 통해서 계속 말씀하셨습니다. 선장의 입장에서는 단지 자신이 살기 위해 하는 말이었지만 그 속에 하나님의 메시지가 함축되어 있었습니다. 바벨론을 통해서 유다 백성을 치신 것처럼 오늘날도 매스컴을 통해서, 또 세상 사람들을 통해서 믿는 사람이 왜 이 모양으로 사느냐고 이야기합니다. 그 순간 우리가 고난받는 다 생각하고 그들을 정죄할 것입니까. 만일 그렇게 한다면 우리 스스로 하나님의 속성을 지양시키는 것입니다. 하나님은 그들을 통해서 우리에게 분명한 메시지를 주고 계십니다. 그러므로 그 속에 숨겨진 하나님의 음성을 듣기 위해 우리의 마음을 열어야 할 것입니다.

그리고 누구 때문에 재앙이 임했는지 알고자 제비를 뽑았습니다. 제비뽑기는 미신이지만 때로는 하나님이 그런 행위를 통해서도 메시지를 전달하십니다. 요나는 그때라도 깨달아야 했습니다. 그런데 요나보다 배에 함께 탔던 선원들과 무리가 서서히 하나님을 인식하고 알아갔습니다. 또한 그들은 요나가 자신을 바다에 던지라고 했지만 그를 살리려고 애썼습니다.

그러나 하나님은 바다를 점점 더 흉용하게 하심으로 말씀하셨습니다. 결국 요나는 사공들에 의해서 바다에 던져지지만 하나님은 그를 위해 큰 물고기를 예비하셨습니다. 하나님은 큰 물고기를 통해서도 말씀하셨던 것입니다. 그제서야 요나는 하나님의 말씀을 알아듣고 물고기 뱃속에서 기도했습니다.

요나의 기도를 살펴보면 참 깊이 있습니다. 신앙이 좋을 때 그는 예전의 불순종했던 모습과는 달랐습니다. 흔히 우리는 성령 충만한 사람들을 볼 때 그들의 신앙은 변하지 않고, 그들이 합심하면 정말 건강하고 빈틈 없는 교회를 만들 것이라고 생각합니다.

그러나 속지 마십시오. 언제 흔들릴지 모릅니다. 좋을 때는 한없이 좋다가도 싫으면 금세 언제 그랬냐는 듯이 확 변하게 됩니다. 즉 인간이 가지고 있던 기준과 가치가 변하면 전혀 딴 사람이 됩니다. 왜냐하면 인간의 속성이 그렇기 때문입니다. 이런 의미에서 우리는 항상 경각심을 가지고 있어야 합니다.

요나의 기도 이후 하나님은 물고기가 그를 토하게 하시고 다시 부르셨습니다. 그리고 이전보다 구체적인 메시지를 주십니다. 즉 하나님은 요나에게 두 번째 말씀으로 임하셨습니다. 그 결과 요나는 니느웨로 가서 선지자로서 강력하게 메시지를 전했습니다. 사십일이 지나면 니느웨 성이 무너진다고 외치는 요나의 행동에는 사실 인간적인 욕심이 작용하고 있었습니다. 실제로 니느웨가 망하길 바랐습니다.

하지만 니느웨 사람들이 회개하고 돌아오자 하나님은 그들을 용서하시고 구원하셨습니다. 결국 니느웨는 망하지 않습니다. 그것은 하나님이 요나에게 주는 또 하나의 메시지였습니다. '나는 니느웨를 사랑한다. 내가 니느웨를 사랑하는 모습을 보고 배워라. 그리고 너는 말씀을 듣는 자의 위치로 돌아가라. 그리고 하나님의 본심을 이해하라'고 말씀하셨습니다.

그렇지만 요나는 이 구원에 항의하며 성냅니다. 그는 말씀을 들어야 하는 자의 자리를 제쳐 두고 자신의 자존심을 앞세웁니다. 그럼에도 불구하고 하나님은 요나에게 채찍을 드시지 않았습니다. 여전히 말씀하시는 하나님으로서 그분의 자리를 지키셨습니다. 하나님은 계속 박 넝쿨과 벌레와 뜨거운 동풍을 통해서 말씀하셨습니다.

요나서에 흐르는 하나님의 마음과 생각은 조금도 변하지 않았습니다. 불순종하며 자기 고집대로 밀고 나가는 요나를 끊임없이 따라다니시며 사랑하시고 보호하셨습니다. 요나를 하나님의 사람으로 키워 가셨습니다. 그래서 요나의 성냄은 인간의 나약함과 부도덕성을 드러내지만, 그 와중에 하나님의 자비와 사랑은 더 빛을 발하게 됩니다. 그토록 반항하는 요나를 버리지 않으시고 변함없이 사랑하시는 하나님, 그 위대하신 모습이 드러나고 있습니다.

하나님은 계속 말씀하셨습니다. 대풍을 통해서, 사공을 통해서, 제비뽑기를 통해서, 큰 물고기를 통해서, 니느웨 사람들의 회개를 통해서, 박 넝쿨과 벌레와 뜨거운 동풍을 통해서 말입니다. 그런 메시지가 올 때마다 우리는 말씀을 듣는 자로서 그 의미가 무엇인지 깨달아야 합니다. 그런데 그렇지 못하는 것이 문제입니다.

오늘날 하나님은 우리에게도 계속해서 말씀하십니다. 우리가 탈선하고 타락할 때 하나님은 주위 사람들과 환경과 그 밖의 모든 상황을 통해서 말씀하십니다. 그러나 우리가 듣는 자의 위치를 상실했을 때 우리는 듣지 못합니다. 이렇게 인간은 자신의 위치를 상실함으로써 비극적인 상황에 직면합니다. 그렇지만 하나님의 마음은 변함이 없습니다.

하나님의 마음을 이해하라

지금까지 살펴봤던 하나님의 행동에서 우리는 무엇을 느낄 수 있습니까? 하나님의 사랑은 한없다는 사실입니다. 우리가 그렇게 사랑할 수 있겠습니까? 부모가 자녀를 생각하는 마음도 그런 사랑에 기초합니다. 그러나 자녀가 요나처럼 행동한다면 그를 포기하거나 '그래, 나가라. 아예 호적에서 이름을 빼 가라. 그것이 너나 나나 편하겠다'고 내칠 수도 있습니다. 이런 상황에서는 아무리 부모가 자녀를 사랑하고, 자녀가 부모를 사랑한다고 해도 참기 힘들 것입니다.

하나님의 행동 속에는 인내도 있습니다. 인간의 인내는 제한적입니다. 참다 못하면 물건을 집어던지며 화를 냅니다. 상대방을 기다려 주지 않습니다. 특히 한국인은 그런 성향이 강합니다. 신호등이 바뀌면 1초도 안 돼서 빨리 가라고 경적을 울려 댑니다. 어느 정도 기다려 앞사람이 가고 난 다음에 가면 될 텐데 그 시간을 기다리지 못하고 성냅니다.

기다리지 못한다는 것은 남을 이해하지 못한다는 의미입니다. 모든 일을 자기 중심으로 빨리 처리하길 원합니다. 그러나 하나님은 그런 분이 아니십니다. 만일 하나님이 인내가 없으셨다면 어떻게 우리가 지금 살아 있을 수 있겠습니까. 하나님은 인내하십니다. 어느 때는 1년,

2년, 10년, 아니면 평생을 기다리십시오.

우리가 누군가를 전도할 때도 그런 인내가 필요합니다. 교회도 마찬가지입니다. 인내해야 합니다. 자꾸 조급해져서 짧은 시간에 뭔가 이루어 내려고 합니다. 물론 일하는 것도 좋지만 가만히 하나님의 때를 기다릴 줄 알아야 합니다.

인내는 무작정 기다리는 것이 아닙니다. 하나님은 철저한 계획 속에서 일을 차근차근 진행시키십니다. 때를 따라 폭풍을 보내기도 하시고, 큰 물고기를 예비하기도 하시고, 박 넝쿨을 주셨다가 벌레를 통해서 없애기도 하십니다. 또 어느 날은 겁을 주시기 위해 뜨거운 동풍을 보내기도 하십니다. 이처럼 하나님은 철저한 계획 속에서 그리스도인들을 만들어 가십니다.

왜냐하면 하나님은 우리를 향한 분명한 목표가 있기 때문입니다. 즉 우리를 하나님이 원하시는 자리에 앉히기 위해서 그렇게 하십니다. 우리가 말씀을 듣는 자의 위치에 앉으면 그 자리가 편합니다. 그 자리를 지키십시오. 그러면 자유와 편함이 있습니다.

그러나 인간은 자기의 자존심과 욕망 때문에 그 자리를 자꾸만 벗어납니다. 그럴 때마다 하나님의 품속에 들어가 보십시오. 하나님은 우리가 슬퍼하거나 탈선할 때 우리보다 더 슬퍼하시고 아파하십니다. 그래서 우리를 껴안아 주시고 '내가 너를 사랑한단다. 그리고 너를 위해 이런 계획을 가지고 있단다' 라고 말씀하시며 끊임없이 행동하십니다. 그 과정이 요나서 1장부터 4장까지 계속되다가 최종적으로 멋있게 드러나는 부분이 바로 본문 4장 9-11절입니다.

먼저 4장 8절을 보십시오. "해가 뜰 때에 하나님이 뜨거운 동풍을 준비하셨고 해는 요나의 머리에 쬐매 요나가 혼곤하여 스스로 죽기를 구하여 가로되 사는 것보다 죽는 것이 내게 나으니이다."

이 내용은 4장 3절의 "여호와여 원컨대 이제 내 생명을 취하소서 사는 것보다 죽는 것이 내게 나음이니이다"와 비슷합니다. 요나는 두 번이나 죽겠다고 말합니다.

그러나 하나님은 이렇게 말씀하십니다. "네가 이 박 넝쿨로 인하여 성냄이 어찌 합당하냐"(욘 4:9).

하나님은 요나에게 박 넝쿨 때문에 화내는 것이 옳으냐고 물으십니다. 그런데 이 질문은 4장 4절의 내용과 조금 다릅니다. 4절은 요나가 니느웨를 미워하는 마음이 옳지 않다는 것을 지적하는데 반해 9절은 그가 박 넝쿨을 좋아하는데 그것이 합당하냐고 물으십니다.

다시 말해 요나가 박 넝쿨을 좋아했다는 뜻입니다. 요나는 처음에 니느웨가 망하지 않는 일에 불만이 많았지만, 나중엔 그보다 자기에게 유익한 것을 좋아했습니다. 요나에게 박 넝쿨이 안락함을 제공했기 때문입니다. 이처럼 상황이 변하자 요나의 관심사도 달라졌습니다.

교통사고가 나서 사람들이 싸울 때도 이와 비슷합니다. 처음에는 사고가 일어난 경위에 대해 논쟁하지만 시간이 지날수록 서로의 말꼬리를 잡고 다툽니다. 반말한다고 시비를 걸고, 나이를 가지고 누가 위 아래인지 따지기도 합니다. 그런 일들은 사고와 아무 상관없지만 망가진 차는 잊어버리고 그렇게 싸움이 끝날 때가 많습니다.

요나도 마찬가지입니다. 니느웨에 대한 일은 다 잊어버리고 오로지 박 넝쿨에 마음을 두고 그로 인해 화를 냅니다. 그런 요나에게 하나님은 성내는 것이 합당하냐고 물으셨습니다. 그러자 요나가 대답합니다. "내가 성내어 죽기까지 할지라도 합당하니이다"(욘 4:9).

이제 요나에게는 하나님이고 뭐고 없습니다. 이쯤 되면 하나님도 아마 인내의 한계를 느끼실 것입니다. 그러나 하나님은 그런 요나에게 다시 말씀으로 다가오십니다. 우리는 그 말씀 속에서 하나님의 위대한 사랑을 느낄 수 있습니다. 요나서 4장 10-11절에는 "여호와께서 가라사대 네가 수고도 아니하였고 배양도 아니하였고 하룻밤에 났다가 하룻밤에 망한 이 박 넝쿨을 네가 아꼈거든 하물며 이 큰 성읍 니느웨에는 좌우를 분변치 못하는 자가 십 이만 여명이요 육축도 많이 있나니 내가 아끼는 것이 어찌 합당치 아니하냐"라고 기록되어 있습니다.

하나님은 박 넝쿨을 소중히 여기는 요나에게 그것이 어디로부터 왔는지 물으십니다. 4장 10절을 보면 박 넝쿨을 만드신 분은 바로 하나님이십니다. 이렇게 하나님은 박 넝쿨이라는 시청각 자료를 통해서 알아듣기 쉽게 말씀하셨습니다. 이때라도 요나는 말씀을 듣는 자로서 하나님의 마음을 깨달아야 했습니다. 그러나 그는 자신이 아끼는 박 넝쿨이 누구로부터 온 것인지 생각지 못하고 오히려 박 넝쿨이 없어지자 죽는 것이 낫겠다고 말합니다.

그렇지만 하나님은 화내는 요나에게 박 넝쿨의 메시지에 담긴 뜻을 자세히 풀어 주십니다. '너는 네가 수고하지도 않았고, 재배하지도 않았고, 하룻밤에 났다가 하룻밤에 말라 버리는 하찮은 식물을 아꼈는데, 내가 창조한 이 큰 도시에 자신의 죄를 알지 못하는 사람들이 십이만 명이고 가축도 많은데 내가 아끼는 것이 당연하지 않으냐?' 이와 같이 하나님은 자신의 속마음을 확실하게 드러내셨습니다. 하나님은 사랑으로 요나를 만들어 가듯이 이 세상 모든 사람들과 창조물을 사랑하고 싶어하십니다.

하나님이 자신의 뜻을 알려주는 과정에서 요나는 분노하며 그 마음을 이해하지 못하기도 합니다. 그러나 예레미야애가 3장 33절을 보면 이런 말씀이 기록되어 있습니다. "주께서 인생으로 고생하며 근심하게 하심이 본심이 아니시로다."

하나님의 본심은 사랑이십니다. 그래서 하나님은 자신들의 위치를 잃어버린 요나와 니느웨 백성을 제자리에 앉히기 위해 여러 가지 말씀으로 이 자리까지 이끌어 오시고, 마지막 박 넝쿨의 교훈으로 그 의미를 확실히 알려주십니다. 바로 이것이 요나서에 나타난 하나님의 마음입니다.

하나님의 마음은 오늘날도 동일하십니다. 그분은 끊임없이 우리에게 말씀하고 계십니다. 그렇다면 우리는 지금 어떤 위치에 있습니까? 1장의 불순종의 자리입니까? 2장의 기도하는 자리입니까? 3장의 외치는 자리입니까? 4장의 분노하는 자리입니까?

그런데 요나는 끊임없이 말씀하시는 하나님께 아무 말도 하지 않습니다. 요나서는 요나의 침묵으로 끝나고 맙니다. 그 침묵의 의미가 무엇입니까? 그의 침묵은 끝까지 불순종한 모습으로 보일는지 모릅니다. 하지만 요나의 침묵은 '하나님은 하나님이시니 온 땅이여 잠잠할지어다'에 동조한 것입니다. 다시 말해 요나의 침묵은 하나님 앞에서 더 이상 할말이 없다는 뜻입니다.

지금도 학자들 중에는 요나를 불순종의 대명사로 여겨서 요나서를 누가 집필했는지 논쟁을 벌입니다. 그러나 저는 요나가 기록한 것이라고 생각합니다. 하나님의 말씀을 기억해 '내가 하나님께 불순종했을 때 나는 큰 바람보다, 큰 파도보다, 큰 물고기보다, 사공들보다, 믿지 않는 니느웨 백성들보다, 박 넝쿨보다 못했다'라고 고백하며 작성했다고 믿습니다. 다시 말해 요나는 하나님께 불순종할 때 자신이 걸어간 발자취를 투명하게 기록으로 남겼습니다. 한 인생의 참회록으로….